道德教育的30个细节

高德胜 著

中国人民大学出版社
·北京·

本书系教育部人文社会科学重点研究基地重大项目
“生活德育的理论深化与实践推进研究”（项目编号：16JJD880027）成果

目 录
CONTENTS

写在前面的话

到了接近知天命的年龄，早已没有了年轻时“指点江山”的豪气，而且领悟到了个人的有限性和渺小。但窃以为这种“认命”不是暮气与消沉，而是理性与坚忍。知道了自己的有限性，感受到了生命的短暂，承认自己所能之有限，反而能将有限的生命、有限的精力用在自己想做、能做的事情上，而那些能力之外的事情，已经不再给自己造成困扰。一句话，承认自己是“小人物”，并不是自卑、自轻、自纵，而是心无旁骛地去践行“小人物”的本分。

这是我的生命体悟，我想做的是把自己的这种体悟通过学术、通过文字与一线教师分享。在与中小学教师有限的交往中，我真切地感受到了他们与我有一样的困惑。绝大多数教师对教育都是有爱心的，说起现实教育的种种问题，大家都是忧心忡忡，甚至义愤填膺。但一回到现实，又感受到自己的渺小，觉得自己实在是回天乏术、无力对抗。确实，在教育现实中，个体的教师本身都是外在强势力量的被支配者，有被支配、被操纵的体验，甚至感觉生活忙碌、被动、苦不堪言。这就是我们作为“小人物”所共有的生命际遇。但这份生命际遇，可以有不同的发展方向。我们既可以用“小人物”作为挡箭牌去回避自己的责任——既然作为普通教师，我对现实教育没有什么影响力，那么就随波逐流，别人可以这样生活，我也可以如此养家糊口；也可以以“小人物”的不卑不亢去完成自己的本分——既然是“小人物”，那天下大事、人类前景、宇宙未来与我都没有关系，我只集中自己有限的生命力去完成自己能够完成的“细小之事”。天生的豪杰、大人物即使有，也是极少数，我们绝大多数人都是微不足道的“小人物”，但为什么有的人在渺小、有限的生命里开掘出了独有的深度，有益于他人和社会，实现了自身生命的灿烂；而有的人则浑浑噩噩，被外物左右，成了平庸之恶的俘虏？其根本原因在于选择。“大人物”也好，“小人物”也罢，我们的生活在很大程度上都是自己选择的。

德育之难，难于上青天。德育的难有不同的维度。首先，一个人是学好还是学坏，主要是他自己学的，不是师长教的，所以，几千年来一直有“道德是否可教”的疑问。即使道德可教，我们也无法控制教的效果。比如，有时候我们一心想让孩子学好，整天在教他们道德，结果他们却变坏了；有时候我们忘记了教他们道德，他们却从不是道德教育的教育过程中学到了很多东西。其次，如果说过去的教育主要是道德教育的话，那么当代教育则早已与道德教育离心离德。可以说，现代教育的兴起，本身就是以道德和道德教育的衰落作为代价的，现代教育的兴盛与道德教育的衰落是同一个过程。人类的教育史清楚地显示，古代教育基本上就是道德教育，其全部精力都集中于年青一代的道德成长上。而现代教育则完全不同，现代教育将自己的绝大部分精力放在科学知识的学习上。当道德学习与知识学习、能力增长发生矛盾时，道德往往是“理所当然”被牺牲的部分。

问题是教师不仅仅是一个谋生的职业，只要你到了这个位置上，就得去响应教师的天职召唤，就得对学生的道德发展负责。一方面是天职、天命所在，一方面是德育之难，处在这种矛盾夹缝中的教师处境艰难。天职、天命不可违，而教育的现实又是那么强硬，个体教师根本无力对抗，无力改变。现实如此，但并不是没有出路。出路在哪里？出路在细节。作为个体教师，我们确实无力对教育的发展产生整体性的影响，确实“无力回天”，但却可以从日常细节做起，改变自己日常的教育、教学行为。这些日常的教育、教学行为，是教师自己的，是教师自身的意志和能力可以控制的，只要教师愿意、只要教师努力，都是可以改变的。比如，作为个体教师，我们无法改变整个教育的话语方式，但却可以在与学生的交往中，注意自己的说话方式，以尊重而不是倭化的方式与学生对话；作为个体教师，我们无法改变整个教育的竞争性，但却可以在自己的班级里营造合作的氛围，减少竞争性学习所带来的伤害；作为个体教师，我们无力改变整个教育的分等、分层倾向，但却可以在自己的教学中尊重每一个学生，让自己的言行体现出普遍性尊重的德性之光；作为个体教师，我们无力改变整个教育的“吃苦哲学”，但却可以在自己的教育、教学中避免制造痛苦……通过细节，我们既可以实现天职、天命的召唤，又可以回避“鸡蛋碰石头”那样可怕的选择。感谢细节，是细节拯救了我们的有限、我们的无力、我们的渺小！

作为“小人物”，我们从细节入手进行力所能及的改变，既是对自己天职的履行、对自身的拯救，也是对整体教育的撼动。我们很难一下子去改变一个人的品性。但一个人的品性不是抽象的存在物，一定会在各种做人做事的细节中体现出来，在这个意义上我们可以说品性即细节、细节即品性。如果有一种力量，可以使人一夜顿悟，那当然好；如果做不到这一点，作为教育者，我们可以从改变这个人的特定行为细节入手，用其细小行为的改变去促成其整个人的改变。教育也是如此。整体的教育有其基本品性与偏好，作为个体教师，我们当然无力左右整体的教育。但整体教育的品性与偏好是由什么支撑的呢？当然有体制的因素，一种教育的品性或偏好，在很大程度上是由该教育的体制所设定的。正是源于此，很多人将教育的种种问题归结为体制问题，以此来逃避自身的责任。作为教师，我们都是体制的一分子，虽然体制不是我们所能设定的，但其成就有我们的贡献，其问题也有我们的“功劳”。作为个体教师，我们改变不了教育体制，也改变不了整体教育的品性与偏好，但却可以从自身的行为细节入手，先去改变自身的教育观念和行为。当今整体教育的品质是由千千万万教师的日常言行共同建构的。我们可以用自己的日常言行去建构，也可以从自己的日常言行入手去改变。这就是细节的力量，细节的改变可以撬动整个教育体制的改变。

改变有两个方向：一个是做好的、对的事情，一个是不做坏的、错误的事情。如果是做人，那就是为善、不为恶。这两个方面是相通的，是互相支撑的，很难说哪个重要哪个次要。直观看来，为善似乎更重要，然而，不为恶关涉底线问题。就一个人来说，为善可以说是对善的追求，标志着一个人所能达到的道德高度；不为恶可以说是对恶的防备，标志着一个人的道德底线和道德根基。有时候，二者之间的界限并不那么分明，因为在很多情况下，不为恶不但是为善的基础，其本身就是为善。比如，在多数人都觉得“无德而富”没有什么不妥的情况下，一个人不为财富而牺牲道德，虽然表面上看是不为恶，但实质上就是为善。

作为教师，我们可以在好的、对的事情上努力，但也不要忽略了不去做坏的、错的事情的意义。本书所选的30个细节，基本上都是不为恶性质的。本书的一些内容，我通过讲座等形式与不少朋友有过交流，得到了很多支持和鼓励，有朋友建议我在“负面案例”的基础上也选一些“正面案例”。但本次修订成书，所选教育细节还是“负面案例”。之所以如此，当然与我的个性和身份有关。“黑夜给了我黑色的眼睛”，早年的穷困生活造就了我的“消极眼光”和“挑刺思维”；我是一个教育研究者，发现问题是第一要务，经过这么多年的读书与思考，发现问题、找到毛病已经成了我的一种本能性反应。除了个性和身份这些自动化甚至无意识的原因外，本书所选细节其实也是有意为之。在我看来，作为教师，我们首先要做的是守住教育的底线，在此基础上才谈得上其他。也就是说，作为教师，我们先不要奢谈什么伟大的教育理念、职业理想，而要明白教育的底线在哪里，即在教育这个行业里，什么样的事情是绝对不可以做的。再一个考虑是，在教育领域里，在很多情况下，理解了什么是不能做的，实际上就意味着已经知道什么是能做的。也就是说，不为恶已经预示着如何为善。比如，如果理解了贬低学生的“口头禅”是不能说的，那么，应该如何做其实是一目了然的；如果知道了对学生的不礼貌行为的道德问题，那么，应该如何回应学生的问候也是显而易见的。

杜威说：“人是习惯的生物。”这与我们耳熟能详的关于人性的判定，包括“人是理性的动物”“人是政治的动物”“人是符号的生物”有所不同。各种说法自有其道理，这里不去判定哪种说法更接近事实，杜威的断言起码提示我们习惯对人的重要性。我们有思考能力，但在生活和工作中我们并不总是靠思考，而更多的是靠习惯。如果凡事都要动一番脑筋，那么人生的负担就太重了，在有限的生命里所能做的事情也就太有限了。习惯是我们的“效率器官”，可以为我们节省大量精力，在许多情况下，习惯在前台，而思考则隐居在后台。习惯是由环境因素与过去的经历沉淀而成的，一旦形成，就与我们的自我融为一体，成为自我的一部分，变成我们意识其他事物的器官，从而从我们的审视目光中隐身了，成为我们无法看到的存在。学校教育中诸多司空见惯的做法，就具有习惯的这种性质，我们天天如此行事，以为天经地义，从不对其加以审视和思考。作为人，我们依赖习惯，但又不能被既有习惯所左右，而要经常将下意识的习惯拉入意识之中进行反思，不断地打破旧习惯，形成新习惯。教育是自觉活动，虽然不排斥习惯和常规做法，但不能被习惯所控制，而应该有一种“不断审视已有习惯的习惯”。本书所列的30个教育细节，都是这类司空见惯的现象，对它们进行分析，目的不在其他，而在于将这些很可能在教师意识之外的习惯（做法、想法、倾向、思维方式、固有观念）拉入意识之中，然后对其进行反思与审视。这种反思与审视，当然有益于教师的职业提升，但更为关键的是，通过反思，教师可以加深对教育的理解，以更好地为学生服务。通过反思与审视，我们才能发现这些司空见惯的做法、想法有什么样的问题，会给学生带来什么样的影响。只有认识到了这些，我们才有改进的可能。如果这些习惯性的做法，不能进入意识，不能成为反思的对象，我们就会失去改正的机会。

习惯是我们的“效率器官”，但蜕化为惯性的不良习惯也很可怕。近些年来，教育的硬件改变很大，办学条件今非昔比，表面上看我们的教育进步很大。但当我们深入学校，走进课堂时，又会发现今天的学校在组织形式、思维方式、日常活动等诸多方面与几十年前相比并没有什么实质性的变化，恍惚是过去时光的重现、过去做法的重复。比如灌输，被批评了几十年，但今天的课堂上，有了多媒体，有了电视机，灌输非但没有得到遏制，反而变本加厉，现代教育技术成了灌输的帮凶。为什么会这样呢？一个重要的原因在于老教师按过去形成的习惯工作，年轻教师则照搬老教师的做法，都不怎么去反思惯常做法的是非对错，大家都陷入一个习惯的旋涡之中而不能自拔。教育陋习一代又一代地重复，跟不上时代进步的节奏，我们怎么能够培养适应时代的新人？在这个意义上可以说，对惯常做法的反思与审视，是我们摆脱陋习、求得教育进步的必要环节。

作为教育理论研究者，我与教育现实有一定的距离。这种距离对教育审视来说是必要的，因为一旦我们与一个事物“零距离”，我们就很难对其进行审视。中小学教师也需要跳出教育现实本身，在一定的距离之外反观教育现实。同时，距离的存在，也会导致对教育现实的误解与曲解。因此，本书对教育现实的诸多分析与批评只是一家之言。实话实说，我不能保证自己的观点一定是正确的，更不能保证这些分析与其他人包括教育界权威人士的观点的一致性。我能保证的是这些观点体现的是不一样的思考，是带有我本人个性的分析。我还能保证的是我的这些话语的真诚性，即这里的文字都是我内心想说的话，怎么想就怎么说，所思即所说，没有顾忌，也没有讨好任何人的倾向。作为读者，如果您觉得这些东西对您有启发，能够触发您对自身工作的思考，那就是我最大的荣耀；如果您不同意我的一些说法，把这些观点当成批评的对象，借以整理自己对教育现象的理解，我也会有一定的成就感；即使您完全不能接受我的观点，但如果能把这些文字当作从野外吹来的一股风，给自己一些凉意和刺激，我也会觉得满足。

本书是在旧著《道德教育的 20 个细节》的基础上修订、增删、完善而成的。本书可以说是我关于生活德育思想的微观运用。为了让读者对生活德育思想有一个概要性的了解，本次修订、完善，增加了“生活德育的理论要点”这一部分。在这一部分，选择了我关于生活德育研究的三篇论文，一篇是关于道德学习的，一篇是关于生活德育核心思想的，一篇是关于生活德育视野下学校德育转型的。这三个内容，是生活德育的核心部分，因为生活德育首先奠基于道德学习是如何发生的；作为一种道德教育思想，生活德育的核心思想体现在如何理解生活、如何理解道德、如何理解教育之中；学校德育的转型体现的则是生活德育的实践运用。第二部分

“生活德育的微观运用”由 30 个细节组成。其中有 15 个是原来的，有 15 个是新增的。旧著中的 5 个细节被删掉了，主要是因为这些问题随着时间的变化，在当今学校里已经不再是突出的问题。应该说，这 30 个细节处在不同的层次上，彼此之间不是并列关系。因此，我尝试着对它们进行了简单的分类。第一类，与班级生活有明显的联系；第二类，则与校园生活联系紧密；第三类，则与学校整体、教育全局联系紧密。当然，这样分类只是为了阅读的方便，因为这三类实际上很难清楚划分。第一部分有一定的理论性，如果您觉得读起来抽象，大可以先读第二部分，等有感觉了，再回过头来读第一部分。

第一部分

生活德育的理论要点

道德学习在生活中是如何发生的

学校生活中的这些细节为什么能够影响学生的道德发展呢？这就牵涉到道德学习的基本机制问题。学校生活中的这些细节正是通过学生的接受暗示、非反思性选择、自主选择等内在心理机制发挥着影响作用。

一、道德学习发生的前提：道德本能或善端

人类这一物种在作为动物存在和作为人生活的漫长历史中形成了自己的文化财富。喜欢群体生活的人类始祖作为动物存在时就已经形成了“原型道德”，成为人之后的群体生活产生了“群体逻辑”，也即道德。这些文化财富在每一个个体身上都会有所体现：我们都具有作为道德基础的本能性情感甚至道德直觉。这些本能性情感和道德直觉就是我们常说的道德本能或善端。道德本能或善端是每一个人都有的，否则道德学习就无法发生。因为道德本能或善端是道德学习的基础性前提，是人拥有德性、成为有道德的人的可能性。高等群居动物虽然有“原型道德”，但限于心智发展水平，尚不能发展出道德意识，也不拥有人的意义上的道德本能或善端，也就失去了道德学习的可能性，不可能拥有人所拥有的道德。同样，人如果没有这种道德本能或善端，就没有道德学习的可能性，就不可能成为人，更不用说成为有道德的人。弗洛姆将人的一些本能性情感称为人的“根性”[①]，人的精神和意识都是由这种根性生长出来的，没有这种根性之

---

① 弗洛姆. 健全的社会[M]. 孙恺祥，译. 贵阳：贵州人民出版社，1994：30.

芽，哪有人的生活和德性之树？

断定人有道德本能或善端并不等于断定人性是善的，正如我们说某人有某物并不等于说某人是某物一样。我们可以对人性善恶做自己的价值预设，但静止地争论人性“本善”或“本恶”是没有意义的，遗传赋予我们的既有善的可能性，也有恶的可能性。关于善的可能性，我们从道德的社会生物学考察中已经明了。关于遗传赋予我们的恶的可能性，我们从社会生物学中也能找到根据：群体建构过程中对群体成员的接纳与对群体外人员的排斥为自私和恶的产生奠定了基础。所以，存在主义的观点“人无本性，只有历史”是非常深刻的。我们的本性没有一个静止的开端，它是在我们类和个体的历史或者“生平情境”中生成的。

人所具有的道德本能既是道德学习的前提，也为人的道德学习提供了动力。中国古代哲学中关于恻隐的研究揭示出恻隐既是道德意识的“最初涌现”，又推动着道德意识的深化和发展，具有动力作用。① 西方哲学同样肯定这一点，弗洛姆指出：“与他人联合在一起，与他人相关连的需要，是人的迫切需要，这种需要是否满足决定着人的精神健全问题。”② 居友也认为，人有“道德生殖”③ 的本能冲动，即超越自己走向他人，用自己旺盛的生命活力去关爱他人。所有这些观点都表明，人的这些道德本能对人而言是一种根本性的需要，必须得到满足。在这种需要的驱动下，人的道德学习也就获得了足够的动力。

二、接受暗示

道德本能只是一粒种子，要发芽、生长为道德的果实，还需个体与由人组成的社会环境相互作用，即从生活的过程中吸收社会性的营养。生活中的道德是蕴含的，对生活着的人起着暗示作用。个体对道德的学习一个很重要的方面，是通过接受暗示来完成的。所谓暗示，“是指以相对机械的即反射的方式起作用的一种影响。它不涉及大脑的选择或意志的更高级

① 何怀宏. 良心论：传统良知的社会转化［M］. 上海：上海三联书店，1994：90.

② 弗洛姆. 健全的社会［M］. 孙恺祥，译. 贵阳：贵州人民出版社，1994：24.

③ 居友. 无义务无制裁的道德概论［M］. 余涌，译. 北京：中国社会科学出版社，1994：中译前言.

的活动”[①]。库利的这一定义实际上揭示了接受暗示的机理，即人对生活中的影响因素的接受是以机械反射的方式进行的，不涉及主观的选择。接受暗示的一个根本特点在于接受某种影响而不自知，或者说是“受影响于浑然不觉之中”。至于暗示发出一方，则可能是有意识的，也可能是无意识的。比如，某人弹一首柔和的曲子为你催眠是有意的暗示，而你偶尔听到一首柔和的曲子而昏昏欲睡则是无意的暗示。我们也常说：“我暗示了他一下，他可能已经明白了。”这是主动的、有意的暗示。有时候，我们的言行并不是想在别人那里达到什么效果，但是无意中使别人受到了影响，这是无意的暗示。生活是主体间性的，没有纯粹的暗示发出者，也没有纯粹的暗示接受者，我们都发出暗示，也都接受暗示。

道德是生活的构成性要素，生活中的道德影响无时无处不在。人不是“被自己皮肤包裹着的封闭存在”，而是敞开心灵与外界和他人进行交流的存在。但这并不意味着我们对一切影响和暗示“照单全收”，也不意味着共同生活的所有人所接受的影响都是一致的。有些影响我们接受了，而另外一些影响我们则没有接受；我们接受的影响别人可能没有接受，我们没有接受的影响别人可能接受了。这除了有意识的选择这个原因外，还在于生活中的每个人在道德上都不是空白的，甚至刚出生的婴儿我们也不能说他是完全的道德文盲，他不但继承了来自父母和祖祖辈辈的道德遗产，而且在母亲的子宫中已经和父母有了初步交流，已经有了自己的亲社会性倾向。社会生活中的人都带有由自己的“生平情境”所生成的德性结构，而这一德性结构就像一个功能完善的滤网：与自身结构和倾向一致、类似的影响就容易吸收，而与自身结构和倾向相差甚远的影响则被挡在外面。社会心理学关于“自我参照效应”（self-reference effect）的研究证明了自身已有的德性结构和倾向在接受道德影响时所起到的滤网作用：在同时作用的信息中个体往往无意间记住了与自己已有知识结构、兴趣接近的信息内容。[②]道德影响的接受具有类似的效应：我们往往无意间接受了与自己已有道德志趣和倾向一致的暗示和影响。这就在一定程度上解释了在同一生

① 库利. 人类本性与社会秩序［M］. 包凡一，王源，译. 北京：华夏出版社，1999：38.
② FELDMAN R S. Social psychology［M］. New Jersey：Prentice Hall，Inc.，1998：119.

活领域内不同的人所接受的道德影响为什么会有很大的不同。

通过接受暗示进行道德学习多发生在道德影响一致性的情况下。一致性的影响有两种：第一种，即上文提到的生活中的道德影响与自身固有的道德倾向与志趣相一致，在这种情况下，人们在无意间就接受了暗示和影响；第二种，是指生活中各方面的道德暗示和影响在价值上比较一致。如果来自不同方面的暗示和影响互相矛盾，有诸多互相抵触之处，就比较容易引起人的警觉，迫使人做出自己的选择。这种一致性也有两种情况：一是正面的一致性，二是负面的一致性。正面的一致性，即来自生活各方面的暗示和影响都是正面的、善的，这时个体容易接受这种暗示和影响。比如，来自学校、家庭与社会的暗示和影响都是要求学生做一个诚实的人，那么这种一致性在学生那里就容易接受。负面的一致性是指来自生活各方面的暗示和影响在道德上都是负面的，比如来自家庭、学校与社会的暗示和影响都是“竞争就是战胜别人，就是以别人的失败为基础的”，那么这种影响学生也容易在无意间接受。无论哪种一致性，都是用一致性“封锁”了差别性，使人意识不到替代价值的存在，从而失去自主选择的意识，在不知不觉间接受影响。

接受暗示既是心理、情感过程，也是行为过程。按照一般的理解，接受暗示只是一种心理现象和过程。实际上，接受暗示是一个整体性的身心过程，既有情感的参与与激发，也有行为的贯彻落实。我们之所以接受某种暗示，既与已有的德性结构有关，也与自己的整个性情、当时的情感状态有关，没有意识到的情感体验是接受暗示很重要的内在驱动因素。另外，接受暗示有时也会伴随着情感状态的激发：我们会莫名其妙地兴奋起来。在不自知的状态下接受的暗示并不是只停留在内在的心理深层，也必然以不自知、不自觉的方式在行为中反映出来。如前所述，道德是一种“德性之知”，道德的学习是一种“亲历学习”。表面上看，接受暗示似乎与此相矛盾，但是如果考虑到接受暗示的行为性，这种矛盾就不存在了。

三、非反思性选择

生活体验，尤其是日常生活体验，是一种非反思性的生活体验，“我直接占有它，就像它完全属于我一样。它只有在思想中才变得客观具体”[①]。反思，要求有距离，我们只有在与我们的生活体验保持一定的距离之后才能对其进行反思。一般情况下，生活体验与我们自己是直接统一的，与我们没有距离或者说是“零距离”，这使反思失去了发挥作用的条件。反思是人很突出的一个意识特点，但我们并不是时刻都需要反思。生活中每时每刻都会遇到各种问题、挑战和要求，包括道德的问题、挑战和要求。面对这些问题、挑战和要求，我们在多数情况下虽然意识清醒，但做出的反应却是“不假思索”的：我们就这样做了，而没有考虑这样做的理由。比如，我们天天坐车，但是很少去思考汽车运行的原理，如果非要弄清楚汽车运行的原理再坐车，那我们肯定是精神上出了问题。同样，在生活中我们选择、认同、遵守各种道德规范，但并不去深究其理由。比如，一个有教养的人在生活中自然地行为，自然地彬彬有礼，自然地尊重别人，他这样做的时候肯定很少去思考为什么要这样做。我们在清醒的意识下做出了自己的选择，却没有去思考为什么要做出这种选择。也就是说，这种选择缺乏反思性。这正是人在日常生活中正常的意识状态，即直接的、先于反思的一种反射性的或自发的意识状态。

道德学习中的这种非反思性选择一方面是源于我们存在和生活的道德本性。如前所述，道德哲学和社会生物学的研究都表明，道德是人本性中就有的东西，也是生活的构成性因素。因此，我们在生活中“不假思索”地按道德要求行事，在一定程度上是发乎本性的。我们都有道德本能或善端，也都有形成于自己“生平情境”之中的德性结构，这些已有的储备在“不假思索”的行为中实际上起到了发动和定向的作用。另一方面，非反思性选择也是我们逃避生存负担的一种“策略”，正如涂尔干所言，“为了走入生活，我们不等到解释所有生活的科学理由就得接受许多事物。如果我们坚持认为，每一个事物都有一个理由，对于这些无穷无尽的‘为什么’，我们的所有推理能力和反应能力都不够用”[②]。单个个体的生活都不是“零起点”的，都是建立在我们先辈创立的生活世界的基础之上的，我们

① 范梅南.生活体验研究：人文科学视野中的教育学[M].宋广文，译.北京：教育科学出版社，2003:44.
② 涂尔干.道德教育[M].陈光金，沈杰，朱谐汉，译.上海：上海人民出版社，2001:40.

不可能也没有必要什么都“从头开始”，这样的话我们将很快毫无意义地耗尽人生。“人降生的世界是既定的世界，他必须运用这个世界的具体事物和习惯模式才能生存。”[①] 我们必须将已经存在的许多事物，包括一部分道德和规范视为生活中“理所当然”的成分接受下来，然后集中精力进行我们自己的创造，在人类文化的“增殖”与创新中做出我们不同于先辈的贡献。

四、自主选择

选择发生在复杂的情况之下。“正是由于从我们周围的环境中产生的观念变得复杂起来，我们被迫思考、选择与总结，以便选择有用和正确的生活方式。”[②] 生活中道德与价值的多样性、复杂性和竞争性催生了选择。面对复杂的生活及相互竞争的道德价值观，每一个人都必须做出自己的判断和选择。比如，生活中道德的要求和不道德的诱惑常常纠缠在一起，这是个体必须做出选择的一种情况。还有一种情况是，面对同一个道德问题，基于不同的价值传统有不同的解释，且这些解释互不兼容，无法调和，这时个体也必须有所选择和取舍，并为自己的选择和取舍辩护。个体必须做出意志决断和选择的第三种情况，是面对的价值和自己已有的价值相矛盾、相冲突，引发了个体的思想和道德危机，这时个体必须做出决断：是坚持自己的道德价值还是皈依新的道德价值？

必须说明的是，选择既可针对暗示，也可针对明示。多种暗示的矛盾和冲突可以引起主体的警觉进而激发选择，明确的要求（明示）则直接导致主体的选择：是遵守要求还是拒绝要求？当然，在实际生活中，情况远远比是遵守还是拒绝这样的二元选择复杂，可能会出现表面遵守而内心拒绝，或表面拒绝而内心认可等多种处理方式。无论主体采取哪种方式，他实际上已经做出了选择。

在同一生活领域中成长的人德性的发展多有不同，上文提到的已有的

---

① 赫勒. 日常生活[M]. 衣俊卿，译. 重庆：重庆出版社，1990:4.

② 库利. 人类本性与社会秩序[M]. 包凡一，王源，译. 北京：华夏出版社，1999:40.

德性结构和倾向导致对暗示的接受有较大差异是一个原因，主要原因恐怕还是个体的自主选择不同。兄弟同根且共同生活，但其人生道路和道德志趣并不相同，甚至孪生兄弟，其性情和心地也可能会有较大差异。共同生活的人，其选择为什么会有这么大的不同呢？因为人是不同的，每一个人都是特别的一个，都有自己不同于他人的“生平情境”，都有自己不同于他人的已有德性结构，都有自己独特的道德需要。这些都是每个人做出选择的基础，基础不同，选择也就有所差异。另外，每一个选择都不是孤立的，既与以往的选择相关，也与以往所接受的暗示相关。

与接受暗示和非反思性选择不同，自主选择的特点是自知性和反思性，少不了意志的决断。但我们对选择不可做片面的理解，而应有全面的把握。选择除了意识活动和意志的决断之外，还是行动的实施和行为的践履。面对生活中相互冲突的道德价值要求，我们在内心做出选择还不是选择的完成，真正完整的选择必然包括相应的实践；面对对自己已有道德价值的挑战，光在内心做出决断还不是决断，真正的决断必然体现在包含意识在内的行为之中。选择是理性的，又不仅仅是理性的。意志的决断本身就不仅仅是理性的，其基础也不仅仅是理性推理，它往往带有情感倾向，并伴随着复杂的情感冲突和心理挣扎。

五、接受暗示、非反思性选择与自主选择的关系

接受暗示是在不自知的状态下完成的，而选择则是在意识完全清醒的情况下做出的意志决断，二者似乎并不相干。实际上，接受暗示和选择是紧密相连的。库利将二者的关系比作船员与船长的关系：一般情况下船长躺在船舱里休息，而船员辛勤地操纵着船只，遇到复杂情况时，船长则需要做出判断和决策。船长和船员的关系不是对立关系，而是相互协调关系，否则航行就无法进行。[①] 航行于茫茫大海之上，船长与船员是生死与共的关系。同样，在德性完善的旅途中，接受暗示和选择是相濡以沫的共生关系，失去任何一个方面，道德的生成都是不可能完成的任务。

---

① 库利. 人类本性与社会秩序［M］. 包凡一，王源，译. 北京：华夏出版社，1999：40-41.

一般而言，我们倾向于看重选择在道德发展中的作用。选择是有明确意识的，有时甚至费尽心机、反复权衡，所以选择是明显的、突出的，容易引起我们的注意。但选择又不是孤立的，选择之中有（接受）暗示。我们在不知不觉中接受的道德暗示不会消失于无形，它们在我们的生命中积聚、沉淀成我们道德生命重要的基础，甚至连我们的道德选择能力也不是凭空产生的，它既是反复选择后获得的一种能力，也是在接受暗示的基础上发育而来的。可以说，任何道德选择都无法摆脱我们所接受的暗示的影响。不但我们的选择能力在一定程度上来自以往所接受的暗示，我们进行道德选择所依据的标准——已有的德性结构，包括道德需要，其形成也离不开我们在生活中所接受的暗示。既然如此，我们为什么还要选择呢？一个重要原因就是各种明示和暗示引发了矛盾和冲突，包括与自己已有德性结构的矛盾和冲突。最后，选择的做出，也必然要对已经引起我们警觉的各种暗示和明示进行综合取舍。所以，库利认为："我们能够做出的任何一个选择都是以某种方式对普遍生活中产生的诸多暗示的综合。"①

（接受）暗示之中有选择。生活中有各种各样的暗示，我们为什么在不自知中接受了某些暗示，而将另外一些暗示挡在自己的心灵之外呢？这里面实际上有主体的"选择"。虽然这种"选择"是无意识的，没有意志努力的参与，是一种"不是选择的选择"，但还是反映了主体独特的道德取向。主体独特的道德取向和德性结构是在道德本能的基础上在自己的"生平情境"中生成的，是接受暗示的结果，也是自主选择的结果。在这一意义上，我们也可以说接受暗示之中有选择。

非反思性选择是接受暗示与自主选择之间的一种过渡性道德学习方式。非反思性选择是在意识完全清醒的情况下做出的，从这一角度看，其具有"自主选择"的特点，但这种选择又是"不假思索"完成的，意志努力的成分较少，又有些接近接受暗示的特点。认为道德及规范是生活中理所当然的存在，我们理所当然地要认同、遵守这些道德及规范，从宏观的角度看，这是对一种普遍的社会暗示的接受。所以，非反思性选择是介于接受暗示与自主选择之间的一种道德学习机制，是一种过渡性环节。但总

① 库利．人类本性与社会秩序［M］．包凡一，王源，译．北京：华夏出版社，1999：40．

体来看，非反思性选择自发性多于意志决断性，可以大体上归于接受暗示这一道德学习类别。

接受暗示、非反思性选择与自主选择在道德学习中是互相协调的，正如库利所说："我们思想的主要部分来自生活中无目的的选择的冲动，或者来自遗传的本能，或者由于习惯而成；而更高一级的思维或者意志的功能是组织和运用这些冲动。"① 没有"船长"，道德学习之旅就会变成没有方向的"漂流"；没有"船员"，道德学习之旅则会缺乏给养和动力，根本无法继续。伦理学、道德哲学和道德教育理论对自主选择给予了足够的重视，而对接受暗示则普遍持轻视的态度。这也难怪，因为接受暗示是在不自知的情况下发生的，容易被忽略。在生活中对信息和影响进行无意识的吸收和整合是非常重要的生存方式，因为生活有太多的负累，如果每一个细小的环节都需要我们的自主意识进行权衡的话，我们的神经肯定无法承受，身心崩溃是必然的。接受暗示和类型化思维实际上是在为心灵"减负"，起着"卸载"作用。"如果对生命来说，对来自周围环境的每一种刺激都必须找到一种恰当的反应，那么，来自四面八方的对其完整性的威胁，会很快使其瓦解。"② 道德的学习也是如此，如果时时刻刻都需要我们进行选择和意志决断的话，心神的负担将不堪承受。所以我们只挑选我们认为有趣和重要的领域留给意志和选择，而将更广阔的空间留给了基于我们本性的自动化的吸收和反应。

归纳起来，生活中的道德学习是这样的：以我们拥有的道德本能或善端为基础，通过接受暗示、非反思性选择和自主选择的交互作用而实现。我们所拥有的道德本能或善端是道德学习的前提，在接受暗示、非反思性选择和自主选择中都发挥着基础性作用。接受暗示、非反思性选择和自主选择不是孤立发挥作用的，而是交互在一起，综合地发挥作用，共同实现道德的学习。

---

① 库利. 人类本性与社会秩序［M］. 包凡一，王源，译. 北京：华夏出版社，1999：49.

② 涂尔干. 道德教育［M］. 陈光金，沈杰，朱谐汉，译. 上海：上海人民出版社，2001：39.

生活德育的核心概念

一、生活德育论为何而生

任何真正有价值的理论都不是凭空产生的，而是或直接或间接地反映着社会现实的变化，有些社会理论甚至是由社会现实需要所直接催生的。生活德育论就是在社会与教育现实“逼迫”下所“诞生”①的一种教育理论。

很多论者都会将生活德育论和教育理论中回归生活的取向与胡塞尔等现象学派的生活世界理论相联系。确实，回归生活的教育理论和生活德育论与现象学的生活世界理论有着无法割断的理论联系，但不要忘了，生活世界理论本身也是当代社会现实的反映，也是陷入困境的现代人寻找走出困境之路的理性努力之一。

人自从诞生之日起就既需要“向内看”以把握自身的需要，又需要“向外看”，了解自己命定要生活于其中的世界，以安顿自身并从中获得生命之所需。人来自自然，以世界为家，所以需要“探究”这个奥妙无穷的世界。和动物与世界浑然一体不同，人与世界之间因探究与认识而形成了“主体”与“客体”的关系。这是人类的基本境况，而这种基本境况既富有巨大的潜力与可能，也天然地蕴藏着多种歧途与危险。首先，“向内看”与“向外看”方向相反，存在着分裂的可能。本来，内省和外探都是为人自身的，但因为有分裂的可能，外探有时候会完全脱离内省，脱离人本身的需要，自成体系，成为一种独立的存在。其次，作为客体的世界是如此

① 虽然没有生活德育的直接提法，但生活德育的基本思想古已有之，所以，这里的“诞生”需要加引号。

深奥、如此浩渺、如此神奇，较容易使作为主体的人注意力全部被吸引过去进而忘却人自身。再次，人是有限的存在，却有着无限的渴望，不仅要认识世界，还要创造“世界”。人借助自己的思想与发明所创造的“人造世界”，既是人认识世界的手段，其自身又“自成一家”，存在着脱离于人之把控的“离心力”。

这种危险在西方文明的早期已经显露端倪。在古希腊，由于当时人们普遍持有的宇宙观，即人是宇宙的一个极其渺小的组成部分，人的使命和幸福在于找到自己在宇宙中的恰当位置。比较起来，宇宙比人重要，因此，“向外看”或者说探索宇宙秩序具有极端重要性，自然哲学吸引了当时绝大多数思想者的注意力，而人及其现实生活反而被忽略了。那时的教育也被这种自然哲学所统治，从事这种研究的“智者”大行其道，广纳门徒。苏格拉底意识到了问题所在，并通过自己的哲学与教育活动力图扭转局面。在这个意义上，我们甚至可以说苏格拉底是使哲学和教育回归生活的“第一人”，正如西塞罗的著名评论所言，苏格拉底是“最早将哲学从天上召唤下来的人，使它在人的城邦中生根，并进入各个家庭，还迫使它审视生命、伦理与善恶”[①]。在《裴洞篇》中，苏格拉底对此有一段“自我剖白”，说自己年轻的时候也被当时流行的自然哲学所吸引，想通过研究自然知道每一事物产生、消灭、存在的原因，结果是“被那些研究搞得简直是头昏眼花，以至于失掉了自己和别人原来具有的知识，忘掉了自己从前曾经以为知道的许多事情，连人生长的原因都忘了”[②]。苏格拉底所做的就是将哲学与教育的目光从宇宙和世界重新转到人身上，慎思“人应该如何生活”这个更为迫切、更为重要的问题。

一方面，作为主体，人与世界分立是人之所以为人的标志；另一方面，人也需要在世界中“讨生活”。因此，“向外看”不仅是人的存在境遇所决定的永恒冲动，也是生命所需。在漫长的中世纪，也许宇宙太深奥，超出了人的理解能力，那时，人们开始相信世界和人是上帝的“造物”，将“向外看”的“目光”几乎全部投射到上帝那里，把“自己置于上帝仁

---

① 余纪元. 德性之镜：孔子与亚里士多德的伦理学［M］. 林航，译. 北京：中国人民大学出版社，2009：63.

② 柏拉图. 柏拉图对话集［M］. 王太庆，译. 北京：商务印书馆，2004：261.

慈的注视之下”，虽然在一定程度上找到了克服此世痛苦的精神慰藉，但“代价”（信仰者一定不认可代价的说辞）也是巨大的：人几乎完全匍匐于神的脚下，丧失了自主，丧失了自我，甚至丧失了自己的人性与生活。人甚至应当轻视自己，因为“轻视自己的人，在上帝那里就受到尊重”①。结果，人不仅迷失了自我，也失掉了世界，正如布克哈特所说，那时“人类意识的两方面 —— 内心自省和外界观察都一样 —— 一直在一层共同的纱幕之下，处于睡眠或者半醒状态。这层纱幕是由信仰、幻想和幼稚的偏见织成的，透过它向外看，世界和历史都罩上了一层奇怪的色彩”②。文艺复兴和启蒙运动是回归人及其生活的又一次努力。文艺复兴表面上看是复兴古希腊、古罗马的哲学与文艺思想，实际上则是回到人及人性的努力，人本主义是文艺复兴的关键词和核心理念。启蒙运动与文艺复兴一脉相承，也是力求摆脱加在人身上的重负。康德将人没有勇气和决心去运用自己的理智视为人类的“不成熟状态”，启蒙的目的就在于脱离这种不成熟状态，“在一切事情上都有公开运用自己理性的自由”③。

历史总是有进步，也有循环。“上帝死了”之后，人类理性的“极端成就”—— 现代科技“一家独大”，悄然间成了人类所信仰的“新上帝”：“我们的社会已经变成了一个以专门的非个人性的知识为基础的世俗社会，这个社会赋予科学家和科学知识的地位，如同我们的前辈承认牧师和宗教教义所拥有的地位。”④胡塞尔、海德格尔等哲学家较早敏锐地意识到了这一问题。胡塞尔指出，“在十九世纪后半叶，现代人自己的整个世界观受实证科学支配，并迷惑于实证科学所造就的‘繁荣’。这种独特现象意味着，现代人漫不经心地抹去了那些对于真正的人来说至关重要的问题”⑤。悖谬的是，文艺复兴与启蒙运动以人本主义为追求，结果却走向现代科学，而一开始所追求的目标却被遗忘了，“人应该如何生活”这样的苏格拉底式问题再一次被放下，人类甚至已经失去了提出类似问题的冲动。海

① 钱乘旦. 现代文明的起源与演进［M］. 南京：南京大学出版社，1991：201.
② 布克哈特. 意大利文艺复兴时期的文化［M］. 何新，译. 北京：商务印书馆，2009：125.
③ 康德. 历史理性批判文集［M］. 何兆武，译. 北京：商务印书馆，1990：24.
④ 巴恩斯. 局外人看科学［M］. 鲁旭东，译. 北京：东方出版社，2001：1.
⑤ 胡塞尔. 欧洲科学危机和超验现象学［M］. 张庆熊，译. 上海：上海译文出版社，1988：5.

德格尔则对现代科学技术对人的宰制深有所思，一改仅仅将技术当作手段和工具的庸常之见，揭示出现代技术作为“纯技术的世界构造”的本质，已经参与到自然、现实、人和世界的构造之中，使整个世界技术化。整个世界已经变成了一个“机械构造的大网”（雅斯贝尔斯语），在这个大网中人的特性和心灵无处安放，更糟的是，人本身也被技术化、机械化了。从人的角度看，被当成“新上帝”的现代科技又成了窒息人、压抑人、宰制人的对立面。更可怕的是，现代科技已经有了自己强烈的意志。从技术的角度看，“多愁善感”的人则成了妨碍科技“进步”的阻力。鲍曼关于未来技术性社会的想象未必真是笑谈：未来的自动化社会将仅仅使用两种有自然生命的活物，一个是狗，一个是人，人的作用是喂狗，狗的作用是看着人，防止具有非理性特征的人接触任何机器！① 胡塞尔等人的生活世界理论和哲学与文化教育领域回归生活的理论，就是在这种时代背景下提出的，是回归人、回归人性的又一次努力。生活世界是人的世界，回归生活实质上就是回归人本身。说到人，我们被现代科技构造过的思维总是惯性地将人当作客观的认识对象，以为有一个本质化的人在那里等我们去认识。实际上，人只能以“在”的形态呈现，人就是其生活。

教育领域的回归生活既是现代人真实境遇的反映，也是教育自身真实状态所引发的反抗。教育作为人类自觉的文化活动，应该呼应时代的精神需要，为现代人走出技术所构造的机械铁笼奠定一个思想与价值的基础。教育领域回归生活的思潮，承续生活哲学的精神，本身就是对时代精神需要的响应。另外，也应看到，现实教育的基本架构和价值基础几乎是现实社会的“翻版”，如果说整个现代社会是一个巨型铁笼的话，那么现代教育机构则是它的一个“样板间”。可以说，教育也被整合进技术构造世界的结构之中，成为技术构造世界的一个重要环节。在这样的教育存在状态下，儿童一进入学校，就被从他们自身的世界连根拔起，落入了“恢恢铁网”，陷入与自身生活和需要几乎毫不相干的冷冰冰的所谓“科学世界”。在这个意义上，学校成了反对、宰制、规训学生及其天性的“异己力量”。从这个角度看，教育回归生活，就是要回归人性需要、回归学生天性，是

① 鲍曼. 被围困的社会［M］. 郇建立，译. 南京：江苏人民出版社，2005：94.

教育领域的“文艺复兴”和“人道主义”。

道德教育回归生活或生活德育论是教育回归生活的一个构成性部分。除此之外，道德教育还有自身的独特处境，即道德及道德教育的“技术化”。现代科学技术对教育的“征服”是全方位的，道德教育也未能幸免。被征服后的道德教育将道德理解为对象化的客观知识和机械化、程序化的行为规范，将道德教育理解为道德知识的输出与接收，以及动物反射性、程序化的行为规范训练。结果是，作为人性需要和生活之道的道德，变成了与学生的天性和生活需要几乎没有关联的知识体系和“操作系统”；引导学生学会如何过美好生活的道德教育，则变成了与这种引导离题千里的抽象知识灌输和压抑人性的、犯人式的行为管束。道德教育回归生活或者生活德育论的提出，就是对道德教育的这种悲惨遭遇的反抗，就是为被这种道德教育所误导、所教唆、所折磨的学生获得解放的人道努力！一句话，生活德育论就是道德教育领域的“人道主义”。

二、生活德育的关键词

生活德育论作为一种理论主张，有自己的核心主题。在我看来，生活德育论的核心主题就体现在几个关键词中：生活、道德、（道德）教育。也就是说，生活德育论的基本思想，就体现在对这几个关键词的理解上。

生活德育论的第一个关键词是“生活”。关于“生活”这个关键词，首先需要澄清的是生活与人的关系。有些人不理解生活与人的关系，将生活与人分割开来看，认为生活是生活、人是人。实际上，人与生活是一体的、统一的，人就是其生活，不存在生活之外的抽象的人。库比特说：“我就是我的生活，我的生活就是我，就是我的整个表达或者规定的自我。”① 无论是从类还是从个体的角度看，人都不是一个静态的客观对象化存在，而是一个动态的过程性存在。而这个动态的过程不是其他什么东西，就是人的生活。生活就是人的生命活动展开的过程，人只有通过自己的生活，

① 库比特. 生活　生活：一种正在来临的生活宗教[M]. 王志成，朱彩虹，译. 北京：宗教文化出版社，2004:62.

才能实现自身的生命潜能，丰富、建构自己的人性，才能真正成为人。生活是人的存在方式，人就在其生活之中，在生活之外无人迹可寻。如果把人的生活比喻成一个气泡的话，人就在这个气泡里面，没有通向气泡之外的路，人无法溢出生活之外，除非死亡了。因此，生活并无外在性。无外在性并不是说人的生活是封闭的，不和外界互动与交流，而是说这种互动与交流是以生活的形式发生的，人无法跳出自己的生活和外界发生联系。

一些死守以讹传讹教科书观点的人，总认为对人的这种生活化理解是存在主义的，不是马克思主义的。殊不知，马克思在《德意志意识形态》中说过："个人怎样表现自己的生活，他们自己也就怎样""人们为了能够'创造历史'，必须能够生活"[①]。马克思将人理解为"现实的人"，而现实的人生成于其现实生活中，生活过程所造就的不是别的什么，就是人本身。理解了这一点，对生活德育论或道德教育回归生活之思想的种种误解与疑虑就可以消除。回归生活的精神实质就是让（道德）教育奠基于人并服务于人，因此我们才说这是（道德）教育领域的"人道主义""人本主义"。

人是生活的，而"生活"既是名词，又是动词，或者说主要是动词。人是有反思能力的动物，能将自己的生活对象化，使其成为反思的对象，这个时候，生活具有名词性。未来的生活是人尚未经历的生活，无法成为反思的对象，但人们可以对未来的生活进行想象，想象意义上的生活也基本上是名词性的。然而，反思对象和想象所建构的生活不是生活的常态，生活的常态是动态的，是一个能动且连续的发展变化过程，生活就是"生活着"，因此生活更多地具有动词性。生活的过去形态，是过去生活所形成的"结晶体"，是人可以反观的对象。从这个角度看，生活具有实在性。但反思与反观不是目的，目的在于更好地去生活。同样，名词性的生活的另外一种形式，即想象生活，是对未来生活的展望与构想，主旨不在想象本身，而在于建构生活的多种可能，去过更好的生活。在这个意义上，生活又具有非实在性，人总是从实在的生活出发去创造可能的生活，"我们的生活就是我们的本质。我们就是自己生活所表现的，再没有别的了，但

① 孙云龙．"生活"的发现与历史唯物主义的形成：《德意志意识形态》研究[M]．上海：复旦大学出版社，2011：192.

那本质不是预先确定的，也不是预先决定的，一定要我们自己来决定它，我们要决定自己将要成为什么样的人”①。人总是不满足于现成的、给定的生活，而是以此为基础，去建构新的生活。生活作为一种实在，与物理实在不同，是由人的意志和行动所创造的实在。因此，生活不是一个“被给予的事实”（the given fact），而是一个“给予性的事实”（the fact of giving），天然具有建构性。②

一些人不理解生活的建构性和非实在性，对生活仅仅进行对象化的名词性的理解，将生活仅仅当作认识对象，担心（道德）教育回归生活会被良莠参差的实在生活所困。应该说，这种担心不无现实依据，但从理论上说，如果我们理解了生活是现实与可能的二维统一，就应该知道回归生活绝不是仅仅回归生活的现实性，而是从现实生活出发走向可能生活。正如弗兰克所说，“人的本质在于，在其自觉地存在的任何时刻，他都超越一切实际给定之物的范围，包括实际给定的他自己的存在”③。基于此，（道德）教育回归生活，不是对现实生活的“投诚”，而是引导成长中的孩子发现现实生活的问题，并帮助他们学着解决这些问题，以建构美好的生活。

生活德育论的第二个关键词是“道德”。对道德的理解起码有三种不同的路向：一种是认识论的，一种是价值论的，一种是存在论的。对道德的认识论理解，或者说认识论意义上的道德，是对象化、客观化、知识化的道德。如前所论，由于现代科技在认识客观世界上所取得的巨大成功使其获得了“新上帝”的尊崇，现代人在有意无意间将现代科技的逻辑与方法运用到一切领域，包括人的情感与道德领域。对道德的认识论理解就是运用这种逻辑与方法的结果，本来内在于生活的道德由此成为可以脱离生活、独立于生活的知识体系。不是不能对道德进行认识论理解，以道德为对象的研究者可以将道德作为专门的研究对象，作为生活着的人，我们也可以将道德作为反思的对象，但不能对道德仅仅做认识论理解，否则就是对道德的曲解。

对人来说，道德主要不是知识，而是一种价值。因此，对道德的理解

① 贾塞特. 生活与命运：奥德嘉·贾塞特讲演录[M]. 陈昇，胡继伟，译. 南宁：广西人民出版社，2008：231.
② 赵汀阳. 论可能生活：一种关于幸福和公正的理论[M]. 北京. 中国人民大学出版社，2004：8.
③ 弗兰克. 实在与人：人的存在的形而上学[M]. 李昭时，译. 杭州：浙江人民出版社，2000：142.

不能失去价值论的维度。对道德的理解，必须参照它对人及其生活的意义，否则道德就会变成与人及其生活无关的抽象物。从价值论的角度看，道德是人所追求的一种目的性的价值，对人及其生活来说，道德是"善"的、"好"（good）的，是值得欲求的。作为价值的道德与作为知识的道德不同，无法完全对象化、客观化，一方面是因为价值关涉人的需要、情感、态度、评价与判断，另一方面则是因为道德价值直接与人及其生活融为一体，是生活的内在构成部分。

与价值论密切相关的是对道德的存在论把握。人不是抽象的存在，而是动态的生活者。从动态的维度看，人的存在就是其生活。人即生活，那么就有一个如何生活的问题。苏格拉底所探寻的是关于什么是一种善的人类生活（幸福或者美好生活），而孔子则着力找寻人类之"道"（"志于道"《论语·述而》），即一个人应该如何生活的正确途径，正所谓"朝闻道，夕死可矣"（《论语·里仁》）。善的生活也好，人类之道也好，都是从人及其生活出发的一种存在论视域。巧合的是，苏格拉底与孔子虽然有"幸福"与"道"之不同，但其实现幸福与"得道"的途径都在于德性。苏格拉底将德性理解为灵魂所能呈现的最好状态，是生活的"功能"或品质。在孔子及其追随者那里，德有动词性，通"得"，即通过自己合乎道的作为进而获得的品质，德是道在人及其生活中的体现，是道的具体化。

先贤对道德的这种存在论理解并没有失去生命力，在知识论统治一切的时代，仍然有学者与他们遥相呼应。赵汀阳说："道德是一个以存在论为基础的目的论概念。道是存在的有效方式。在人生问题上，道即人道。德是存在方式之目的性。"[①] 杨国荣也有类似的看法："道德既是人存在的方式，同时也为这种存在（人自身的存在）提供了某种担保。"[②] 从存在论来理解道德，道德作为存在方式也好，作为存在的目的也好，作为生活所实现的品质也好，与存在和生活都是一体的，不存在分离的问题。

问题在于，很多人已经被实证科学的思维方式所遮蔽，已经失去了从存在论出发感悟道德的能力。对生活德育论的一些误解，甚至包括一些

---

① 赵汀阳. 论可能生活：一种关于幸福和公正的理论［M］. 北京：中国人民大学出版社，2004:17.

② 杨国荣. 伦理与存在：道德哲学研究［M］. 上海：上海人民出版社，2002:24.

"为批评而进行的批评"，在很大程度上就是没有摆脱对道德的认识论（知识论）理解所造成的。以认识论的道德为标准，价值论和存在论的道德逻辑不通，"显然"都是"歪理邪说"、一派胡言。站在认识论与知识论的立场上看，道德本来就是可以与生活分离的体系化存在，既无回归生活的必要，也没有回归生活的可能，正所谓"此路不通""逻辑不通"。学术对话、学术批评是促进学术进步之"道"，问题是如果批评如此错位，毫无交集，那还有什么意义？

生活德育论的第三个关键词是"（道德）教育"。生活德育论或道德教育回归生活有方法论意义，因为生活德育论一反道德教育中的知识灌输方法，主张从学生的生活出发、在学生的生活中学习道德。这是一种与道德知识传授完全不同的教育方式，其着眼点不在于道德知识体系，而在于学生的生活实际及其成长的精神需要。从这个角度看，生活德育论是一种"德育范式"，有一套德育理念及在该理念支撑下的实施方法，确实具有方法论性质。

生活德育论所内在具有的方法论性质本来是生活德育论的优势，因为其作为一种德育理论，能够直接指向德育实践。但悖谬的是，生活德育论的这一特点却引发了一些误解与责难。一些论者认为，生活德育论从生活出发，或者道德教育回归生活，而现实生活是纷繁复杂、善恶共生的，甚至可能是反道德的，你如何从生活出发？是不是要回归这种生活？是不是要迁就这种反道德的生活？一些论者由此断定生活德育论存在着无法克服的"逻辑上的矛盾"。

果真如此吗？应该承认，这些质疑的声音切中了现实教育生活所蕴藏的问题与危机，但由此出发所做出的对生活德育论的推论并不可靠。原因在于对生活德育论不能仅仅做方法论理解。也就是说，生活德育论不仅仅是方法论的，还是目的论的。从现实生活出发或回归生活不是目的，而是起点，目的在于引导学生去建构有道德的美好生活，"道德教育的根本作为在于引导生活的建构"[①]。从目的论的角度来理解（道德）教育，我们就不会有迁就现实生活的问题，因为回归生活只是方法，不是目的。一句

① 鲁洁. 道德教育的根本作为：引导生活的建构[J]. 教育研究，2010（6）.

话，生活德育论不存在迁就现实生活的问题，而是引导学生从不完善、有缺陷，甚至有道德危机的现实生活开始去建构尽可能完善的良善生活，并经由这种良善生活而成为“好人”（“好人”之“好”，包括道德上的“好”，但又不仅仅是道德上的“好”，还是作为一个人的“好”或优秀）。

当今学校德育的问题在于将道德教育变成空洞化、形式化的知识灌输，按行政与政治权力的要求组织各种形式主义且往往有反德育效应的德育活动，德育不但忽略了学生道德成长和幸福生活的正常需要，还成为满足这类正常需要的障碍。在这样的教育生活境遇中，学生没有获得应有的尊重，反而成了负载外在意图的工具。生活德育论所要做的就是一种“拨乱反正”，即直面学生成长与生活中的问题，以满足他们道德成长和幸福生活的需要为核心，使德育回归“成人之学”，成为教育领域的“人道主义”。

三、生活德育论的未来

应该说生活德育论不是什么了不起的重大理论创新，而是当今特殊的时代境遇和当代中国特殊的教育境遇所催生的一种特殊的教育再吁求。实际上，根据生活与道德的本性以及道德学习的基本规律，生活德育论应该成为教育与道德教育的一种基本常识。因此，生活德育的真正未来在于“没有未来”：什么时候我们不再需要强调生活德育而其基本精神已经化在道德教育的所有维度与过程中隐而不彰，生活德育才会真正实现。

说生活德育论是一个德育常识，一个原因在于生活德育并不是今日中国学者的创新，其在中西方教育思想与实践史上都有扎得很深的传统之根。一些人从生活德育论与胡塞尔“生活世界”概念的相似性出发推断生活德育论是一种舶来品，殊不知，生活德育论是中国传统德育思想与实践的基本特征。闫少华等人从儒家德育思想的思维方式、目标、师生关系等方面论证了先秦儒家德育思想与生活德育论思想的契合。[①] 寇冬泉则直接论证了“生活德育论是中国传统德育范式的回归与超越”[②]。这些判断与论

① 闫少华，尉天骄．“回归生活世界”：现代道德教育观与先秦儒家伦理思想的契合［J］．社会科学家，2011（2）．

② 寇冬泉．生活育德是中国传统德性培育基本范式的回归与超越［J］．道德与文明，2006（3）．

证都是言之有据、言之成理的。单从中国文化传统的两个特点就可窥见一斑。第一，中国哲学基本上就是伦理学，重视现实生活，不太讲彼岸世界，追求在现实世界中践行道德理想。在中国传统伦理学中，道德不是来自上帝或彼岸世界，而是来自现实生活中人与人之间的关系，体现出浓重的生活意味。[①] 第二，“知行合一”体现了思想与生活的统一。从实践的角度看，如果不考虑中国传统德育的理性精神不足、权利意识淡薄等缺陷的话，其着眼于习惯养成的教育方式是非常成功的生活德育范式。

西方也有生活德育之传统。前文已经论及苏格拉底，亚里士多德何尝不是“生活德育论者”？首先，亚里士多德的德育目的是至善——生活幸福（过得好，活得欣欣向荣），体现出生活本位的取向。其次，关于道德与人及其生活的关系，亚里士多德不把道德视为外在于生活的知识，而是认为道德“就在具体的人身上，就在实际生活中。他心目中的人，并不是要脱离现实社会的一种超然的，属于理念世界中的东西”[②]。再次，关于道德的形成，亚里士多德也是生活论的，周辅成将他的道德形成观概括为“道德出于天性，成于习惯”[③]，可以说准确抓住了其思想的精髓。天性和理性都是道德的基础，但仅有天性和理性是不够的，因为这二者还必须落实于实际生活中，否则它们仍然只是人类自身功能的两种形式。亚里士多德对此说得直接而明白：“有些人认为一个人好是天生的，有些人认为是通过习惯，另外一些人认为是通过学习而成为好人的。本性使然的东西显然非人力所及，是由神赋予那些真正幸运的人的。逻各斯与教育也似乎不是对所有人都同样有效。学习者必须先通过习惯培养灵魂，使之有高尚（高贵）的爱与恨，正如土地需要先耕耘再播种。”[④] 近代影响最大的教育家杜威在《我的教育信条》中对道德教育有开宗明义式的论述：“我认为道德教育集中在把学校作为一种社会生活的方式这个概念上，最好的和最深刻的道德

---

① 张岱年. 文化与价值［M］. 北京：新华出版社，2004：95.

② 周辅成. 周辅成文集：卷 2［M］. 北京：北京大学出版社，2011：16.

③ 周辅成. 周辅成文集：卷 2［M］. 北京：北京大学出版社，2011：14.

④ 亚里士多德. 尼各马可伦理学［M］. 廖申白，译注. 北京：商务印书馆，2003：313. 周辅成的译文［“人变成善良人，有人说是由于天性，有人说是由于习惯，有人说是由于教育。天性的惠赐，显然非我们人力可左右，只有那些极幸运的人才能得此神赐。至于教育与理性，亦恐非对于人人皆有效。学（习）者唯有首先培养良好习惯，使爱憎都能得当。好似一块土地，力求保养以便种植。”］似乎更为通畅易懂。

训练恰恰是人们在工作和思想的统一中跟别人发生适当的关系而得来的。现在的教育制度就它对于这种统一的破坏或忽视而论，使得达到任何真正的、正常的道德训练变得困难或者不可能。”① 他在《教育中的道德原理》中对“道德观念”与“关于道德观念”的区分、对“直接道德教学”的局限性和内在矛盾的揭示、对“学校道德的三位一体”的倡导等都是生活德育论的思想资源、理论基础，甚至基本观点。也就是说，在杜威那里，生活德育论是被当成道德教育的一个“基本原理”的。

应该承认，过去与现在的道德教育理论流派与生活德育这一“基本原理”都有疏远甚至背离，但也应该看到，有疏远和背离，就有以生活德育为基础的拉力、反弹与斗争。这从另一个方面证明了生活德育论作为“基本原理”的强劲效力与生命力。就当前而言，在既有时代需要作为社会支持，又有理论资源作为理论根基的情况下，对生活德育论的理论质疑与批评并不构成真正的挑战。生活德育论是欢迎真正的学术批评的，有学术品质的批评可以促进生活德育理论的深入研究和进一步发展，不但无损于其作为道德教育“基本原理”的地位，还有为其增光添彩之功效。

不是没有挑战，而是挑战在“别处”。生活德育所要面对的最大挑战不是理论的，而是实践的。前面说过，“生活德育的未来在于‘没有未来’”，对这句话既可做积极意义上的理解，即生活德育作为一个“基本原理”化在学校教育过程之中；也可做消极意义上的理解，即由于学校生活的非生活化趋势，生活德育完全被排斥在学校教育过程之外，真正没有未来！问题的严重性在于这不仅仅是一种理解上的可能，而且是一种现实的可能，甚至在一定意义上是现实本身。

生活德育来自实践的最大挑战在于学校的非生活化。生活德育的基础在于生活，没有生活就没有（道德）教育。学校的非生活化对生活德育来说，是一种“釜底抽薪”。学校为什么会非生活化呢？首先在于学校作为专门的教育机构本身就存在着非生活化的惯性和“冲动”。杜威将学校的这种倾向称为“明显的危险”（conspicuous dangers），并对其深怀戒

① 杜威．学校与社会·明日之学校［M］．赵祥麟，任钟印，吴志宏，译．北京：人民教育出版社，1994：7-8.

心、忧心忡忡。在杜威看来，正式教育产生以前，未成年人参与社会生活有两种方式，一种是直接参与成人的工作与劳动，一种是游戏式的模仿，无论哪种参与方式，都是未成年人亲身经历并有切身体验的，而“正式教育易流于疏离（remote）、死板（dead）—— 用寻常的字眼，就是抽象的（abstract）、咬文嚼字的（bookish）”[①]。原因在于正规教育是符号化的，而符号化的好处在于知识容量的无限增大，弊端则是易于“自成一世界”，脱离作为根基的生活本身，变得无关乎生活经验。基于对学校的这种警惕，杜威认为如何达至正式与非正式、偶然自发与有意图的教育之间的平衡始终是教育哲学的重大课题。正规教育的这种内在倾向对教育的所有领域和维度都是威胁，而对道德教育的威胁最大，因为道德知识如果与生活无关，与人的体验和经验无关的话，就仅仅只是“关于道德的知识”，这种知识的学习对道德发展来说，不但无益，反而有害。

正规教育是一种有意图的教育，其中又蕴藏着与上述危险性相关的另一种危险性：教育变成“告诉”（telling）与“被告诉”（being told）的过程，而且“这种危险性并非理论上的，而是实际的。把注入当教导，把被动的吸收当学习”[②]。这种危险的根源一方面在于学习内容脱离了学习者的生活体验，成了外在于他们的对象化的东西，他们无法在主动的建构性的过程中学习；另一方面，教育又是有意图的，这种意图一定要“实现”，结果只能直接“告诉”与灌输。灌输作为教育方式，本身是反道德、反教育的，其存在本身就在进行一种“反向的生活德育”：贬低学生的独立性、主动性和尊严，把学生当成可以贯彻教育意图的物化工具。把灌输用于道德教育，则是“危险中的危险”，因为这种教育方式不但贬低了人性，还羞辱了道德，使本来事关心灵的美的活动（take possession of the beautiful）变成了摧残、蒙蔽心灵的丑陋的过程。

可悲的是，杜威的这些担心如今都变成了现实，学校内在的非生活化倾向不但没能得到遏制，反而因为得到额外的驱动力而加速恶化。当代学校的非生活化的额外驱动力可以概括为科技（知识）至上、利益至上和效

---

① 杜威. 民主主义与教育［M］. 林宝山，译. 台北：五南图书出版公司，1989：36.

② 同①.

率至上。在这几种至上的力量的推动下，如前所论，当代学校教育在很大程度上已经变成了现代科技所构造的世界的一个“样板间”，成为现代科技压抑人、改造人的“帮凶”和工具，非生活化的面目越来越狰狞。对孩子来说，上学成了与其当下生活无涉的考试训练。一踏入学校，孩子的生活就被一柄又一柄“知识课程之刀”切割得七零八落，学校生活就是在不同的“课程之刀的刀片上行走”，本应无忧无虑的童年生活被人为地弄得凶险无比。杜威所讲的儿童生活的四种本能，包括社会交往的本能、建造的本能、探究的本能、艺术的本能几乎全被压抑和损毁，儿童失去了生活，失去了乐园，也失去了本性。

在学校发展史的早期，学校作为家庭功能的延伸，有着更多的家庭色彩。随着工业化的到来，学校与家庭渐行渐远，逐渐变成一种纯粹的社会机构。尤其是“20 世纪以来，学校规模愈大，结构愈科层化，其许多特征与韦伯的‘理想类型’科层制机构特征相似”[①]。科层化的现代学校犹如现代化工厂，服从于专业化与效率的要求，“把大量学生（原料）集中在中心学校（工厂）里，由教师（工人）加工”[②]。

或许有人会说，这里所说的非生活化也是一种生活，也是建立在某种人性或人性的某个维度之上的一种生活样态，这样的生活也有“教育意义”，也可发挥“生活德育”的效能。没错，单从逻辑上说，这种非生活化也是一种生活，问题是这种生活不是按人性的方式去组织的，而是按非人性的、物化的方式去建造的，是对生活的异化、对人性的扭曲。这种非生活化也不是没有人性基础，但其人性基础却是人性的消极因素，比如物质欲望、恶性竞争、盲目依赖等，呈现出一种整体非理性的特征。现代教育的整体非理性是指其活动在形式上是理性的，但在实质上却是非理性的；在手段上是理性的，但要达到的目的和目标却是非理性的；具体的过程是理性的，但整个事情的性质却是非理性的。也就是说，现代教育以异常理性的面貌示人，但是没有精神深处的思考，没有从人性需要、儿童发展与幸福的角度去建构自身，在形式异常合理的伪装下实际上却是压抑人性、

① 巴兰坦. 教育社会学：一种系统分析法［M］. 朱志勇，范晓慧，主译. 南京：江苏教育出版社，2005：36.
② 托夫勒. 未来的冲击［M］. 孟广均，等译. 北京：中国对外翻译出版公司，1985：349.

摧残儿童的极端不合理的机构。[①] 如果撇开教育的价值导向性，那么，非生活化的学校也是一种生活，也对厕身其中的人有一种“教育”或者熏染。但我们所倡导的生活德育是有价值导向的，是“好生活”与“好人”的统一，不是非人性的生活与非人性化的结合。

重申生活德育论针对的正是现代学校非生活化的现实，也是对当代学校教育压抑人性、遗弃道德之不良倾向的斗争，是教育领域的人道主义呐喊，从一开始就是站在学校非生活化的对立面，就具有战斗姿态。那么，非生活化的学校有强大的社会基础和自我维护的本能，有大量的俘虏、人质和拥护者，在与生活德育的斗争中处于绝对优势，始终是生活德育论的最大威胁与挑战，甚至毁灭性力量。生活德育的未来在于“没有未来”，问题是是哪种意义上的“没有未来”。也许，生活德育的未来不是命定的，而是由我们人决定的，是由我们想成为什么样的人、想过什么样的生活、需要什么样的教育决定的。

---

① 这里对现代教育的论述参考了李文阁关于现代社会的“形式合理、实质不合理的思想”。见李文阁．复兴生活哲学：一种哲学观的阐释［M］．芜湖：安徽师范大学出版社，2010：329.

学校德育的范式转换

生活德育并不局限于学校，因为人的生活在时间和空间上都超出了学校的范围。具体到在生活德育指导下的学校德育，应该是通过学校的整体生活进行的、对学校所有成员都起作用的、提升人的精神追求的教育活动。这是一种新的德育范式，是对以往和现行的以割裂、知性和技术化管理为特征的德育范式的转换与超越。

一、德育目的：从培养“伦理学者”到生成“有道德的人”

1. 目的回归：生成“有道德的人”

现行和过去的德育一个非常致命的缺陷，就是通过“范式匹配”（patterns matching）的方式将自己等同于科学知识教育，按照科学知识学习的逻辑来组织内容、设定目的。其典型表现就是将压缩过的伦理学、道德哲学的知识体系直接移植到学校教育中，虽然声称是为了学生的品德发展，但其隐含的目的却是使学生成为研究伦理和道德的“伦理学者”。正如数学教育要培养数学家、物理教育要培养物理学家一样，道德教育也要培养伦理学专业工作者。要不然，学校道德教育为什么要从一些基本的伦理概念开始、情绪教育为什么要从基本的情绪概念出发呢？这种教育走的是培养专业人员的路数，暗含的实际教育目的又是使每一个学生都成为“伦理学者”，至于能不能实现，则不去管它，反正是朝这个方向努力。

我们的德育为什么不能从学生的道德发展和情绪发展的实际出发呢？

从学生品德与个性发展实际出发的教育，则走的是生活的道路，其着眼点在于学生品德与个性的真实发展，目的在于生成“有道德的人”。生活德育力求实现德育目的的转换，即从培养“伦理学者”到生成“有道德的人”的转换。生成“有道德的人”并不排斥道德知识的学习，但道德知识的学习在生成“有道德的人”的教育活动中已经不再是目的。也就是说，不再是为学习知识而学习知识，而是在“有道德的人”的成长这一根本目的统率之下对必要的道德知识进行学习。

德育目的从培养“伦理学者”到生成“有道德的人”的转换，意味着德育在目的维度向自我本真性的回归。以培养“伦理学者”为目的的德育实际上是异化的德育，因为这种德育因将眼神紧盯着科学范式、拼命向其靠拢而失去了自我，在目的与价值取向上偏离了自己应走的轨道，朝着错误的、注定无法完成的方向盲目前进。生成“有道德的人”是德育的本己之事，是向自我的回归。找回失落的自我是现代德育一个迫切的任务，目的和价值取向的回归是这一迫切任务中的迫切任务。

2. 意识综合：有无目的的影响都是德育

德育以生成“有道德的人”为目的，这是从价值追求的角度说的，并不意味着具体的教育活动都是有主观目的或主观意识的。现代德育囿于“教育是有目的、有计划、有组织的活动”这样的成论，偏执于教育者的主观意识，将德育仅限定于有目的的影响和活动。国内比较有影响的德育教材与著作都没能摆脱这一局限，比如王逢贤老师在《德育新论》一书中对德育是这样定义的：“德育是教育者根据一定社会和受教育者的需要，遵循品德形成的规律，采用言教、身教等有效手段，通过内化和外化，发展受教育者的思想、政治、法制和道德几个方面素质的系统活动过程。”[①]这一界定在当时甚至直到现在都是全面而深刻的，但仍然存在着强调教育者的主观意识和“系统活动”的问题。檀传宝教授在新近的一部著作中将德育界定为：“德育是教育工作者组织适合德育对象品德成长的价值环境，

---

① 鲁洁，王逢贤. 德育新论[M]. 南京：江苏教育出版社，1994:95.

促进他们在道德价值的理解和实践能力等方面不断建构和提升的教育活动。"[①] 这一界定也是将德育理解为教育者的主观意识活动。戚万学教授提出"活动德育论"，力图克服知识德育"只说不练"的痼疾，但也将活动德育中的活动限定于有意识的、有目的的活动，或者说是专门组织的活动[②]。

教育者有目的的活动确实是德育的重要组成部分，但问题是某一有特定德育目的的活动并不一定能实现这个目的，甚至可能会起到相反的作用，或者产生教育者事先预料不到的另外的影响。而一些无特定德育目的的活动，比如一堂纯知识的数学课，或教师与学生私下随意的闲聊，则可能会使学生在道德和人格上受到影响。有目的、有意识的德育影响固然重要，但每日"无形间受熏陶感化暗示而来的""无意间不自觉地得来的"[③]影响同样重要。贝特森将学习分为"元学习"和"后学习"。所谓的"元学习"是初始学习或一度学习，这种学习可以用肉眼看见，可以监控和记录，可以预先设计和规划。而"后学习"则是一种潜在的过程，几乎不曾被人的意识注意到过，更少受到参与者的监控，只是与教育的表面主题有着宽泛的联系。"正是在后学习的过程中，而很少是在指定或自我宣称的教育者的有意识控制之中，教育行为的对象获得了对他们的未来生活无与伦比的重要技巧。"[④] 从后学习的角度看，我们对学生道德与心理的影响在很大程度上是在我们有目的的活动之外，是在我们的意识控制之外发生的。这与我们所提出的暗示与接受暗示作为道德学习的基本机制是一致的。因此，如果将德育仅仅限定于有目的、有意识的影响，将学校生活中各种无意识的影响和有意识的活动所派生的与设定目的不同的影响都排除在外，那这种德育也太狭隘、太无力了。

将有无目的和有无主观意识的影响都视为道德教育的组成部分，表面上看，需要解决一个内在悖论：如何控制我们无法控制的无意识的影响。

① 檀传宝. 学校道德教育原理[M]. 北京：教育科学出版社，2000：6.

② 戚万学. 活动道德教育模式的理论构想[J]. 教育研究，1999（6）.

③ 贺麟，儒家思想的新开展：贺麟新儒学论著辑要[M]. 北京：中国广播电视出版社，1995：446-447.

④ 鲍曼. 个体化社会[M]. 范祥涛，译. 上海：上海三联书店，2002：154.

实际上，这个悖论并不是一个死结，因为每个人都无法控制自己对他人无意识的影响，我们也不需要控制这种影响，这不是我们所能控制的。但我们能控制自己的行为和生活，如果我们能够过“有道德的生活”，我们对他人无意识的影响一般都是正面的。所以贝特森指出：“在后学习过程中获得的习惯是有用还是有害，与其说依赖于学习者的勤奋和天分以及教师的潜能和一丝不苟的教风，倒不如说依赖于学生在其中生活的世界的种种特征。”①

二、德育内容：由“大德育”“小德育”到与生活的综合

1. 现实而尴尬的“大德育”

关于德育的主要内容，在我国比较通行的说法是包括思想教育、政治教育、道德教育、心理教育、法律教育等多方面的内容，这是所谓的“大德育”概念。“大德育”概念的形成既是对中国文化中德政不分的传统的承继，也是现实政治需要的反映。因此，“大德育”概念是中国文化与政治现实逻辑的反映，具有传统与现实的合理性。但这一有现实合理性的概念却存在着“几大弊端”：（1）过于宽泛的概念实际上消解了这一概念。（2）混淆了政治教育、思想教育、道德教育等不同的心理机制和基本规律，也混淆了不同教育策略的选择与适用范围。（3）造成对话中的困难，我们说的虽然是同一概念，但往往所指不同。（4）实践中德育过重的内容负担使德育失去了生命力。② 现实的合理性中也有现实的不合理，这些弊端的存在也是不争的事实。其最突出也最严重的后果是用思想、政治教育取代道德教育，使德育变成意识形态教育的傀儡和附庸，导致“德育无德”的可笑境地。在教育现实中，不仅有“思想政治”这样的德育课程称谓和专业设置，更严重的是在教育价值取向上用思想、政治倾向这些“大德”压制、取代个人品德这些“小节”，使人的基础品德荒芜化。

---

① 鲍曼. 个体化社会[M]. 范祥涛，译. 上海：上海三联书店，2002：155.

② 檀传宝. 学校道德教育原理[M]. 北京：教育科学出版社，2000：3. 引用时稍有删节、修改。

2. 纯粹而孤独的“小德育”

基于“大德育”存在的困难，一些学者提出了“小德育”，即“德育就是道德教育”的概念，将德育限定于道德教育这一单一内容，不但显得纯粹，还能使很多“大德育”问题迎刃而解。比如，思想教育、政治教育、道德教育等的心理机制和教育策略的混淆问题不存在了，对话的困难也解决了，负担过重的德育也得到了“减负”。

德育就是道德教育，也是本文一个隐含的基本假定。但这一德育内容观也同样有自己的问题和困难。不但在我国与德育实践不符，国外的德育也不一定纯粹是道德教育。在20世纪的美国，道德教育领域的主导术语是沿着“品格教育”（character education）到“价值教育”（value education），再到“道德教育”（moral education），又回到“品格教育”这一脉络转换的。从20世纪80年代中后期开始，学术杂志和学术著作中频繁出现“品格教育”这一术语，而“道德教育”这一术语的使用频率则在逐渐下降。对于这一变化，许多学者有比较敏锐的意识，赫尔维格等人指出：“‘品格教育’这一术语最近几年已经成为与学生价值形成有关的课程开发和政策制定的首选用语。”① 尼珊也指出，最近几年，至少是在美国，“品格教育已经成为道德价值、伦理学和公民教育领域里所开发的运用课程的主导术语”②。无论是价值教育，还是品格教育，都不单纯是指道德教育。科雷格指出，德性一般指伦理思想和行为，品格则是更为宽泛的概念，包括德性，体现于人每日的所思所想所为中。③

将德育专指道德教育这一纯粹而又简洁的德育内容限定在国内外的教育实践中，之所以没有多少市场，根本的原因在于人的德性不能独自得到发展，道德教育也无法独自进行。在杜威看来，道德的范围很广，包括我们与他人有关的所有行为。某些人格特质，如真诚、诚实、友善等，对我们的社会关系有较大影响，我们就用“道德”来加以强调，但“这只是表

---

① HELWIG C，TURIL E，NUCCI L. Character education after the bandwagon has gone［EB/OL］. http://www.uic.edu/~lnucci/moralED.

② LICKONA T. Eleven principles of effective character education［J］. Journal of Moral Education，1996（1）.

③ CUNNINGHAM, CRAIG A. A certain and reasoned art: the rise and fall of character education in America［D/OL］Chicago：University of Chicago. http://www.neiu.edu~ccunning/chared/riseandfall.html.

示这些特质与其他的比较起来比较集中于道德方面，之所以将这些特质以道德来强调，并不是因为它们专属于道德而不属于其他，而是因为它们与其他数千种态度有密切的关系”，“若只有这些主要的特质才能以道德称之，那就好像把人的骸骨当成身体来抓。骨骼诚然重要，但其重要性在于它们支持身体的其他器官，使整个身体能有效活动”。[①] 这说明道德与人的其他人格特质是综合在一起的，实际上是无法剥离的，其发展也是一体的，我们无法也不可能抛开其他人格特质而单独发展人的品德。人的品德无法单独得到发展，这也意味着道德教育很难与其他社会性教育分割开来独自进行。心脏对人体来说固然重要，但我们在锻炼身体时很难单独锻炼心脏；道德对我们的人格来说固然重要，但我们同样很难单独培养道德。我们的教育行为或活动对人的影响往往是综合的，既有道德的，也有其他方面的。

3. 真正的综合：与生活的综合

“大德育”和“小德育”表面上看分歧很大，但实际上二者内在相通，都体现出一种割裂、分析的观念，即整体人格可以分解为不同的组成部分，如思想信仰、政治倾向、道德品质，等等。反映在教育上，就是“分家分田”，各干各的，并借助政治风向的变化，压制、侵犯别的领域。

生活德育中的德育主要是指道德教育，以人的品德发展为主要价值追求。但与以往“小德育”不同，生活德育首先承认人的道德发展与人的整体人格的建构是统一的，不能与人的社会性发展割裂开来。在这一基础上，生活德育主张道德教育是与其他教育交织在一起的，不能与其他教育截然分割开来。“有道德的生活”不一定是道德突显的生活，在这种生活中，各种生活要素是融合在一起的。在“有道德的生活”中，我们成就的是整体人格，其中有德性，也有思想意识、政治态度、心理素质和法律意识等。

① 杜威．民主主义与教育［M］．林宝山，译．台北：五南图书出版公司，1989：361．

三、德育过程：由“搬砖式”、失去自我到过“有道德的生活”

1. 无过程的德育：“搬砖式”德育

我们习惯于将德育理解为社会或国家的要求在受教育者身上的实现，至于如何实现，即过程性的东西，则是“暗箱”，语焉不详。比如，有人将德育理解为有意识地施加思想教育、政治教育、道德教育、法纪教育和心理教育等影响，使受教育者形成相应的思想、政治、道德、法纪、心理素质的过程。各种教育影响就像一块一块的砖头，搬到学生心里就形成了各种素质，德育过程成了“搬砖头”的过程。然而，一方面，“物体可以在空间运动，可以具体地传递，理想和渴望却无法整个地取出、插入”[①]。道德作为一种精神性的要求，毕竟不同于固态的物体，不能直接“嵌入”人的心灵。另一方面，人的心灵不是一个完全敞开、任你进出的空间，不是任何东西都能进入的领地，更何况是“砖头”呢？

2. 知识学习、思维训练和技术化管理式的过程：失去自我的德育

无过程的德育是一种简单、粗暴的德育范式，因为这种德育范式只有教育要求和教育对象这两极，而忽视了这两极能否发生联系、如何发生联系。另外一些德育范式，即知识学习、思维训练和技术化管理的德育范式则是有过程的。知识德育就是用道德知识的传授与习得代替真正意义上的道德教育，或者说是用知识学习的方式来进行道德教育。知识德育是有过程的，只不过这种过程是知识学习的过程。将道德教育的过程等同于知识学习的过程，其结果是道德教育的异化：道德教育变成了道德概念的识记、背诵与理解。对道德知识传授的强调，只重视对道德知识的识记与理解，而忽视在这一过程中个体的内心体验，往往导致个体对识记内容的逆反与抗拒。津津乐道于学生记住了什么、记住了多少而不关注学生怎样痛苦、怎样情绪恶劣、怎样备受折磨的识记过程的教育，本身就是不讲道德

① 杜威. 学校与社会·明日之学校［M］. 赵祥麟，任钟印，吴志宏，译. 北京：人民教育出版社，1994：143.

的教育。与知识德育不同，思维德育几乎完全摒弃了道德知识的学习，只强调学习者超内容的道德判断能力的发展，道德教育变成了道德思维能力训练。科尔伯格倡导的认知发展道德教育理论是思维德育的典型范式，其基本模式是借助假定的、抽象的“道德两难问题”训练受教育者的道德思维能力。比如，在“救生艇”困境里，让学生假想自己处在正在沉没的旅游船船长的位置上，必须在具有各种不同才能的一群人当中决定谁该上仅能容纳少数几个人的救生艇，谁该留下淹死。在这种假设的极端情况下，学生权衡、区分、计算不同阶层的人的价值这一能力确实得到了提高，但其德性是得到了发展还是得到了误导就不好说了。技术化管理式的德育则将德育过程等同于生产线的运行，将人性缩减为程序理性，将人当作机器。这样的德育过程旨在使人程序化、模式化，成为没有个性的机器，除了能使人学会遵守纪律、学会顺从外在要求之外，很难生成有道德的人。

无论是知识德育、思维德育还是技术化管理德育范式，实际上都是使道德教育按“别人的方式”进行，进而使道德教育失去自我。知识德育使德育过程变成了知识学习的过程，思维德育使德育过程变成了思维训练的过程，技术化管理德育则使德育过程变成了程序管理过程。

3. 过“有道德的生活”：德育过程的转换

叔本华曾将人对法则的服从比喻为一个能用健全的双腿走路的人，却拄着拐杖走路。现代德育何尝不是如此呢？社会生活是其坚强有力的双腿，但现代德育却偏偏拄着知识、思维、管理这些并不称手的拐杖行走，也难怪其步履蹒跚而又艰难。德育范式的转换，一个很重要的方面就是发掘德育过程，使道德教育摆脱无过程或投诚到别人的过程中去的原始状态。如前所述，我们认为生活的过程就是道德学习的过程，基于这种思想，我们说，德育的过程也就是过“有道德的生活”的过程。生活中道德学习发生的心理与文化机制，包括暗示与接受暗示、非反思性选择和自主选择与自主建构。过“有道德的生活”就是借助生活中道德学习的这些机制，发挥其作用，消除生活对人德性的消极影响，在形成教养、批判生活中的恶和进行反思性选择的基础上生成真实的、整体的德性。生活不能只是思，生活是需要过的。从平凡近俗、日用常行到以此为基础的德育活动，都是实践性的。道德不是谈资和可以旁观的事件，道德的学习不能在事不关己的讨论和冷眼旁观中进行。德育主体必须在过“有道德的生活”的过程中，认识社会与道德，体验生活及道德，发展道德理性与道德感悟的能力，进而将自己的认识、体验、感悟化在生活之中。生活德育就是这样一种连续不断的道德实践活动。

四、德育思维：从专门到整体

1.“理论专修”：专门的课程

将道德从生活中提取出来，按伦理知识的逻辑体系编辑在一起，开发出专门的德育课程与教材，并在专门的时间里进行教学，反映出一种“理论专修”式的道德教育思维方式。这是一种有问题的思维方式。首先，道德与生活是一体的，是生活的构成性因素，不能将它们同质化。将道德从生活中抽取出来，违背了道德与生活的基本关系原理，使道德变成了与生活无关的僵死的伦理知识体系。在这种知识的教与学中，学生学不到真实的道德，学到的只是伦理知识条文。杜威关于“道德知识”与“关于道德的知识”的论述仍然是精辟而深刻的。其次，在专门的时间里学习道德这种专修的方式，也违背了道德学习的基本机制，因为正如涂尔干所说，道德及其学习是每时每刻的事情，而不是某时某刻的事情。再次，这种专门的德育课程还起到了一种“卸载”作用，使其他课程可以以此为借口摆脱自己本应该承担的道德教育义务。

2.“脱域机制”：专门的机构与人员

专门化德育的另外一种表现是由专门的机构和人员负责德育。比如，在机构上，教育行政部门设有专门的德育处，学校则有德育处、共青团、少先队组织；在人员上，教育行政机构有专门的主管德育的官员，学校则有德育校长、德育处长或政教处长、专兼职团队干部、班主任等。这种设置专门的机构、组织专门人员承担德育任务的方式有点儿类似吉登斯所说的作为专家系统（expert system）的“脱域”[①]（diembeding）机制，即将道德教育任务交给这些“专家”来完成，学校的其他人员则可以从这“繁重而专业”的活动中解脱出来，专心做好自己的教学工作。如前所述，这种方式恰恰不符合道德的本性，道德与我们每个人都有内在的血肉联系，不能交由少数所谓“专家”或“专业人士”来经营。对道德及道德教育的这种处理方式有两个明显的后果：一是这些专门人员以外的其他人可以因此“卸载”掉自己的道德教育义务，二是专门机构与人员配置容易使道德教育异化为机械化的管理。

3. 整体的德育：学校的所有活动

生活德育提倡用整体的德育代替专门的德育，提倡运用学校教育的所有方面和因素：教师的榜样作用、学校纪律、学术活动、教学过程、学习评价、学校环境、学校管理，等等。学校应努力成为一个追求文明、关怀和公正的社会群体。一个道德品格社群有助于在学生之间、师生之间形成关怀情结（caring attachments）。这种情结既有利于孕育学习的愿望，也有助于激发向善的动机。值得特别强调的是，道德教育和学术课程的学习不是互不相干的两个环节，而是提供强有力的相互支持的一个整体。在一个关怀性的班级和学校里，学生如果感觉到自己受到教师和同伴的喜爱与尊重，则易于更加努力工作和学习，也更易于获得成功。反过来，成功和进步的体验则使学生感受到做人的价值与意义。因为学生有不同的技能水平、兴趣和需要，学术课程的内容和教学方法必须保证每一个学生参与和获得进步。全体教职员工必须都是学校这一学习的、道德的社群（learning and moral community）的成员，都负有道德教育的责任，都必须支持、认同、遵守教育学生的核心价值。具体地说，所有教职员工都必须参与道德教育，用自己的模范行为体现学校所倡导的核心价值，利用一切机会影响与自己接触的学生。

---

① 吉登斯．现代性的后果［M］．田禾，译．南京：译林出版社，2000：18-19.

整体性的德育并不完全否定专门的德育课程、专门的机构与人员的存在价值。正如立可纳所言："'单独'（stand alone）的品格教育课程一开始可能是有益的，在运行的过程中可能也有一些有益的因素，但必须意识到不能以此取代将品格发展与学校生活整合在一起的综合方法。"① 德育课程要想为自己的存在辩护，就必须解决好两个问题：（1）重建与其他课程和教育活动的联系；（2）重建与学生生活的联系。专门的课程如果与其他课程和教育活动是相通的，而不是隔离的，就可以发挥一定的作用。德育课程如果能将学校整体生活中突出的、有代表性的问题纳入自身结构之中，起到一种对学校生活的反思与整理的作用，其存在就是有价值的。学校生活并不是学生生活的全部，它只是学生整体生活的一部分。德育课程要想摆脱脱离生活的困境，在反映学生整体学校生活的同时，必须将视界扩大，将学生的整体社会生活纳入课程，贯通与学生整体社会生活的关系，为学生反思、整理自己的生活提供专门的时机与引导。同样，专门的机构和人员如果能够避免脱域化的弊端，将自己融入学校整体德育系统之中，起到协调、沟通、组织的作用，也可以发挥一定的作用。

五、教育者与教育对象的转换：所有人都是主体，又都是对象

1. 两种人与"两套伦理原则"

我们现行的德育范式有一个基本的两分，即将学生视作德育对象，而教师则是教育者。这种将人两分的意识与潜意识，在实践中是不容置疑的"铁律"，在理论上也是许多学者理论建构的理所当然的前提。常见的德育界定是："德育是教育者施加……影响，使受教育者形成……的过程。"教师仅仅因为是教师，成年人仅仅因为是成年人，就取得了教育者的合法地位，而学生则仅仅因为是学生和未成年人，就成了接受教育的对象。

这种僵化两分的方式有一个衍生的后果，即"两套伦理原则"的产生。杜威说过："不能有两套伦理原则，一套是为校内生活的，一套是为校外

① LICKONA T. Eleven principles of effective character education［J］. Journal of Moral Education, 1996（1）.

生活的。因为行为是一致的，所以行为的原则是一致的。”[①] 我们可以套用这句话来描述现今学校教育的实景：“可以有两套伦理原则，一套是为学生的，一套是为教师的。因为行为是不一致的，所以行为的原则也是不一致的。”我们一般理想化地认为教育者应为人师表、以身作则，许多教师确实也能如此。但是，不可否认，也有许多教师因教育者地位的保护，认为许多伦理原则是专为受教育者准备的，自己可以不受此限，自己遵循的应该是另一套伦理原则。但问题是，“教师作为一个人或一位学者走出教室，他的学生就可以知道他实际确信的究竟是什么”[②]。教育学生的与自己确信的不一致，这本身就是一种暗示，也是一种“道德教育”。

2. 主体与对象界线的消融：我们都在接受教育并教育他人

生活德育的基本运行范式是通过过“有道德的生活”来学习道德。具体到学校生活，是教师和学生一起过的，这两类人虽然社会地位有所不同，但在道德面前却是平等的，在过“有道德的生活”的过程中都既接受教育，也教育着别人。虽然教师或成年人比学生有更多生活经历和经验，但这并不能确保其在道德上优于学生和未成年人，因为生活经历，尤其是善恶混杂的经历，对人德性的影响往往是多向的。生活经历既可以涵养德性，也可以蒙蔽心灵。杜威早就指出：“就我们的研究显示，在道德问题与理智层面，成人最好向儿童看齐，表现得赤子之心比较好。”[③] 因此，教师并没有只教育别人而自己不被别人教育的特权。目前的学校教育和道德教育中一个非常迫切、急需改变的状况，是教师和成年人用自己功利、世俗的观念去影响学生，使学生过于功利和过度社会化，失去了学习道德、选择另外的价值观念的动力和机会。比如，教师和成年人严重的官本位思想已经深深地影响了学生，学校中存在许许多多的“小官迷”，他们已经切身体会到了“当官”的诸多或明或暗的好处，起码有“我是班长，这事就

---

① 杜威. 学校与社会·明日之学校［M］. 赵祥麟，任钟印，吴志宏，译. 北京：人民教育出版社，1994：144.

② 巴恩斯. 冷却的太阳：一种存在主义伦理学［M］. 万俊人，苏贤贵，朱国钧，等译. 北京：中央编译出版社，1999：316.

③ 杜威. 民主主义与教育［M］. 林宝山，译. 台北：五南图书出版公司，1989：68.

这么定了”[1] 这样的优越性。

教育者和受教育者僵化界线的消融还有利于发挥学生之间互相教育这一被我们忽略的宝贵德育资源的作用。与教师一起生活的学生在接受教师教育的同时也接受同伴的影响并影响着同伴。共同生活的学生时刻都在接受同伴的暗示和影响，同伴的行为、期望也是其自主选择的重要参考。心理学的研究已经证明，较大一点儿的儿童，从同伴那里获得的影响已经超过从教师甚至父母那里获得的。儿童是一起生活的，也是一起变得“精明成熟”（许茨语）的。

① 这是电视剧《外国小孩中国爸》中小班长冯小蕊经常脱口而出的一句话，多么像有些官员拍板定案时的语气！

第二部分

生活德育的微观运用

细节 1

“口头禅”
——论语言倭化的道德后果

一些老师对部分所谓“差生”十分看不上眼，动辄斥之以这样的语言：“笨蛋！”“傻瓜！”“蠢死了！”“猪脑袋！”“笨得像猪一样！”“脑袋进水了！”“榆木疙瘩！”……这样一些恶言恶语，很多老师都说过，甚至成为一些老师挂在嘴边的“口头禅”。常被老师骂的这些学生，在同学眼里往往也是另类，多被孤立。

一、“口头禅”与语言倭化

这些所谓的“口头禅”在社会学上是一种语言倭化（stigmatize）[①]。当我们将自己看作“正常人”（normals），而把他人看作“不是真正的人”（not quite human）时，我们就是在倭化他人。教师骂学生“笨蛋”，实际上是将自己看作有正常智力的人，而将学生视为智力或能力不正常的人。

按照美国一些教育社会学研究者的观点，教师对一部分学生的倭化源于阶级差异，即穷人家庭的价值观、教育观与处于中等阶层地位的教师的价值观、教育观的冲突。一个人的世界观和价值观是与他的生活经历密切相关的，人们总是从自己的亲身体验中建立自己的世界观和价值观。穷人一般从事枯燥乏味的体力劳动，这就要求他们具有忍耐、顺从等

① 高德胜. 倭化与差生的形成：美国关于差生形成的社会学研究述评［J］. 外国中小学教育，1999（4）.

品质。岁月的磨炼、生活的艰辛使得处于社会底层的人将忍耐、顺从等品质内化，将其视为谋生的必备条件，赋予其极高的价值。生活经历告诉他们，遵守规则是最安全的生活方式。因此，穷人的家庭教育多强调顺从（obedience），强调对规则的严格遵守。低收入家庭的父母知道，他们的子女在公共场合得到保护的唯一方法是遵守规则。[①] 这些父母多关注子女行为的结果，而不在意子女的意愿；对子女的违规行为多进行严厉惩罚，而不耐心讲明道理。这种家庭教育的结果，使孩子养成消极顺从的态度、对自己的能力缺乏起码的信心，并养成对他人的依赖性。中等阶层所从事的职业则要求他们能够自我指导，能够妥善安排时间，能够分析复杂的情境，能够选择恰当的行动方案。基于这种职业要求所形成的价值观，推崇努力、文明、可靠、个性、自尊。因此，中等收入家庭的父母鼓励子女自我表现、自我指导、自我控制、自我依赖，要求子女有责任感、有雄心。这种价值观和教育观显然区别于低收入家庭。

资本主义国家的教师更多的是中等阶层的价值取向，学校在很大程度上也是中等阶层定向的：致力于培养内在控制、发现探索的学生，而不是外在控制、消极接受的学生。如前所述，低收入家庭的父母强调纪律和对学科内容的掌握，他们期望学校强化其子女对规范、权威的顺从，不愿学校使子女与自己的价值观相背离。教师与低收入家庭在价值观和教育观上的冲突，使得教师将穷人及其子女看作与自己不同的“另类”，这恰是倭化的起因。

应该说，我们国家的阶层、种族差别不是那么突出，所以教师倭化行为产生的主因不在于此。虽然中国社会的两极分化有加大的趋势，社会阶层的分界线慢慢明显，但因阶层观念而倭化低社会阶层子女的现象应该说不是特别突出。我国教师倭化学生的主因在于升学和考试的压力。因为升学和考试是悬在每个教师头上的一把利剑，“末位淘汰”“成绩排名”等评价政策对教师造成了一定的威胁。为了追求升学率，教师往往将注意力都放在那些升学有望的学生身上，而将那些升学无望的人看作负担和累赘，

---

①WEBB R B，SHERMAN R R. Schooling and society［M］. New York：Macmillan Publishing Company，1989：456.

对其进行语言倭化也就在所难免了。

教师倭化学生的另外一个原因是心理习惯，或者说是个性问题。中小学里比比皆是的倭化现象，并不全是教师故意为之。大多数教师，至少在抽象的意义上，主张平等对待所有学生，尊重不同背景的学生，并相信每一个学生都有其独特的潜能。但是，很多教师或多或少地对学习不佳的学生抱消极态度。特别是在教学遇到困难时，教师多倾向于向外归因，将困难的产生归咎于学生的不良品质和能力缺乏，迁怒于这些学生。在多数情况下，倭化是悄然发生的，倭化的双方都未意识到倭化的发生。

倭化他人的好处在于一旦将他人视为另类，就没有礼遇、信任他们的责任，就可随心所欲甚至粗暴地对待他人而不受良心的自责。教师作为一种特殊的职业，有特殊的道德要求。因为教育从来都是一项道德事业，用道德的方式教给学生有价值的事物是教育的本然要求，所以社会对教师有更高的道德期望，教师在任何时代都应该成为道德的楷模和道德价值的坚守者。社会对教师的高道德期待不可避免地成为教师的道德压力。教师不能随意用不道德的方式对待学生。如果一个学生是正常的人，教师用粗暴的方式对待他，那就有悖于教师道德，教师就会感受到道德压力；如果一个学生是“笨蛋”，是“另类”，教师用非正常的方式对待他，就有了理由，道德压力就可以减轻。也就是说，倭化学生成了教师卸载道德压力的一种方式。教师在对所谓“差生”恶语相向时，就是将这些学生当作与自己和其他学生不一样的“另类”，肆意用语言攻击他们而不承担道德压力。

我们可以梳理出教师倭化学生的内在逻辑：教师在升学考试的压力下，倾向于放弃一些学生，而教师道德又不允许这样做，因此倭化为教师找到了卸载道德压力的药方——“不是我要放弃他们，而是因为他们是笨蛋”。

二、倭化的道德后果

语言倭化对被倭化者的影响是巨大的。俗语说“人言可畏”“语言如刀”“口水能淹死人”等，都揭示了语言的作用。语言为什么有如此大的力量呢？因为他人的语言包含着评价，而一个人的自我评价往往会受他人评价的影响。如果一个人总是听到对自己的负面评价，甚至是赤裸裸的贬低，一般会有两种反应：要么产生反感和抵抗，要么对自己产生怀疑。一个自我评价比较稳固的人，选择反抗的可能性大些，而一个自我评价不稳定的人，对自己产生怀疑的可能性大些。当然，即使是一个自我评价异常稳固的人，也不可能对身边人的贬低无动于衷，不可避免地会对自己产生某种怀疑。有人将自我比喻成一个气球——任何时候都需要他人的肯定来充气，而别人的否定就如锋利的针尖、麦芒，很容易使气球漏气。①这个比喻虽然夸大了自我的脆弱性，因为有理性的人会对别人的肯定或否定进行判断和甄别，不会完全受制于别人的臧否。但不可否认，这个比喻仍然揭示了他人评价的重要性。德波顿用一个对照表很好地解释了这一点②。

别人的看法	自身的感觉
你是一个失败者 你无关紧要 你毫不起眼儿	我丢人现眼 我是一个小人物 我愚笨之至 我聪明 我受人欢迎 我受人尊重

也就是说，别人对自己的负面看法明显与自我的消极感觉有直接的联系，而与自我的积极感觉的联系就弱得多。中小学生自我评价的稳定性和独立性虽然有一定的发展，但仍然算不上成熟。对一个未成年的孩子来说，如果教师作为重要他人，反复对其进行倭化和贬低，其自尊和自我期待就会被像刀一样锋利的倭化语言斫削，慢慢成为教师所说的那种人而不能自拔。几个字、一句话，表面上看是所谓的“口头禅”，实际上是砍向学生心灵的锋利无比的尖刀！

期待效应和已知的无助效应可以解释倭化效应的心理作用机制。期待效应是指教师对学生的不同期待直接影响学生的自我成就预期，进而影响

① 德波顿. 身份的焦虑[M]. 陈广兴，南治国，译. 上海：上海译文出版社，2007：8.
② 同①9.

其学业成绩。美国艾奥瓦州一名教师所做的实验与早期罗森塔尔等人所做的经典实验相互印证。她把全是白人学生的班分为两组：棕眼睛的和蓝眼睛的。第一天，其中一组受到一些特殊待遇，形成优越感。第二天鼓励第二组。两天里，先后受到鼓励的所谓“优等生”因优于所谓“劣等生”而感到高兴，在工作中表现出色；那些当天是“劣等生”的表现就差。这表明即使是在如此短的实验里，给学生所贴的优劣标签也会影响他们的自我概念和别人对他们的看法。[①] 如果学生被教师骂作“笨蛋”，就意味着教师对他们的期待低。这种低期待和教师的教学行为密切相关，表现为教师很少与这些学生交流，很少注意到他们。结果，教师的低期待信息在学生内心得到反馈，强化了这些学生的“差生”定式。

已知的无助效应是20世纪60年代一些心理学家偶然发现的。他们在以狗为被试的实验中发现，那些多次遭电击而无法逃避的狗，在后来再遭电击而有条件逃避的情境下，比那些初遭电击的狗的逃避能力低得多。另外一些研究者将这一实验迁移到人，以大学生为被试，同样发现那些对噪声已经感到无能为力的大学生在噪声可以排除的情境下，其排除噪声的能力要远低于那些初遭这种噪声的人。被视为“笨蛋”的学生如果认为无论自己如何努力，都无法改变教师对自己的看法，都无法改变自己的处境，那么他们就只能选择放弃，对可能的机会视而不见。这就使得“差生”定式进一步得到强化。

与自我评价降低相伴的是心理伤害。教师的“口头禅”或者说倭化语言往往会使学生产生紧张、焦虑、恐惧的情绪，使学生无所适从。教师对学生极为不尊重的言语，是不人道的，对学生的心理伤害将是长久的、严重的。一个研究生在她的毕业论文答辩中热泪盈眶地回忆说，自己之所以咬着牙一步一步顽强地学习，是想反击中学时期老师经常挂在嘴边的对她的污蔑——“猪脑子”“没出息”“嘴尖皮厚腹中空”，等等，这些令她胆寒的声音一直回旋在耳际，经常在噩梦中重现。[②] 这个学生用自己的努力反击了老师的语言倭化，在论文答辩的时候才敢一吐心中的块垒。而那些因

---

① 巴兰坦. 美国教育社会学[M]. 李舒驰，刘慧珍，杨京梅，等译. 北京：春秋出版社，1989：83.

② 石鸥. 教学病理学[M]. 长沙：湖南教育出版社，1999：113.

为教师的语言倭化而消沉的学生何时才能一吐胸中的郁闷？

更可怕的是，当教师倭化一些学生时，其行为和态度也会影响其他学生对这些被贬损者的看法。一个研究者跟踪刚接手一个新班级三个星期的教师，发现短短三个星期，其已经通过自己对学生的评价影响了学生之间的相互评价。研究者做了一个测试：自己扮演学校的校长，让每个学生扮演教师。将全班的照片摆在扮成“教师”的学生面前，让其挑出一个最好的学生交给“校长”，然后再从余下的学生里挑出一个最好的，以此类推，直到挑完全班学生。通过综合每个学生对全班同学的排队，研究者得出全班每个学生在班内的排序。将这一结果与教师对全班学生的排队相比，二者的相关性是 0.90，即基本一致。这说明仅仅三个星期，学生们已经内化了教师区分“优生”与“差生”的标准，而这个标准已经深入教师对处境不利学生的倭化过程中。而且，处境不利的学生也认同了教师和同学对自己的评价，并用外在的评价来评价自己。① 我们在小学调查时经常听到有小学生这样说：“老师说他是坏孩子，所以我们不理他。”被老师贬损已经非常可怕了，再被同龄人排斥，这些孩子的世界有多黑暗！在中小学阶段，同伴生活在孩子成长中所起的作用越来越大，甚至有超过老师和家长的作用的趋势，如果被同伴排斥，对孩子来说，那将是“天塌地陷”的感觉！可以毫不夸张地说，一些孩子的前途从此就被毁了！

教育是道德事业，是以道德的方式导人向善的。教师以语言倭化的方式使被倭化的学生在受教育的过程中受到了伤害，这些被倭化的孩子的自尊心、自信心和心理健康也受到了一定的损害。很多人因为人为的因素而沦为所谓的“差生”，使其一生蒙受求学阶段的阴影，这是多么不道德的事情！我们应该明白，语言倭化的不道德还不止于此。语言倭化轻易、粗暴地否定一个人，反映出教师对人的不尊重。教师这种不尊重人的态度会影响到其所教的学生，在他们心中埋下不尊重人的种子。另外，对所谓“差生”的语言倭化也助长了所谓优生的自我膨胀、人际偏见和冷漠心态。教师挂在嘴边的对“差生”的贬低，往往会使“优生”更显突出，导致“优生”自我评价的极端膨胀，以为自己天生就是比别人强的“龙凤”；导

---

① 高德胜. 倭化与差生的形成：美国关于差生形成的社会学研究述评［J］. 外国中小学教育，1999（4）.

致这些学生对另外一些学生形成根深蒂固的偏见，看不到他们身上闪光的地方，只认为他们是拖自己后腿的“垃圾”，与老师一起倭化、排斥他们，对他们遭受的侮辱无动于衷，慢慢形成一种幸灾乐祸、冷漠甚至仇视的心态。

三、尊重:“从口做起”

既然教师有意无意的“口头禅”会有这么大的杀伤力，为人师表的教师就要谨言慎行，杜绝歧视性的、侮辱性的教学语言；多用积极的、鼓励性的语言，少用或不用消极的、否定性的语言，尊重学生“从口做起”。

首先，教师是一种特殊的职业，应该从语言净化开始，对自己有更高的职业道德要求。社会上的很多行业，包括商业服务机构，在自己的服务过程中都讲究微笑服务、礼貌待客。教师是教育人的，理应做得更好，不能动不动就对自己的教育对象恶语相向。 其次，教师工作对象的特殊性，要求教师应该净化语言。学校生活与其他社会生活最大的不同在于其生活的两极性，一极是成年的教师，一极是未成年的学生。在这两极中，教师因自己的成年地位和教育者身份而具有巨大的优势和影响力。但教师不能滥用这种优势和影响力，否则就是对自己的教育者身份和成年人地位的亵渎。在这种两极结构中，如果处于劣势地位的学生对教师言语不敬，教师肯定会非常生气。反过来也是一样，教师起码不能在语言文明上落后于学生。再次，语言反映出一个人对另外一个人的态度，教师倭化性的语言实际上反映出教师对学生的不尊重。“以人为本”“尊重学生”不能停留在喊口号的层面上，关键是要落实。实际上，尊重学生不是口号，而是行动，要落实在教师的语言上，“从口做起”。

教师讲求语言文明，并不意味着不能对学生的错误言行进行批评和责罚。不是不能批评和责罚，而是怎样批评和责罚。比如，一个孩子因为粗心做错了一道题，教师当然可以批评他的粗心，甚至可以责令他做额外的作业以弥补其粗心造成的过失，但教师不能因他的粗心而否定他整个人，将他骂作“笨蛋”“蠢东西”。也就是说，批评和责罚应该有一个限度，对事不对人，不能无限上纲、上升到否定学生人格的程度。另外，批评和责罚的出发点是什么也很重要。教师对学生的批评和责罚应该本着对学生负责的态度，目的在于促进其健康成长，也就是说，应该是善意的。批评和责罚是善意的还是恶意的，区别很大。如果是善意的，就意味着不是对学生人格的全盘否定，不是对其进行人格侮辱，在道德上是可接受的；如果不是善意的，而是教师对学生的挖苦、讽刺，或者是为批评而批评、为责罚而责罚，哪怕是轻微的，在道德上也是不可接受的。

尊重学生，“从口做起”，说起来简单，做起来并不容易。如果一个教师没有“为了一切学生”的教育思想，就很难做到善待每一个学生。要面向全体学生，关注每个学生的健康成长，充分把握每个学生的独特价值和发展的潜在可能，承认个体差异并积极探索因人施教的途径和方法，决不放弃对任何一名学生的教育与引导，这是素质教育对教师提出的要求。教师不能对一个学生妄下断语，应有发现每个学生独特性的眼光。从多元智能的视角看，因考试成绩不好，就被教师判定为“笨蛋”的学生，很可能在音乐、运动、自我反省、自然观察、哲学思维等方面有自己的独特之处，因为考试只能相对地测量学生的语言、逻辑智能。教师应该树立多元智能的观念，不能以一个僵化的标准衡量所有学生，应当看到每个学生身上的闪光点，决不放弃对任何学生的引导与教育。在应试教育强大驱力的推动下，一部分教师的工作在一定程度上已经不是“为了一切学生”，而是“为了少数学生”，这是必须纠正的错误倾向。

细节 2

批改日记
——论批改日记的道德影响

批改学生日记是许多学校的通行做法。有的学校要求学生一天写一篇日记，有的学校要求学生一周写一篇周记。数量要求不一，但都要上交，由老师批改。显在的目的是提高学生的作文能力，潜在的目的则是“窥探”学生的思想[①]。学生疲于应付，又不愿意流露自己的真实想法，只好“胡言乱语”（一个小学五年级学生对自己交给老师的日记的评价）。

一、教师有权批改日记吗

日记是私密的东西，未经许可，别人（包括父母、老师）是不能擅自查阅的，这是我国法律认可的现代规范。《中华人民共和国未成年人保护法》第三十九条明确规定：“任何组织或者个人不得披露未成年人的个人隐私。对未成年人的信件、日记、电子邮件，任何组织或者个人不得隐匿、毁弃；除因追查犯罪的需要，由公安机关或者人民检察院依法进行检查，或者对无行为能力的未成年人的信件、日记、电子邮件由其父母或者其他监护人代为开拆、查阅外，任何组织或者个人不得开拆、查阅。”中小学生显然不是法律所指的无行为能力人，教师显然也不是法律所指的监护

① 可能许多学校和老师不承认这一目的，因为这一目的可能并不明显，或者只是未意识到的潜意识。

人，所以从上述规定看，教师是无权查阅学生日记的。教师查阅、批改学生日记的行为，往小了说是对学生的不尊重，往大了说是对学生隐私权的侵犯，是一种违法行为。

侵犯学生隐私的行为在学校里时有发生。曾经有这样一个真实的案例：高中教师苏某，因怀疑女生王某有早恋倾向，经常翻看该生的书包、日记和信件，导致该生压力过大而离校出走，学校和苏某被学生家长告上法庭。很多学校将学生的考试分数张榜公布，实际上也是对学生隐私权的侵犯。隐私包括三个方面：一是个人活动，是指与他人和社会公共利益无关的活动，如个人的日常生活；二是个人信息，也称个人情报资料，如个人的财产状况、身体健康和疾病的情况、婚恋情况、家庭资料、社会关系、电话号码、个人习惯、兴趣爱好等；三是个人领域，也称私人空间，是指个人的隐秘范围，如身体的隐私部分、个人居所、学生的书包、日记本、通信等。学生的考试分数属于个人信息，未经学生许可是不能随意公布的。很多学校不但没有意识到这一点，还公开动态排队，拿公布学生的隐私作为施加压力、人为制造竞争的手段。结果是，每次考试一结束，成绩排名就成了教师和学生关注的焦点，教师忙着查看学生的进步、退步变化，学生则忙着打听自己和他人的排名，看谁排在第一，谁又沦为倒数，热闹纷纷，人心惶惶。排名靠前的学生当然风光无限，而排名靠后的学生在异样的眼神中内心要经受多大的煎熬！

教师的侵权行为给学生造成的心理伤害，只是问题的一个方面。教师查阅、批改日记的行为还会产生另外的教育效应。首先，法律规定日记等属于学生的隐私，但教师却可以因为自己是教师而藐视这一规定，学生可能由此得出“具有权势、地位的人可以藐视法律”的结论，这显然不利于其法律意识的形成。建设社会主义法治国家、实现依法治国是我国法制建设努力的目标。这一目标，不是单靠建立一系列的法律体系所能达成的。因为再完备的法律体系最终都要靠人来运作，所以公民的法律意识至关重要。如今我们国家法治建设的最大问题已经不是无法可依，而是有法不依。有法不依表现为公民的法律意识淡薄，法律规定在人们心中没有神圣感。教师藐视法律规定批改学生日记的行为，就是法律意识淡薄的表现。政府官员法律意识淡薄，腐蚀的是社会大众对法律的信心。教师法律意识淡薄，腐蚀的是学生对法律的信心和法律在学生心中的神圣感，使法律意识无法深入学生的心灵深处。政府官员和教师都是特殊的人，正因为他们身份的特殊，他们的不良行为对社会的破坏力也就更大。因自己社会地位和身份的特殊而凌驾于法律规定之上，这是“人治”思想的遗毒。学生如果对此“中毒”过深，在其未来的人生道路上一旦获得特殊地位，也会使自己凌驾于法律之上。

教师侵权行为的教育效应不仅仅有法律上的，还有道德上的。教师查阅、批改学生日记等行为，既是对法律的蔑视，也是对学生的不尊重。教师为什么能够让学生上交日记呢？无非是因为教师是不对称的师生关系中处于优势地位的那一方。学生在这一过程中，会慢慢得出“处于优势地位的人可以不尊重处于弱势地位的人”的结论。这样的结论往往又会在学生的社会生活中得到印证和强化，比如一些强势部门、机构对弱势人群的侵害时有发生，在多种力量的综合作用下，久而久之，学生的人格就会发生异动，他们慢慢就会学会势利。

二、当说谎成为习惯时

从个人角度看，诚信是做人之本；从社会的角度看，诚信是社会之基。个人失信，在社会上就无法立身；社会无信，则无从发展。在社会转型时期，诚信已经成为一个社会焦点，诚信缺失成为当今社会的一大公害。近年来，假冒伪劣、坑蒙拐骗、贪赃枉法等已经渗透到社会生活的各个方面，成为危害个人和社会的“病毒”，诚信危机由此引发。诚信危机是社会伦理文化和经济危机的强烈信号，如果处理得不好，对我国进一步推进改革开放将是巨大的威胁。

正是在这个意义上，重建诚信文化、恢复社会信任成为当今文化建设的关键任务。在这一过程中，学校教育承担着重要的使命。国家的德育政策也将诚信作为核心的价值观目标。如新课程改革将诚信作为核心的价值观渗透到各科课程和教学之中，从小学到大学都有专门的诚信教育课。学校本身也非常重视诚信教育，各地开展了多种多样的诚信教育活动，但成效如何不得而知。与这些正式的诚信教育形成鲜明对比的是，学校每天都在发生的鼓励学生说谎话、说假话、说空话的行为却被忽视了。

教师批改学生日记的做法，在一定意义上属于鼓励学生说谎的行为。日记不得不交，但学生又不愿意暴露自己真实的内心世界，于是就有了学生日记的“胡言乱语”。处在成长中的孩子总是认为自己长大了，长大的标志就是与父母、老师保持一定的心理距离，于是便萌生了独享一片心灵天空的愿望。走向独立是长大成人的基本特征之一，而拥有个人秘密并能恰当处置是走向独立的一个基本要求。在这个意义上说，没有秘密的“水晶人”是永远长不大的。成长的心理使学生根本不可能完全向老师敞开自己的心扉，但日记老师规定要交，唯一的变通之法就是瞎编乱造了。实在编不出什么了，一些学生就开始揣摩老师的心理，猜度老师喜欢什么样的内容，在日记中投其所好编造这样的内容。老师不是不知道学生在日记中瞎编，但为了提高学生的语言表达能力，会默认学生的瞎编，甚至还会对编得好的学生进行表扬和鼓励。这样的日记记久了，学生到了说假话不脸红，还以为自己说的是真话的时候，其人格就已经严重扭曲了！

与怂恿学生瞎编日记相类似的是作文教学中的各种问题。一些老师没有理解作文教学的出发点：教学生表达自己的真情实感，而不是利用作文技巧瞎编乱造。很多学生到了大学，提起写作文，恐惧之情仍溢于言表。不是教不会学生写作文，而是我们作文教学的方向错了。一个非常有力的证据是，很多学生作文文不通、字不顺，但给异性同学写纸条、写情书却写得文通字顺、生动感人。为什么呢？因为他们有真实的感情、感受要表达。不会写作文只是错误的教学方式的一个后果，而另一个后果则是学生学会了说谎。在这种教学方式的误导下，很多学生学会了瞎编故事，在作文中说自己做了什么什么好事，帮家里做了什么什么事情。为了博取同情从而获得高分，一些学生甚至在高考作文中编造谎言，说自己父母因车祸残废、身亡。还有一些学生背下多种题材的范文，在考试中将这些背下来的范文改头换面进行套用。

也许有人会说，在日记和作文中瞎编与日常生活中的说谎是有区别的。确实，在日记和作文中为了避免泄露个人隐私而进行的编造与恶意说谎在性质上还是有所区别的。但有两点是不可否认的：第一，为了获取分数而在作文中进行的编造就是恶意说谎的一种；第二，在日记中瞎编虽然不是恶意说谎，但也会让学生明白，诚信在老师那里并不是绝对的，为了其他的事情可以变通，可以牺牲。

在正式的活动中倡导诚信，开展轰轰烈烈的诚信教育活动，而在日常的教学活动中却网开一面，默认甚至鼓励说谎，这是多么矛盾的事情。明眼人一下子就能看出哪种活动对学生的影响大、影响深。

三、诱发告密行为

在民族存亡的危急时刻，中华民族的优秀儿女总是勇于牺牲自己，以身救国。但不可否认，总有那么一些人，为了自己的私利，为了活命而成为叛徒、汉奸。对于这些人，有良知的人都会恨之入骨。但光有这种情感是不够的，还需要有理性的思考。为什么总会出现这种人？只是他们人格和品性的问题吗？我们的日常生活、文化习惯中是不是隐含着一些不良倾向？

通过批改日记“窥探”学生思想状况的潜在目的，一些学生就能意会。自己的内心世界不愿敞开，说点儿别人的事情老师也会感兴趣，于是就有一些学生通过日记向老师“告密”。而教师通过学生日记掌握了一些有关学生的“情报”，当然就会鼓励、表扬这些泄密者。这就形成了恶性循环，慢慢助长了一些学生“告密人格”的形成。

批改日记只是教师搜集学生“情报”的方式之一。有个教师说：“平时我通过观察来控制。晚上到学生宿舍去，了解住校生的思想、生活问题。班会时让学生写条子，让我信任的学生定期向我汇报。”[①] 这就是在班级里培养“眼线”或“线人”的做法。据说北京某重点高中有位已过世的老师，每届可以让几十人考上一流大学。他的基本经验是让学生互相记录他们的一言一行交给老师，于是几乎学生做过的所有事情、说过的所有话老师都知道，班级里形成了一种“纸条恐怖”。干什么都有错，只有学习没有错，学生只能埋头苦读，考试当然厉害了！这是比较极端的一个事例，“正常情况”是这样的：“现在班里产生了一种新兴职业 —— 线人。……

① 刘云杉. 学校生活社会学[M]. 南京:南京师范大学出版社,2000:203.

当线人的理由一般只有一个，那就是自己不会列入黑名单之中。值日生一般都认为线人就是警方的人了，即使随便说小话，也可以解释成为套线索。……最后，线人的劳动成果 —— 情报，全部上报到‘高级学生法院’—— 老师那里。”①

如果一个教育行为是鼓励“告密”的，那么，这个教育行为在道德上就是有问题的。也许有人对此不以为然，认为是小题大做、耸人听闻，但谁又能担保，这些平时爱打小报告、习惯于告密的学生将来不会出问题呢？学校要教学生堂堂正正地做人，首先自己要堂堂正正地做事。如果学校和老师自己都不能堂堂正正地做事、做人，那么，如何教学生堂堂正正地做事、做人呢？

四、“狡猾的孩子”

批改日记行为还给学生造成了很大的心理困扰。我们在访谈中发现很多学生有两本日记本，一本编假话，给老师看；一本记真情，留给自己看。孩子正当的写日记行为不得不偷偷摸摸地进行，这给孩子造成了多大的心理困扰！就孩子这一不得已的策略与一位校长交流时，他居然脱口而出：“这些孩子太狡猾了！”我们的感受与这位校长截然不同：这些孩子太可怜了！

说孩子们可怜，是因为记日记这种受法律保护的行为还得偷偷摸摸地进行，生怕被老师发现。正如在一些地方老百姓行使自己正当的权利需要暗中进行，而不法分子的违法犯罪行为却堂而皇之地发生一样，反映的是社会关系的异常，是弱势者权利无法得到维护的窘迫！

说孩子们可怜，是因为他们在人格发育的关键时期却不得不天天编造假话和谎言。对一个单纯的孩子来说，每天或每周编出一大堆假话、空话并不是一件容易的事情，很多孩子为此“愁白了头”。尤其是在一个除了学习还是学习，生活被学习弄得“贫血”的时代，学生的日记如果不瞎编，实在是没什么可写的，总不能老写：“我今天上了 9 节课，做了 9 科作

① 蒋方舟. 都往我这儿看[M]. 沈阳：春风文艺出版社，2002：154-155.

业……”

说孩子们可怜，是因为一本日记说真话，一本日记说假话，真是“高难动作”。时间久了，可能会出现两种情况：一是混淆，搞不清楚哪是真话、哪是假话，这种心理混乱的痛苦可想而知；一是分得清清楚楚、明明白白，但由此却可能诱发双重人格。

没错，记两本日记是一种“狡猾”，但这种“狡猾”是被逼无奈之下的一种权宜之计，是没有办法的办法。很多单位，包括学校，为了应付不同部门的检查、评估、验收，有时候也会做“两本账”——一本假账，对付检查用的；一本真账，自身发展用的。对这种无奈之举，我们很多成年人痛恨不已。推己及人，我们为什么早早地就逼孩子记“两本账”呢？

细节 3

别人发言我举手
——对竞争性学习观的审视

在中小学课堂上，这样的情景非常常见：一个学生正在发言或回答问题，其他学生将手高高举起，他们渴望老师让自己发言或对刚才的发言进行补充。等到老师真的叫到他们时，他们却重复刚才发言的同学已经讲过的内容。这说明他们的注意力全部放在争取发言上了，别人说了什么则根本没有听进去。很多老师对这种状况已经习以为常，不以为忤，反而认为是学生学习态度积极的表现。

这种情况出现并成为一种"常态"，是我们整个教育观念的一个投射，是学校和教师鼓励、纵容的结果。"常态"之中有"常理"：学习就是竞争，就是超过别人；别人和别人的观点都不重要，我们无须给予关注和尊重。不难看出，蕴含在其中的这种"常理"，与我们学校所倡导的学会与人合作、学会尊重别人的理念是相矛盾的。

一、竞争性学习观的表现

别人发言或回答问题时我们根本听不进去，纷纷举手要求发言的现象，反映的是一种竞争性的学习观。所谓竞争性的学习观，就是在学习的过程中将其他人当作竞争对手，学习的主要目的就是战胜竞争对手。战胜对手的方式主要有两种：一是比别人多学一些知识，二是得到作为重要他人的老师的肯定和赞许。在竞争性的学习观指导下的学习，知识的掌握已经变得次要，因为掌握知识成了战胜别人的手段，战胜别人成为根本目的。在极端情况下，掌握多少知识并不重要，关键是比别人多学了多少知识。久经“考”验的学生深深地懂得，如果别人只会做一道题，哪怕自己只会做两道题，也就足够了；反过来，即使自己考了 100 分，但如果别人也考了 100 分，那自己的 100 分也是不够的。

在这种竞争性学习观的引导与诱发下，为了获得教师的肯定和赞赏，只要教师一提出问题，学生就抢着回答。得到机会的学生其发言不是指向班级中其他人的，而只是指向教师的。在这种情况下，班级中的其他人对回答问题的人来说是可以忽略不计的“它”，而不是对话关系中的“你”，二者之间的关系是“我 — 它”关系而不是“我 — 你”关系。[①] 其他人只是衬托“我”之优秀或思维正确的工具。由于得到机会的同学的发言是指向教师的，没有得到机会的学生会觉得其回答的内容与己无关而不愿意倾听，或者只关心回答的对错，甚至盼着其回答错误，好把机会留给自己。这样一来，回答问题的人也被班级中的其他人当作了与己无关的“它”，或者是需要排除的障碍物。

这种竞争性的学习观有自己的内在逻辑 —— 把别人踩在脚下。有的学生发出“我愿考试简单到底，让我来个全班第一；我愿考试简单到底，让我重新找回自己”[②] 的感慨。可见竞争激烈到了什么地步，唯有“全班第一”才能“找回自己”！这种竞争性的逻辑当然不是孤立的，而是渗透于学校教育的方方面面的。在班级管理中，班主任管理学生的主要工作变成了“成绩排名”[③]，根据考试成绩将学生区分出优劣。所谓的“优生”是比较出来的，所谓的“差生”也是比较出来的，“优生”站在“差生”的肩膀上，“差生”被“优生”踩在脚下。在学校逻辑中，所谓成功就是“比别人强”。一个学生的成功在于比别人强，一个班主任的成功也在于比别人强。所以，班主任不但要抓本班内部的成绩排名，还要抓本班在全校的各种成绩排名，只有高出别的班，把别的班踩在脚下才算成功。

① 布伯. 我与你［M］. 陈维纲，译. 北京：生活·读书·新知三联书店，1986.

② 非野，肖君. 校园 MTV［M］. 上海：上海人民出版社，2003：38.

③ 白中军，赵大霞. 班主任工作模式的反思与建构［J］. 班主任之友（中学版），2002（12）.

这种竞争性的学习观与现代学校教育的功利性加强密切相关，或者说是功利化教育的一种投射。在现代社会，学校教育已经代替血统和出身成为主导性的社会分层机制。一个人要想进入社会的较高阶层，无论其原来所属的社会阶层如何，都必须接受教育以获得通行证与合法性。虽然获得较高程度的教育并不一定保证一个人能够进入较高的社会阶层，但他总比获得较低程度教育的人机会多一些。对来自社会中、低层的大多数子弟来说，接受较高级别的教育可以说是其走向较高社会阶层为数不多的途径之一。正是这种逻辑导致现代教育的竞争空前激烈，学校已经不再是一个修身养性的地方，而是一个“血腥竞争”的战场。也难怪学者会发出这样的尖锐批评：“它（教育）最终不仅充当着野心、飞黄腾达主义等的快速成功之道，而且导致人们以追求超越的名义而抛弃他人。”①

竞争性学习观对学习的理解也是褊狭的。“所谓学习，就是跟客观世界的交往与对话，跟他人的交往与对话，跟自身的交往与对话。就是说，学习是建构客观世界意义的认知性、文化性实践，建构人际关系的社会性、政治性实践，实现自我修养的伦理性、存在性实践。可以说是‘构筑世界’、‘构筑伙伴’、‘构筑自身’的实践。”②也就是说，学习是一种三位一体的实践，而竞争性学习观将学习理解为对客观知识的竞争性攫取，置学习的人际性、伦理性于不顾，遗失了学习的另外两个维度。从目的论的角度看，这种褊狭的学习观是站不住脚的，因为在很大程度上学习者“构筑世界”不是最终的目的，而是为了更好地“构筑自身”“构筑伙伴”。另外，即使单纯地“构筑世界”，如果没有“构筑自身”和“构筑伙伴”的协助与配合，也是很难完成的。

二、竞争性学习观的道德后果

尊重既是一种道德品质，也是我们获得其他道德品质的基础。很多伦理学与道德教育学者，包括立可纳、纳什、波伊尔等，都将尊重视为最基

① 史密斯. 全球化与后现代教育学［M］. 郭洋生，译. 北京：教育科学出版社，2000：302.
② 佐藤学. 学习的快乐：走向对话［M］. 钟启泉，译. 北京：教育科学出版社，2004：20.

本的核心价值。所谓尊重，就是“对他人的意见和需要，每个人都给予专注的回应，不可对其不屑一顾或加以贬低”[1]。别人正在发言，其他人却纷纷高举手臂要求发言，主要精力都用在了如何引起老师的注意上，根本就不听正在发言的同学说了什么，这刚好与尊重的要求背道而驰。

发生在学校教育过程中的这种不尊重他人的现象起码有三个特点。第一，这不是孤立现象，类似的行为还有很多。比如，老师布置给学生一个任务，学生竭尽全力去准备，结果老师却忘了这茬儿；老师武断地打断、否定学生与自己观点不一致的发言，嘲笑学生的不同见解为“异想天开”；老师和同学一起对个别学生的所谓“怪异”行为与习惯进行挖苦和嘲讽，而不去探究、理解这些所谓“怪异”行为与习惯的缘由。第二，这不是偶尔发生的，而是经常化的。别人发言我举手以及类似的现象，在学校生活中几乎在每堂课上、每天都在发生。周而复始，老师和学生都习以为常，没有人认为这有什么问题。我发言的时候，大家不尊重我；你发言的时候，大家也不尊重你。每一个人都不尊重别人，也不被别人尊重，形成了一个互不尊重的封闭循环。第三，这些不尊重人的行为是在教师默许、纵容，甚至怂恿、参与、示范下发生的，使学生更有理由相信不尊重他人是正当的。正是这种现象广泛、持续的发生，加上教师的示范效应，对学生的心理和品格产生着潜移默化的影响，在学生的灵魂深处种下不尊重别人的种子，并使不尊重别人在其日常言行中自动定型。几乎所有的学校都宣称在教学生尊重别人，实际上却在教学生不尊重别人。在这个意义上说，学校挂在嘴上的“尊重他人”的口号是多么苍白无力！

在现代社会，环绕在人周围的多是冷冰冰的机器，人与人之间面对面交往的概率降低，孤独成了现代人的一个症候。作为学习场所的学校，可以为面对面的交往提供方便，以满足沟通交流的人性饥渴。实际上，交往本身就是学习的内在因素，“‘学习’是以人际交往为基础形成的。‘学习’的语源是‘模仿’，这说明，‘学习’是以基于人际沟通的模仿为基础形成的”[2]。关于这一点，我们可以从“學”的字形中窥得一些讯息：上面的

---

① 波伊尔．基础学校：一个学习化的社区大家庭［M］．王晓平，等译校．北京：人民教育出版社，1998：151.

② 左藤学．学习的快乐：走向对话［M］．钟启泉，译．北京：教育科学出版社，2004：18.

“メ”是指同祖先之灵的交会，也即与学术、艺术、文化的交会；而下面的“メ”意味着朋友间的交会。① 因此，学校如果能够回归学的本义，就能满足在机器森林中生活的当代人的交往需要。而竞争性的学习则会破坏学习的人际基础，不但不能满足学生的交往需要，还会使人际关系恶化。人际关系的恶化或者说不和谐，不可避免地会在学生心理上有所反映，表现为焦虑、嫉恨、无休止的紧张等负面心理体验。我们可以想象，学生十多年生活在这种不和谐的人际关系和心理体验中，其后果是什么！

在竞争性的学习过程中，学生漠视和不尊重的是自己的同学，而将几乎所有的注意力都投向了老师。为什么呢？因为老师是竞争的裁判者，拥有权威和权力。以课堂发言为例，老师不仅可以决定由谁发言，还可以判定一个人发言的优劣。发言者将自己的注意力集中在老师身上，自己只是讲给老师听的，至于同学听不听则无关紧要；未发言的也将注意力集中在老师身上，别人讲了什么与自己无关，关键是如何让老师叫到自己。表面上看，所有人都将注意力朝向老师；实际上，朝向的是老师所拥有的权力和权威。对权力和权威的崇敬才是所有行为的内在逻辑。比如，在学校日常生活中，班长或班干部虽然不是老师，但同样可以吸引同学的很多注意力，他们讲话的分量与一般同学不一样，为什么呢？同样是因为他们拥有一定的权力和权威。杜威指出：“民主主义不仅是一种政府形式，它首先是一种联合的生活方式，是一种共同交流经验的方式。”② 同样，专制主义也不仅是一种政府形式，也是一种生活方式。每个人的注意力都朝向权力和权威的生活，毫无疑问不是一种民主的生活方式，而是一种专制的生活方式。长期浸润于这种生活方式的学生，不可避免地会形成对权力和权威的偏好，养成专制和权威意识。

在这种逻辑之下，一个人如何对待他人，取决于他人的身份和地位，取决于他人所拥有的权力。这样的生活和人际关系激发的是对权力的追逐和欲望，促使人们获取权力以出人头地、得到他人的尊重。难怪如今的学生这么愿意当官、经商，原来是权力逻辑使然。另外，权力逻辑的泛滥导

① 左藤学. 学习的快乐：走向对话［M］. 钟启泉，译. 北京：教育科学出版社，2004：332.
② 杜威. 民主主义与教育［M］. 王承绪，译. 北京：人民教育出版社，2001：97.

致很多人不能理解他人，漠视他人的需要，最终走向道德冷漠。比如，一些学生学习不好，可能有这样那样的个人原因，需要同学的理解和支持，但在权力逻辑的作用下，很多同学不能理解或不愿理解他们，只是嘲讽、挖苦他们，甚至在老师批评、嘲笑、体罚他们的时候幸灾乐祸。

学校教育通过课程与活动反复教育学生要为他人、集体、国家、社会服务，这是学校教育所倡导的主流价值观。但竞争性的学校生活却在告诉学生：自己才是最重要的。别人是自己实现目标的对手和障碍，学习的目的就是战胜他们。如前所述，在这样的生活中，学生不仅不能“构筑同伴”，而且不能“构筑自己”。实际上，他人就是一面镜子，我们都是通过他人反观自己的。竞争性的学习将他人视为对手，对他人充满了戒备和敌意，从而也失去了充分认识自我的一个通道。因此，在竞争性学习中迷失的不仅仅是人际和谐，还有自我认识。

三、走向对话

新课程改革将教学本质理解为一种沟通与合作的活动，或者说是一种对话活动，这为教学的对话关系建构奠定了基础。我们在实验研究中发现，目前教学对话关系尚未形成的一个重要原因就是适应新课程改革需要的新的教学方式尚未形成。新课程倡导一系列新的教学方式，如小组讨论、合作学习、游戏活动、欣赏活动、案例分析、调查研究，等等。对这些新的教学方式，实验教师尚不能深刻理解并有效运用。以小组讨论为例，很多教师只是说“四人一组开始讨论”，对讨论的方法却缺乏指导和训练，对讨论的结果也不予考虑。小组讨论在教学中反复使用，但多是徒有其表。难怪有些教师抱怨：“所谓的小组讨论，实际上就是小组‘放羊’，纯粹是浪费时间！”小组讨论在教学中出现的这种问题，并不是这种教学方式本身固有的缺陷，而是因为我们不会用，没有掌握正确运用的方法和策略。我们太需要建构小组讨论、自主探究、欣赏学习、案例分析等教学方式行之有效的运行机制了。

相关课程及教学虽然经历了改革不断进步，但在实际教学中，教师讲授仍然是主导的教学方式。讲授式教学实际上是“独白式”的教学，教学只是教师的独角戏，学生只是听众和观众。新课程改革明确反对这种教学方式，一些教材的编写在这方面也做出了相应的努力。但教材不是教学范式转变的决定性因素，决定性因素还是教师本身。独角戏不好唱了，于是教师摇身一变，成了“导演”：仍然牢牢掌握教学的进程，预设好教学轨道，通过问答这一权宜方式来展开教学。由唱独角戏到当“导演”，教师的角色、地位发生了一定的变化，但教学控制权仍然如故。独角戏是教师“自编、自导、自演”，“导演”则是“自编、自导、生演”。教师设计好脚本，而教学过程就是对脚本的展演。教师可以忽略、漠视与脚本无关的一切行为，可以行使“导演”的权力中断展演过程以纠正“偏差行为”。

教师的这种“导演情结”，是我们以往的教育观念、教学行为习惯经过沉淀而形成的心理和行为定式。理论上关于师生关系的争论此起彼伏，什么“主导 — 主体”说、“双主体”说，不一而足，但在实际教学中，没有几个教师不认为自己是绝对的主体与主导。中国几千年的教育文化传统对教师权威地位的推崇，不是一场学术讨论就能改变的。更何况现今的教育政策与实践无意中又强化了这一传统：教育的功利、考试取向为教师主导教育过程提供了现实的依据。总之，我们的教师在传统与现实文化的双重作用下，普遍缺乏对话的素养，不愿意对话，也不知道如何对话。

不光是教师缺乏对话的素养，学生也同样缺乏对话的素养。我们以接受为基本旨趣的教育，使学生逐渐丧失提出问题、批判性地看待教师话语、认真倾听他人心声这些最基本的对话素养。偏激一点儿地说，我们的教育过程，实际上就是使学生变得“寂静无声”的过程。按照传统的解释，“教育运作产生了有学识或有知识的个体，这些人或借助他们所知，或通过理性能力，把自己装备起来以便在生活所给定的任何情形下有效地行动”①。这种教育观念忽略或者说掩盖了一个可怕的后果：人们在掌握越来越多的知识的同时，变得越来越不会独立思考，越来越不会对话，患上了严重的、有鲜明时代色彩的“失语症”。

对话式教学的展开需要一个适宜的物理空间。对话是语言性的，但又

① 杰根. 社会建构和教育过程[M]// 斯特弗，盖尔. 教育中的建构主义. 高文，徐斌燕，程可拉，等译. 上海：华东师范大学出版社，2002：28.

不单单是语言性的。社会学家戈夫曼指出，对话“对参与者来说，它涉及到一个单一的视觉与认知的注意焦点；一种相互间愿意进行语言交流的明朗态度；一种强化了的相互行动的关联性；一种眼对眼的生态学意义上的意见交换——这种意见交换使一个参与者能够最大限度地审察另一个参与者对自己的监视”[①]。也就是说，对话展开的参与者不光要有愿意进行语言交流的态度，还要有关联性的相互动作，特别是眼神的“意见交换”。换句话说，如果没有身体行为的辅助，单靠语言，对话是很难进行下去的；如果不看表情，有时候我们甚至很难判断对方话语的真假。对话中的身体行为，特别是表情的展现需要一个适当的物理空间，以保证身体行为能够畅通无阻地相互作用。学校目前通行的秧田式的教室结构会阻碍对话关系的生成。在这种结构状态下，一排排学生面向教师，学生之间是很难看到身体行为和面部表情的，所以只有师生之间或者是单个学生与教师之间的单向交流，而没有“生—生”之间的多向交流，每个学生都在一定程度上视其他学生为无物，何谈对话？

深度对话有时发生在共同活动中，或者说共同活动可以促进对话的深入。比如，通过“猜猜他是谁”[②]这样的活动，学生加深了互相了解，使对话进入心灵交流的层次。在这样的活动中，我们很难区分哪是对话、哪是活动，可谓活动中有对话，对话中有活动，对话与活动融为一体。但在教学中，这样的活动却很难施行，一是教室空间太小，很多教室拥挤不堪，各种活动和游戏无法展开，学生从座位上走到讲台上就像“翻山越岭”，要费很大的周折；二是教室里的物品太多，有些学校的课桌还是固定在地面上的，无法移动，不利于重新组合成适用于不同活动的空间结构。

建筑伦理学认为，“建筑的目的是帮助和解释我们的日常生活”[③]。同样，教室里的空间布局与安排也是对学校生活，尤其是学习生活的一种解

① 戈夫曼. 日常接触[M]. 徐江敏，丁晖，译. 北京：华夏出版社，1990：2.

② 见鲁洁主编《品德与社会》（三年级上册）第一课《自画像》。“猜猜他是谁”这一活动环节是这样安排的：每个儿童都根据教材的提示制作自己的小档案，然后交给教师，通过抽签，将抽到的档案在班里公布，由大家猜猜他是谁。

③ 哈里斯. 建筑的伦理功能[M]. 申嘉，陈朝晖，译. 北京：华夏出版社，2001：131.

释，具有强烈的暗示作用。在一定意义上，人的心理空间会受到物理空间的影响，或者说，具有强烈暗示功能的物理空间结构会逐渐“位移”而成为人的心理结构的一部分。空间会说话，秧田式的教室格局实际上在告诉学生：位于讲台上的教师是权威，从那里会传出各种知识；学生只要“照单全收”就是了，根本不用考虑去和教师进行对话。

细节 4

“小红花”
——论奖励及其副作用

学校和教室里充满了惩罚和奖励。幼儿园就开始运用“红五星”之类的贴纸，贴在表现好的小朋友的额头上。小学则在教室前面的墙壁上弄一个“小花园”——在学生姓名后面贴红花，表现越好，红花越多。到了中学，这些“中看不中用”的奖励已经没有力度了，换成了实实在在的奖励，小到学习用具，大到“三好学生”称号，五花八门，甚至可以奖励现金或者升学考试的分数。

惩罚尤其是体罚成了现代教育思想长期讨伐的对象，因此教师在运用惩罚的时候偷偷摸摸。现代教育思想在反对惩罚的过程中已经暗含着对奖励的认可，所以很多老师在运用奖励时理直气壮，智慧无穷，花样繁多。到底该如何看待奖励？奖励有效吗？奖励会带来什么后果？这些都是需要认真思考的问题。

一、认识奖励

奖励是指一个人由于从事某项活动而获得的“报酬”。我们可以从不同的角度分析奖励活动的结构。第一，从主体的角度看，奖励活动有奖励者和被奖励者这二元结构。我们有时候也说自我奖励，在这种情况下，奖励者和被奖励者是一个人，是一元结构。一般而言，自我奖励不是心理学和教育学上所研究的奖励，这种奖励不具备奖励的基本结构，只是一种比喻。第二，二元结构具有不对称性。奖励者处于优势地位，可以评判被奖励者的行为是否符合奖励条件，可以决定是否给予奖励、给予什么样的奖励。正是在这个意义上，艾恩将奖励视为一种控制方式，“控制，顾名思义，就是说控制双方地位悬殊。使用奖励（或惩罚）就是因为这种地位上的不对称而变得容易，且得以延续”[1]。第三，奖励者对被奖励者的奖励往往都是有目的的，那就是改变被奖励者的行为，使其符合自己的要求。第四，“报酬”不同，奖励的类型也不同。如果“报酬”是口头的，那就是口头奖励；如果“报酬”是实物的，那就是实物奖励。第五，奖励可以是事先许诺的。在这种情况下，许诺就变成了被奖励者的一种期待，这种奖励就是“期待奖励”；反之，未事先许诺而给予的奖励则是“非期待奖励”。

衡量一项奖励是否有效的主要标准是内在动机。所谓内在动机（intrinsic motivation），是指完成某项任务或从事某项活动的驱动力来自任务或活动本身，而不是为了获取某种外在的报答。有学者指出，由内在动机驱动的行为具有这样的特征：除了活动本身以外没有其他明显的奖励。有趣的、享受的经历是这种行为的结果，在这种活动中，人们往往会感受到自信、自决、快乐。内在动机驱动的行为往往具有创造性，能够最大限度地激发人的潜能。反过来，外在动机（extrinsic motivation），是指从事某项活动的动机不是来自活动本身，而是为了借此获得一些诸如金钱、表扬或证书等奖励。内在动机和外在动机的区分是简单的，复杂的是二者的关系。在教育上人们普遍担心的是外在动机对内在动机的消磨和毁坏。因为常见的现象是，孩子本来很喜欢某项活动，不缺乏从事这项活动的内在动机，但教育方式的不当导致其内在动机消退，变得只在有奖励的条件下才肯从事这项活动。另外，人们之所以大量地运用奖励，是因为其背后有一个美好的愿望，那就是外在动机向内在动机转化。我们承认，这种转化是有可能的，确实存在着孩子一开始不喜欢某项活动，但在外在奖励的引导下，慢慢发现了该活动的魅力并喜欢上该活动的可能。问题是，事实并

---

① 艾恩. 奖励的惩罚[M]. 程寅，艾斐，译. 上海：上海三联书店，2006：24.

不总是如此，人们的美好愿望并不总是能够实现。

奖励对内在动机的影响，有一些指标性的因素。一是自由任务时间，即奖励取消后被奖励者继续从事某项活动的时间。如果持续时间长，就说明奖励有利于或者无损于内在动机。二是奖励取消后被奖励者对任务的兴趣、满意度、享受感。三是自由时间的表现或成绩，即奖励取消后被奖励者完成任务的水平和质量。四是在没有奖励的情况下从事该项活动的意愿。① 第三个因素可以视为奖励的水平、质量效果，另外三个因素可以视为奖励的动机效果。所谓水平、质量效果，是指奖励能否提高个体从事某项活动、完成某项任务的水平或质量；所谓动机效果，是指奖励能否改变个人从事某项活动的兴趣、完成某项任务的意愿，能否使其从某项活动中体会到乐趣。

二、奖励总是有效吗

经常运用奖励的人都会认识到奖励并不总是有效的，但我们对这一问题缺乏系统而深入的思考。

1. 奖励的动机效果

艾恩指出，奖励最有效的地方是动物实验室。也就是说，奖励对改变动物的行为是最有效的。为什么呢？原因在于动物对人的依赖。“如果你要控制的生物体依赖于你，那么它的行为也易于控制。”② 在动物实验中，人们往往使动物处于饥饿中，然后将食物作为奖励来换取动物的预期行为。人与人之间的关系不同于此，虽然孩子对成人、对老师也有很强的依赖性，但人总是有独立自主的一面，所以奖励对人的作用不如对动物那么有效，对少年不如对幼儿有效，对青年不如对少年有效，人越是独立，奖励的作用越小。

许多研究揭示，奖励的动机效果不佳，即奖励无法激发内在动机。利

① 兰维，高德胜. 略述国外关于强化、奖励和内在动机关系的研究［J］. 教育研究与实验，1997（2）.

② 艾恩. 奖励的惩罚［M］. 程寅，艾斐，译. 上海：上海三联书店，2006：31.

伯等人在研究中选择对绘画非常有兴趣的儿童作为被试，将他们分为三组，一组许诺画得好可以得到奖励，一组未事先许诺奖励但事后得到了奖励，一组既不许诺奖励也没有实际给予奖励。在实验开始的阶段，许诺奖励的那一组绘画的热情最高，但随着奖励的频次、分量降低，绘画的热情大减。未许诺奖励而意外获得奖励的一组的表现后来比第一组好得多，但连续得到奖励之后，对奖励的渴望增加，在没有奖励的情况下，绘画的热情降低。而第三组前后变化不大。实验进行一段时间后，奖励全部取消，第一组绘画的时间（自由任务时间）最短，有的儿童干脆再也不画了；第二组比第一组自由任务时间长，但比第三组短。① 另外一项研究也有类似的结果：在 12 天的时间里，四、五年级的学生玩与数学有关的游戏可以得到奖励，玩别的游戏则没有奖励。这些游戏本身的趣味性大体相当。一开始，孩子们立刻涌向有奖励的游戏，但奖励取消之后，孩子们的兴趣急剧下降，许多人对这些游戏的兴趣低于对没有奖励的游戏的兴趣。

这些实验研究的结论，可以在我们的日常经验中得到印证。我们通过奖励导引孩子从事某种活动，一开始往往是有效的。但这种效果往往很短暂，随着时间的推移，要想吸引孩子继续从事这项活动，我们往往得加大奖励的力度。但结果往往适得其反，与奖励增加相伴随的是兴趣降低。有时候孩子对我们的奖品甚至都没了兴趣，这时候我们就得更换奖励方式和奖品类别。一旦奖励取消，孩子就会立即停止从事我们通过奖励期望他们从事的活动。

对照本文开头的现象，我们会发现情况真如研究者所说。幼儿园的小孩因为依赖性强，对老师的奖励很看重，老师在其额头上贴一个“小星星”，就能让他高兴好几天。但随着时间的推移，孩子对“小星星”的热衷程度会下降，甚至可以自己买来自己贴或给别人贴。小学生一开始对“小红花”也很看重，为了得到它而竭尽全力，慢慢地也会对它一笑置之。到了初中，如果老师奖励某人一朵“小红花”，他肯定会受到周围同学的嘲笑。到后来，只能给予物质奖励甚至现金奖励了。从幼儿园到大学，奖

① MARK R, LEPPER M, KEAVNEY, et al. Intrinsic motivation and extrinsic rewards: a commentary on Cameron and Pierce’s meta-analysis［J］. Review of Educational Research，1996，66：5-32.

励在升级，但我们想激发的行为动机却始终没有着落。

2. 奖励的水平、质量效果

按照通常的理解，奖励能使一个人在从事某项活动时做得更好。这一点既是通常的理解，也是我们的渴望和信念。成年人渴望通过奖励调动孩子的潜能，使他们能够表现得更出色。

果真如此吗？心理学上几项有名的实验都证明事实并非如此。米勒让9岁的孩子辨认电脑屏幕上相似的两个头像，一组许诺并兑现奖金，另一组只是义务性地参与。米勒本以为获得奖励的孩子应该表现得更好，但却发现，那些想要得到奖励的孩子出错率往往比没有奖励的孩子高得多。格拉克斯伯格对128名大学生的测试结果同样如此。这128名学生被分别带进实验室，每个人走进实验室都拿到火柴、图钉和盒子，并被告知要用这些材料将蜡烛固定在墙上。他们应该能够想到先把空盒子钉到墙上，再把蜡烛放在盒子上。有些学生拿到的是空盒子，旁边放着火柴和图钉；另一些学生拿到的是装满东西的盒子，这样要想出解决的办法就不是那么直接、简单了。一部分学生被告知：如果他们成功完成任务，就能拿到5到20美元不等的奖励。另外一些学生则没有得到这种奖励的许诺，也不知道有奖励的事情。结果是，当任务变得越来越具有挑战性时，那些冲着金钱刺激而去的学生比没有奖励的那一组多花了几乎一倍的时间才想出解决办法。①

这些研究结论与我们通常的理解不同，不符合我们的渴望和信念。所以，几十年来不断有人重复类似的实验，但结果往往是惊人的相似！一开始，学者们还质疑研究方法的不成熟，但随着研究越来越深入、越来越成熟，结论也越来越可靠。有研究者基于几十年来的研究，小心谨慎地得出了这样的结论：“如能满足两个条件，奖励会对表现有不利影响：一是当受试对象对任务本身感兴趣时，提供奖励作为动力便是多余的；二是当解决问题之道并无一定之规，找出解决之道的步骤也非一目了然时。”②

---

① 艾恩. 奖励的惩罚［M］. 程寅，艾斐，译. 上海：上海三联书店，2006：36-37.

② 同① 41.

三、奖励为什么并不总是有效

人与动物的不同之处在于人有自我意识，总会对行为或活动进行归因。个体对行为原因的知觉会影响其未来动机和表现。在有奖励的情况下，人们自动化地将行为的原因归结为外部因素，一旦外部因素被移走，其未来动机和表现自然就会消退。反过来，在没有明显外部控制的情况下，人们将行为归结为内部控制因素，在这种情况下，其未来动机和表现与外部因素无关。一项任务或活动，如果有奖励，即使这项活动很有吸引力，学生也倾向于外部归因，这样一来，其内在动机反而被掩盖、消磨掉了。

人都有自主、自决的天然需要，这是表达自己独立性和主体性的主要方式。如果一件事能够表达自己的自主、自决，其内在动机就强；反之，如果一件事不能表达自己的自主、自决，或者有损于自己的自主、自决，其内在动机就低。比如，学生喜欢做某件事，老师给一些鼓励，并提供适当帮助，学生会将老师的鼓励视为自己完成任务的有用信息，无损于自己的自主、自决，对其内在动机就没有副作用。反过来，如果老师通过奖励的方式鼓励学生做某件学生喜欢做的事情，学生会将老师的奖励视为一种操纵，有决定自己行为的企图，有损于自己的自主、自决，其内在动机就会减弱。

在一个奖励结构中，奖励者给予被奖励者"报酬"的条件是后者做某件事情，这样一来，做某件事情成了获得奖励的手段。"如果把某件事定为另一件事情的先决条件，即作为达到另一个目的的手段，那它势必被视为不太可取。"① 一件事情需要奖励才做，那就意味着这件事情本身不值得做。奖励者本来希望通过奖励来诱使被奖励者从事某个活动，在奖励者看来，奖励是一种手段，从事某个活动才是目的。但从被奖励者的角度看，从事某个活动才能获得奖励。也就是说，从事某个活动成为获得奖励的手段，获得奖励才是目的。在被奖励者看来，如果奖励很有吸引力，则衬托出某个活动的低吸引力；如果奖励本身没有吸引力，某个活动则更没有价值。

① 艾恩. 奖励的惩罚[M]. 程寅，艾斐，译. 上海：上海三联书店，2006：67.

在有奖励的活动中，人们的关注点通常比在没有奖励的活动中低，他们会忽视很多表面上无关的因素。在有奖励的活动中，人们往往只做获得奖励所要求的事情，不太可能去关注另外一些次要的事情，这是人之常情。而一些创造性活动不仅仅要求我们关注事物的整体面貌，还要求我们注意细节，因为答案往往在看似无关紧要的细节之中。正是这个原因，导致人们在有奖励的情况下创造性降低，在解决复杂问题时能力降低。另外，以最小的代价获得最好的结果是人类做事的一项基本原则，在有奖励的活动中，既然奖励是目的，人们自然会用最简单、最直接的方式得到奖励，不去做无谓的探索和冒险。正是在这一意义上，有人认为奖励是“探索的敌人”。

四、另外的恶果

艾恩在《奖励的惩罚》一书中特别提到了奖励的另外一些恶果，包括奖励的惩罚、奖励破坏人际关系、奖励掩盖问题[①]，等等。

1. 奖励的惩罚

我们通常将奖励作为惩罚的对立面，将奖励和惩罚分开，夸大二者的对立，而忽略二者的相通。首先，奖励和惩罚源于相同的心理模式，都把动机视为操纵行为的手段。惩罚是用威胁来控制行为，比如“你不这样就会……”；奖励是用利诱来控制行为，比如“你这样了，就会……”。威胁和利诱往往是一体的，是一枚硬币的两面。其次，惩罚和奖励的目的相通，都是控制别人的行为。再次，奖励往往不是孤立的，而是竞争性的，经常出现的结果是一个人或少数人得到了奖励，而多数人没有得到奖励。对没有得到奖励的人来说，虽然没有受到惩罚，但有时候其内心受到的伤害比惩罚还深，或者说这就是一种惩罚。比如，个别学生一周得到了很多“小红花”，而另外一些学生一朵也没有得到，那么“小红花”既是奖励，

① 艾恩．奖励的惩罚［M］．程寅，艾斐，译．上海：上海三联书店，2006:43-54.

也是惩罚，是对得到者的奖励以及对没有得到者的惩罚。最后，即使奖励是孤立进行的，但如果一个人对奖励非常期待，结果却没有得到奖励，在这种情况下，奖励就变成了惩罚。比如，老师许诺给表现好的学生“小红花”，但某个学生因为最后一刻的小错误而失去即将到手的“小红花”，或者因为犯错误而失去以前得到的“小红花”，这时奖励和惩罚实际上很难区分，奖励就是惩罚。

2. 奖励破坏人际关系

如前所述，在集体生活中，奖励往往是竞争性的。老师经常会说“看谁做得最好”，结果是一个人最好，其余的人都成了失败者。本来是正常的生活、正常的同伴关系，但在奖励的激发下，同学之间的关系开始变得紧张，你争我夺、冲突和嫉妒在所难免。为了收到最大的效果，奖励往往是稀缺的，即奖励往往只有少数人才能拿到。在这种情况下，别人都是自己获得奖励需要排除的障碍，要想获得奖励，不但自己要表现良好，还要打击别人。

集体奖励也是老师经常用的一种奖励策略，即全班共同表现良好，就可以得到奖励，比如老师说，如果这次考试班级在全校排名第一的话，会奖励大家什么什么。这种奖励不但激发了学生对其他班级的仇恨，还激发了他们对自己班级考试成绩不好的同学的怨恨。如果因某个学生没考好而失去了获得奖励的机会，那么，这个学生所受到的同伴压力有多大！中小学经常有“拖后腿”的说法，奖励对那些所谓“拖后腿”的学生是多大的惩罚和伤害！

在奖励结构中，奖励者和被奖励者之间是一种非对称关系，奖励是奖励者用来控制被奖励者的手段。因此，奖励的滥用，破坏的不但是同学关系，还包括师生关系。师生之间有不对称的一面，主要是知识和心理成熟度上的差距，但也应有对称的一面，包括人格、价值的平等。而奖励使学生成为老师任意摆布的工具，破坏的恰好是师生关系对称的一面，使两者在人格、价值方面不对称。知识和心理成熟度上的差距导致学生依赖老师，有助于师生关系的亲近，而奖励则拉大了师生在人格和价值上的不对称性，使师生关系生疏、紧张。

3. 奖励掩盖问题

奖励和惩罚相同，往往只注意表面现象，不去深究问题的原因。比如幼儿园的孩子中午不愿意睡觉，惩罚的做法是：不睡觉就要接受批评，甚至罚站；奖励的做法是：如果睡觉了就给予表扬，奖励红星贴花甚至是糖果。家长一般都认为奖励比惩罚好，如果自己的孩子不睡觉被罚站，家长会很生气；如果自己的孩子被奖励了红星贴花，家长则会很高兴，很自豪。但实际上，在孩子中午不睡觉这一问题上奖励并没有比惩罚多做什么，并没有去探究孩子为什么中午不愿意睡觉、孩子中午都必须睡觉的制度是否合理等问题。奖励与惩罚一样，都是一种短视、省事的处理方法，也许短时间内会有明显效果，但因为奖励效果不能持久、深层原因又无法找到，所以解决不了根本问题。

五、慎用奖励

惩罚和奖励虽然都存在这样那样的问题，但作为教育手段，又不可能完全不用。应该承认，奖励有正面的教育功能。理论上一般将奖励的功能分为工具或激励性功能（instrumental or incentive function）、评价或反馈性功能（evaluation or feedback function）和限制或社会控制功能（constraint or social control function）。[①] 奖励前两个功能的发挥不但是无害的，还是有益的，关键是控制奖励第三个功能的蔓延。艾恩提出了使奖励损害最小化[②] 的几条建议，很有启发性。

（1）把奖励从人们眼前挪开。在必须运用奖励的时候，尽量不要使奖励太显眼、太招惹注意力。因为外在刺激越强，内在动机越弱。太抢眼的奖励会使学生只关注奖励而忽视任务本身。

（2）事后奖励。如前所述，事先许诺的奖励在被奖励者那里形成奖励

① 兰维，高德胜．略述国外关于强化、奖励和内在动机关系的研究［J］．教育研究与实验，1997（2）．

② 艾恩．奖励的惩罚［M］．程寅，艾斐，译．上海：上海三联书店，2006：81．

期待，导致其注意力移向奖励本身，不利于其内在动机的激发和形成。事后奖励的副作用要小得多，因为事后奖励作为意外惊喜，并没有参与被奖励行为或活动的全过程，没有干预行为或活动本身。

（3）避免将奖励竞争化。奖励和竞争都是双刃剑。如果奖励变成了激发竞争的手段，奖励和竞争的副作用一起发酵，副作用就会更大。

（4）尽量给予与任务同质的奖励。比如，孩子爱读书，我们就不应奖励他玩具促使他读书，因为那样会使他对读书的兴趣减低，反而增加了对玩具的兴趣。孩子爱读书，最好的奖励是给他买书。

（5）给被奖励者选择的权利。在有必要给予奖励的时候，最好能提供多种奖励方式，让被奖励者能够有所选择。这样做，既可增加被奖励者的自主、自决感，又可减少奖励者与被奖励者之间的对立，有利于消除奖励的副作用。

（6）尽量将奖励变成肯定和鼓励，尽可能不用物质奖励。几乎所有的研究都显示，口头奖励比物质奖励（包括象征性的标志）危害性小。这是因为被奖励者更可能将口头奖励当作一种鼓励，这时奖励发挥着激励和评价反馈功能。

细节 5

“大眼睛”
——论教室的“监狱化”及其后果

一些条件好的学校花大价钱购买监视系统，在每个教室都装上监视镜头。这样学校领导坐在监控室里就可以看到每个教室里发生的一切事情，使教师和学生的一言一行时时刻刻处在“大眼睛”的监视之下。

一、教室的“监狱化”

福柯在《规训与惩罚》一书中深刻揭示了“全景监狱”（panopticon）作为一种社会监控机制的特征及其在整个社会的渗透与广泛运用。全景监狱的诞生得益于全景建筑的建造：四周是一个环形建筑，中心是一座瞭望塔。瞭望塔有一圈大窗户，对着环形建筑。全景建筑作为监狱样态，其好处在于进入环形建筑的犯人，他的房间被安排在正对着中心瞭望塔的地方，这就使他有一种向心的可见性，他的每一个动作随时都可以被瞭望塔中的监视者看见。而处在环形建筑中的犯人却看不见中心瞭望塔中的监视者，无法确知监视者是否在看自己。一方是彻底可见的，另一方是不可见的、无法确知的，结果是使被监视者处于持续紧张的状态中，开始自己监视自己，最终实现“由看守监视到犯人自我监视”的效果。①

全景监狱作为一种社会监视方式一经产生，就没有局限于监狱之内。

① 福柯. 规训与惩罚［M］. 刘北成，杨远婴，译. 北京：生活·读书·新知三联书店，1999：224-226.

“全景模式没有自生自灭，也没有被磨损掉任何基本特征，而是注定要传遍整个社会机体。它的使命就是变成一种普遍功能。”[①] 全景监狱模式在当代社会有广泛的运用，凡是少数人与一群人打交道，需要给每个人规定一项任务并监控每个人的任务完成情况，或者需要监控多数人的行为方式时，这种监视方式就有了用场。许多社会机构，包括行政机关、医院、学校、旅馆、娱乐场所、居民小区，都吸收了全景建筑的精髓，采取了类似的建筑结构布局。

电子媒介的飞速发展，为全景监狱模式提供了新的技术支持，使其达到了一个全新的境界。过去，为了实现这种监控模式，一个机构起码得拥有一个全景建筑，不然就无法坐在中心瞭望塔里监视那些分布于环形建筑中的被监视者。全景监狱模式在一些有主导性功能的建筑中就很难运用，比如大型商场，其主导性功能是满足大量的人群同时购物，所以很难切割成便于监视的环形建筑。如今，再也不需如此费力和麻烦，只要安装一套电子监视系统，任何样式的建筑都可实现全景监视。大型商场、超市、礼堂、广场、车站都借助“电子眼”，实现了全景监狱的运作模式。

教室里装上了监视镜头，成为很多学校炫耀自身现代化的资本，因为监视镜头和闭路电视监控系统是“高新技术”的体现，标志着学校管理上了一个“新的台阶”。但从福柯全景监狱的思想出发，监视镜头和闭路电视监控系统的装配有使教室“监狱化”的危险。在这一系统下，电子监控室扮演着中心瞭望塔的角色；高悬于教室上空的监视镜头，则类似于环形建筑中的窗户，保证可见性；在电子监控室里监看教室情况的学校领导，正如在瞭望塔中监视犯人的监狱看守；而在教室里生活的教师和学生则类似于分布于环形建筑中的犯人，时刻可见。

监视镜头所造就的“监狱化”的教室不仅与全景监狱的结构相同，而且与它的逻辑一致。监视镜头的使用，使生活在教室里的人时刻都处在一双“大眼睛”的注视（gaze）之下，也就是时刻都保持可见性。反过来，处在监控室里的学校领导，却是不可见的，而教室中的教师和学生又无法确知他是否在看，所以他具有不可见性和无法确知性。这种可见性与不可

---

① 福柯. 规训与惩罚[M]. 刘北成，杨远婴，译. 北京：生活·读书·新知三联书店，1999：233.

见性、无法确知性的矛盾会给教室里的教师和学生带来持续性的心理紧张情绪，使教师和学生很快学会自己监视自己、控制自己。

二、个性递减

社会生活中有一条基本的规律，即低社会监视产生个性自由，高社会监视则产生个性递减。例如，乡村生活的社会监视性高，村民的个性发展就受到限制；城市生活的社会监视性低，城市市民的个性自由度就大，正所谓“大隐隐于市”。在一个熟人社会里，人与人之间的联系是全面而深入的，每一个人的言行都会对他人产生影响。在一个关系紧密的社会里，人与人之间“盘根错节”，命运息息相关，彼此之间有相当多的期待和责任。这样的关系，从积极的方面看，是人与人的“相濡以沫”；从消极的方面看，是个人自由的丧失。在城市这个充满陌生人的世界里，人与人之间的联系是局部的、角色性的、短暂的，彼此之间是无所牵挂、自由自在的。而熟人的一举一动都会引起注意，这虽是一种关心，但也是一种监视和外在约束。生活在熟人中间，由于监视的存在，人往往会检点、约束自己的言行，以维持自己在他人心目中固有的形象，外在约束因而变成了内在约束。而在陌生的环境中，每个人都是匿名的，彼此不知道对方是谁。人们很少注意陌生人，因为“有礼貌的不关注”是城市生活的一个基本规则。“有礼貌的不关注”是陌生人之间达成的一种默契：我们看到彼此，但互不冒犯。在一个没有人知道自己是谁的陌生空间里，放松、放肆，甚至放纵一下都是可以的。城市生活中“有礼貌的不关注”这一交往原则，也避免了彼此对个人生活的干预。在城市生活中，人们清楚地划出界限，用空间设计和人际互动规则等多种生活策略保护自己和他人的隐私。比如，单元住宅楼的设计，很多方面就是为了满足人们保护隐私的需要。

熟人社会的监视虽然不利于个性自由，但熟人社会可以给人以安定、温情，处理得好，对人的生存大有裨益。况且，任何熟人社会对个人的监视都有一个度，都会为个人生活留有适当的空间。但全景监狱式的社会监控则是一种极端的监视，所导致的显而易见的后果是个性的丧失。“注视的威力有助于激活现代西方文化的一条根本原则，即‘个体性递减原则’

(descending individualism)。”① 也就是说，在注视下生活的人，竭力压抑自己的个性和本性，按注视者所期望的方式行为，长期下去结果自然是个性的丧失与奴性性格的养成。监狱看守的“注视”如一把切割犯人行为的利刃，切掉了犯人身上注视者不需要的行为与个性，留下的只是注视者所认可的行为与个性。由于注视的无法确知性，犯人为了讨好注视者，往往自觉地进行行为与个性的自我切割，主动地切掉注视者不需要的行为与个性，留下注视者所认可、期望的行为与个性。这一机制的“高明”之处在于，其对人的改造是借助被改造者的自觉意识而完成的，或者说是被改造者主动、自觉地按注视者的期望完成的。表面上看，“大眼睛”监视的是人的行为，实际上它是通过监视人的内心进而达到对人整体进行改造的目的。

监视镜头的安装使教室“监狱化”，全景监狱的作用机制在教室里大显神威。监视镜头正如监狱看守的眼睛，锋利地切割着教室里教师、学生的行为和个性。因为镜头后面的学校领导与监狱看守一样具有改变教师和学生“命运”的权力，教师和学生不得不服从于监视镜头后面的权力。同样，由于自身行为的可见性和监视者的不可见性、无法确知性，教室里的教师和学生最理智的选择是时刻约束自己的言行，按注视的“大眼睛”所期望的方式说话、做事情，只有这样才能确保安全。久而久之，生活在“大眼睛”注视之下的教师和学生就会形成一种“移形换位”思考的习惯：言行之前，先揣摩“大眼睛”所期望的，然后再决定如何言行。在这一过程中，遗忘的是自己和自我本性的展现，结果会导致个性的降低和丧失！

教室里的“大眼睛”，对学生个性的消磨比一般全景监狱机制更复杂。一般的全景监狱机制对人的影响只限于这个机制本身，而教室里的“大眼睛”带给学生的影响则是双重的 —— 机制本身的影响和教师的影响。在“大眼睛”的监视下，教师也会变得谨小慎微，害怕说错话、做错事。按理说，教师是成年人，个性已经比较稳定，并拥有教学自主权，可以按自己的理念组织教学。然而，教师的这些权利实际上只存在于纸面上，在实际工作中，学校领导的意见才是标准。尤其是在竞争如此激烈的今天，学

① 丹纳赫，斯奇拉托，韦伯. 理解福柯[M]. 刘瑾，译. 天津：百花文艺出版社，2002:66.

校领导对教师的“威胁”不绝于耳：末位淘汰、出事走人……教师的心理压力可想而知！在这种情况下，让教师漠视监视镜头及其背后的东西是不现实的。教师个性的压抑还会影响学生。如果教师本着教学自主的原则，敢于向正统思想挑战，不盲从任何成说、成论，勇于革新，专心致志于“知识体系的扩大”，必然会对学生起着感染、暗示、熏陶的作用，使个性自由之风浸润着学生的创新个性。相反，教师如果没有个性，或者不敢张扬自己的个性，对学生就会产生方向相反的暗示和熏陶。

与个性丧失伴生的是创造性的泯灭。个性一般是指人的自主性、能动性和创造性。也就是说，创造性是个性的天然成分，有个性就有创造性，没有个性也就没有创造性。教师和学生时刻检点自己的行为举止，担心有不当之处被“大眼睛”捕捉并记录在案，整天生活在谨小慎微和恐惧担心中，个性无法张扬，何谈创造性？当然，教师和学生沉浸在某种活动中时可能会暂时忽略“大眼睛”的存在，但一旦清醒过来，却是无边无际的担心！其生命活力和创造性就这样一点点地被“大眼睛”消磨掉了。

三、作秀人格

教育是道德事业。在教室里装配监视镜头的做法消磨了师生的个性和创造性，显然有悖于教育的道德要求。而教室的“监狱化”，其道德上的副作用还不尽于此。

“作秀”已经成为时下的一个热门词语。娱乐圈里“秀”个不停，甚至到了不“秀美”而“秀丑”的地步；官场上也是“秀”连“秀”，很多政绩可以“秀”出来；学界也在“秀”，“秀”得好可以一夜成名，财源滚滚；学校里也是“大秀”套“小秀”，好戏连台……“秀”，顾名思义就是表演给别人看。这里有两个关键词语，一个是“表演”，一个是“给别人看”。“表演”意味着不是按正常的方式说话、行为、做事，而是有准备、有装饰、有所期待地说话、行为、做事；“给别人看”是“表演”的前提条件，如果没有人看，“表演”也就没有必要了。“作秀”的精义在于“作秀者”有所求。“作秀者”之所以装饰自己的言行，目的在于获得回报。娱乐圈里的“秀”是为了吸引眼球和注意力，是为了获得商业利益；官场上的“秀”既是为了讨好上级，也是为了糊弄百姓，以便升官；学界的“秀”，同样是为了名和利！

有人说，作秀不是什么新鲜事物，古已有之，如刘备摔孩子就是典型的作秀。但是，那时人们作秀的条件比现在差多了。如今，电子媒介为人类的作秀打造了大大小小的完美舞台，整个世界在一定意义上变成了一个秀场。甚至屠杀人类自己的战争都可以变成“秀”之一种——“战争秀”。通过影像技术，我们可以现场直播正在进行的战争，战争场面可以直接进入我们的客厅和卧室，我们可以像欣赏一场表演一样欣赏一场战争。

对照作秀的内在结构，我们发现，安装监视镜头的教室完全符合这一结构。监视镜头及其背后的人就是“观众”，教室里的师生就是“表演者”。他们之所以愿意装饰自己的言行使其表演化，是因为他们想博得“大眼睛”的好感，以换取更多的好处。既然你一直在看，那我就表演给你看；既然知道你想看什么，那我就满足你的愿望，投你所好；我成了你所期望的人，你就得肯定我，给我回报。正是在与“大眼睛”的类似心理交流的激发下，一些学生的人格双重化、作秀化了。一开始，学生将自己的内心世界深深隐藏起来，使“大眼睛”无法看到，这是人格双重化阶段。但随着时间的推移，这隐藏起来的内心世界可能就会丢失，只保留给“大眼睛”看的一面，这就是人格作秀化阶段。

细节 6

班干部的特权
——我们需要什么样的法治教育

在不少学校，班干部不是选举产生的，而是班主任直接任命的。在一些学校，虽然班干部是选举产生的，但选举却是班主任操纵下的假选举。班干部大权在握，扮演老师的“分身”，甚至拥有处罚同学的权力。

一、班长成了老师的“分身”

一次参加硕士学位论文答辩，一名研究生的研究主题是“小学班长的‘成长’史”。作为教育研究者、作为曾经的小学生家长，我对小学班干部的情况多少还是有所了解的。读她的论文，看其研究对象从一年级到五年级的“成长”过程——由一个天真无邪的小姑娘，一步步变成了一个大权在握、精于权谋、唯上欺下、滥用权力、公报私仇的“班级老大”，我还是被深深震惊了。

最让我震惊的是，班长在班级生活中竟然成了班主任的“分身”，享有本来属于老师的权力：惩罚同学。在老师不在的时候，班长可以代行老师的权力，可以对班级同学施以罚站、罚抄作业，甚至可以像老师一样让同学“滚出去”。

一个十来岁的孩子，拥有如此大的惩罚同龄人的权力，滥用权力是不可避免的。她自己承认，多次利用手中的权力排挤学习上的竞争对手，打击自己不喜欢的同学。对权力的滥用，老师不可能完全没有觉察，却采取了默许的态度。结果，班长成了“一人之下，全班人之上”的存在。在访问中，她大言不惭地说：“副班长是我的助手，我让他做什么他就做什么。”“班委会没有什么用，要不要都行，反正同学都听我的。”

与滥用权力伴生的是拥有特权。一种表现是作为班长，她只有管理同学的权力，没有接受同学监督的义务，似乎超越于班级规则之上。比如，该校有期末免考的政策，规则是单元考试累计前三名者可以免考，而有一次她并未进入前三名，但公布出来的免考名单中依然有她。另一种表现则是好处通吃，什么三好学生、优秀干部等她全部收入囊中。

这样大权在握的班长，肯定会招致同学的反感。但讽刺的是，她却是民主选举的。每次选班长，她的得票数总是遥遥领先。为什么会这样呢？显然，这是班主任对班级的控制，名义上是选举，实际上却是班主任意志的实现。学生都明白班主任的决定，选别人根本没有用，在班主任那里通不过，何必自讨没趣！

这个班长的“成长”史触目惊心。如果这是个别现象，无论如何都不算什么。然而可怕的是，这大概不是个别现象，而是全国小学乃至中学里的一种普遍现象，只是程度有所不同而已，在一些相对民主的班主任那里，班长的权力相对小一些，班长也相对收敛一些；而在一些较为专制的班主任那里，班长的权力则较大。这一普遍现象的背后则是教育机制，即我们的班干部制度与班干部文化本身的问题。这种教育机制在传递、塑造什么样的观念与价值？它更倾向于塑造什么样的人？

二、班长特权与依法治校

由此我想到了法治教育。学校进行法治教育有两种主要方式：一种方式是直接开设法治教育课程，另一种方式则是通过学校生活让学生养成法治观念和素养。前一种方式当然有其意义，通过课程，学生可以直接学习法律知识，了解法律概念，这对年青一代法治信念的形成当然是有益的。有人据此认为这就是法治教育的主要方式，但由上述班干部实践所体现出来的对法治精神的违背来看，这种观点并不正确。试想，通过课程，我们教给学生一些法律知识和法律概念，但在现实生活中，班级运行机制却是与此相悖的，这种矛盾，会带给学生什么样的影响？由此看来，第二种方式，才是真正的主要方式。即真正的法治教育，是老师和学生一起过符合法治精神的生活。

然而，现实的班干部制度及其运行情况，起码在三个方面违反了法治精神。第一，权力过于集中，即班级管理的权力集中在班主任一个人手里。第二，角色扭曲。班干部本来是为同学服务的，现在成了班主任的替身，代行班主任的权力，权力巨大，为滥用权力留下土壤。第三，班长有这样那样的特权，与人人平等的精神相违背。

加强法治教育是国家的要求，更是社会发展的需要。一方面，我们有很长的封建历史，人治、等级、特权、人身依附等封建遗毒的肃清不是一朝一夕的事情；另一方面，中华民族的伟大复兴，单靠经济与科技力量显然是不够的，还需要法治与道德文化力量的全面增强。

问题是如何加强法治教育。一个常见的惯性思维是开设专门的法治教育课程。应该承认，专门的法治教育课程当然是有意义、有作用的。国家与学校可以通过专门的法治教育课程对法治教育的基本要求进行系统的体现，学生也可以在专门的法治教育课程中对基本的法律知识有一个相对系统的学习。但专门的法治教育课程作用的发挥，不取决于课程本身的科学、系统、有效，而取决于课程之外的因素。专门的数学课程自身就足以让学生学好数学，因为作为一门理论化课程，数学虽然也要联系生活实际，但其自身就是自足的。而法律则不同，法律知识是实践性知识，生活中到处可见法律知识的运用。也就是说，法治教育必须打通专门的课程与生活中的法律实践之间的通道，使法律知识教学与法律知识在生活中的实际运用互相印证。如果从专门的课程中所学到的法律知识在生活中得不到印证，或者说在现实生活中对法律的运用是对从课程中学到的法律知识的否定，学生就会有一种上当受骗的感觉，就会认为法律只是停留在纸面上的条文，是地地道道的纸老虎。当然，我们可以通过考试等方式留住学生的注意力，但这一做法背后的逻辑却是将法律学习变成换取分数的工具，学生重视的不是法律而是分数。显然，通过考试来强化法律学习的做法，不是在强化法律的神圣性，而是在贬低法律的神圣性，根本无法达到加强法治教育的目的。

学生最直接的生活就是学校生活。学校不是法外之地。专门的法治教育课程要想得到真实的法治教育效果，就必须有学校生活的支持与配合。也就是说，专门的法治教育课程的教育效果在很大程度上取决于学校生活的法治水平，取决于学校是否能够做到依法治校。反观现实，我们不难发现，依法治校在很多学校依然是遥远的梦想。在很多学校，校长一言堂，校长不是法治与民主的维护者，而类似于“封建领主”，什么都是他一个人说了算，他超越于学校规则之上。在很多班级，则是班主任、任课教师说了算，甚至班长都成了特权人物，法治精神在班级生活中得不到体现。对学校生活有所了解的人都应该知道，在学校生活中将法律视为儿戏的事比比皆是。比如，义务教育法规定，在义务教育阶段不准设置重点班，但现实中有多少初中没有违法设置重点班呢？他们不是不知道法律规定，而是根本没把法律规定放在眼里。

依法治校是专门的法治教育课程有效性的前提条件，但法治教育课程却不是依法治校所进行的法治教育的前提条件。也就是说，专门的法治教育课程，如果没有依法治校环境的支持，其教育效果就会令人怀疑；而如果没有专门的法治教育课程，依法治校依然具有强大的法治教育效果。依法治校传递给学生的是法律的神圣性，即使学生没有相应的法律知识，其法律态度也可以通过学校对法律的态度而形成。

比依法治校更大的是依法办学，比依法办学更大的是依法治国。依法治校、依法办学、依法治国都是比专门的法治教育课程更有效的法治教育方式。有了这些法治教育方式，即使没有专门的法治教育课程，法治教育效果依然可以得到保证。如果没有这些教育方式，即使有专门的法治教育课程，法治教育效果依然无法得到保证。

细节 7

不道德的灌输
——论灌输所进行的“道德教育”

教育领域臭名昭著的灌输，虽经上百年的口诛笔伐和一次又一次以其为对象的“教育革命”，依然阴魂不散，在现代教育的每一个教室里几乎还可以找到其存在的影迹。以班级授课制为基本形态的集体教育方式本身就有“灌输偏好”：单个的教育者处在高处的讲台上，而众多的受教育者处在低处的座位上，恰好形成一种由高到低的倾倒势能。不是教师天生爱灌输，而是处在那个位置上，面对众多的学生，灌输自然而然地就发生了。准确地说，灌输这种教育方式是预设在以集体为教育对象的班级授课制之中的。

为什么会这样呢？根本原因在于灌输是现代教育的结构性因素，是内蕴于现代教育本身的。换句话说，有现代教育的地方，就有灌输的身影。“灌输之所以是结构性的，不仅仅因为它是学校运作的一个方面，而且还因为它反映了在更宽广的社会背景中也存在着相应的结构。”① 以人的欲望为基础的现代商业社会需要提高每个人的欲望强度，每个人都成了“营销对象”，而现代商业的基本营销策略就是饱和灌输，用海量商品信息灌满人们的头脑。从这个角度看，教育中的灌输是社会灌输整体结构中的一个环节。从学校运作来看，如前所述，因为教育内容是外在于人的，甚至是

① 贝克. 优化学校教育：一种价值的观点[M]. 戚万学，赵文静，唐汉卫，等译. 上海：华东师范大学出版社，2003:87.

与学生的经验、体会毫不相关的，学生只能照单全收，无法重新探索和思考。现代教育思想中关于自主学习、自主探究理论的讨论热火朝天，但在教育现实中，主导性的教育方法毫无疑问依然是灌输式教学。灌输不仅是内在于教育内容的，也是内在于现代教育方式的。

对话与灌输是性质不同的两种教学范式，对此学术界已广有研究，但从道德教育的角度进行研究，揭示两种范式不同的道德教育意蕴，则不多见。实际上，作为不同的教学范式，对话与灌输反映了教学者不同的世界观和价值观，在实施过程中通过暗示与明示等方式对牵涉其中的学生和教师产生影响，进行“道德教育”。

一、灌输：非人性化

对话是人性使然，根据在于人是交流的动物。人是群体性动物，本能地“知道”共同行动才能生存、才能强大。人作为有意识的动物，其共同行动不能靠本能驱使，只能靠意识协调，交流的需要由此产生。“我们的意识不是隐居者的草棚，而是待客和交流的客厅。……没有这有意识的交往，就没有智慧、力量和正义，就根本没有高级的存在。意识的生命基本上是交流的生命。”[①]另外，从自然中脱颖而出的人不能再像其他动物那样与自然浑然一体，面对与“世”隔绝的独特处境，人必须找到新的扎根方式：扎根于人间。正如弗洛姆所说，“与他人联合在一起，与他人相关连的需要，是人的迫切需要”[②]。无法扎根于人间，无法与同胞相连，是人无法忍受的存在状态。如何才能满足这一迫切需要呢？一切都仰仗于交流。正是通过交流，人们才了解彼此的所感、所思、所想，结成命运共同体，用弗兰克的话说就是：“‘我’和‘你’之间的任何交往都会导致一种新的实在产生，我们用‘我们’这个词来指称它，或者更确切地说，这个词与它相符。”[③]

人类的交流有多种形式，比如触摸、手势、表情等，而人是语言动

① 库利. 人类本性与社会秩序[M]. 包凡一，王源，译. 北京：华夏出版社，1999:70.
② 弗洛姆. 健全的社会[M]. 孙恺祥，译. 贵阳：贵州人民出版社，1994:24.
③ 弗兰克. 人与世界的割裂[M]. 方珊，方达琳，王利刚，选编. 济南：山东友谊出版社，2005:29.

物，最主要的交流形式是语言交流。语言的价值不仅仅在于交流，但语言起源于交流，或者说人的交流需要催生了语言。“语言通过人际交往由一个种族发展起来，又以同样的方式分授给个人，因而语言不能在意识中与人际交往脱离。”① 语言交流也有多种形式，其中对话是标准性的，或者说对话最能体现语言交流的真义。语言交流，顾名思义，首先是语言的“交互流动”。也就是说，语言的双向流动（对话）是内在于语言交流本身的。独白、讲解等虽然也是语言交流，却是语言交流的变异形式，因为其违背了语言的“交互流动”。

与对话不同，灌输会使人非人性化。灌输作为一种教学方式，由灌输者、灌输内容、灌输对象三个部分构成。灌输的非人性化首先体现在灌输对象身上。与对话“将人当人看”截然相反，在灌输结构中，灌输对象变成了“存储”灌输内容的“容器”，成了一种非生命性的物理存在。将活生生的人视为或形塑为非生命性的物，正好符合弗洛姆所说的“恋死癖”特征，即“把有机体转变成无机体，机械地看待生命，好像所有有生命的人都是东西……真正重要的是记忆，而不是经验；是拥有，而不是存在”②。学生作为灌输对象，其根本使命就在于接收灌输者倾倒的内容，从而成了不折不扣的接收器。显然，作为生命存在的任何人都不甘于作为无生命的接收容器，因为这是对生命本性的扭曲。灌输体制和灌输者往往会发明一套理由使灌输合理化，比如效率理论，即灌输是学习知识最高效的方式；“为学生前途着想”理论，即灌输不是为了灌输者的利益，而是为了学生的利益；“今天换未来”理论，即今天所忍受的非人性化是为了换取美好的未来所必须付出的代价；权威理论，即灌输者是知识的权威，相信灌输者是最佳选择，等等。一套套类似的理论在学校里弥漫，形成了一张无形的大网，无时无刻不在暗示或明示着学生，使所有学生尽收网底，鲜有漏网之鱼。问题是，离开了探究、离开了自身的体验和经验、离开了交往、离开了做人的感觉，物化的学生是不可能学到真知、成为拥有丰富人性的人的。

① 库利. 人类本性与社会秩序［M］. 包凡一，王源，译. 北京：华夏出版社，1999：66.

② 弗莱雷. 被压迫者教育学：30 周年纪念版［M］. 顾建新，赵友华，何曙荣，译. 上海：华东师范大学出版社，2001：29.

灌输的非人性化不仅体现在灌输对象身上，还体现在灌输者身上。“当一个人要阻止他人成为人时，他就不可能是真正的人。一个人想利己地变得更像人，便会自私地要得到更多，这是一种非人性化的表现。”[①] 弗莱雷的这句话看起来有点儿费解，实际上非常深邃，可以说是一针见血。人性不是一个人独自可以成就的，必须放在人际中，是人与人相互成就的。每一个人身上都有无数个他人的“贡献”，在这个意义上可以说，当一个人不把别人当人的时候，也就等于不把自己当人。我们常说，他人是自己的镜子，他人不是人，从他人那里照出的我们自己的影像会是人形吗？从灌输本身来看，当教师把学生视为接收容器时，实际上也就意味着把自己当作知识的蓄水池、仓库，将自己降格为另一种物理容器。作为灌输线上端的蓄水池，教师要想坚守自己的“本分”，出色地完成既定的灌输任务，就必须摒弃自己作为有生命的人所应具有的情感，比如对学生的爱与关心，对自身的怀疑、检讨与批判等。然而，这些被摒弃的东西，恰恰是人性的表征！也就是说，灌输在使灌输对象非人性化的同时，也在使灌输者自身非人性化。

从道德教育的角度看，人性使然的对话与非人性化的灌输都有自己的“道德诉说”，都在进行“道德教育”，只不过是两种性质不同的诉说与教育。对话是人性使然，换句话说，就是人性的需要。教学若能采取对话的方式，满足的是人性的需要，本身就是道德的。从学生的角度看，对话体现出对学生本性的尊重与提升，其道德教育意义不言而喻。如前所述，对话不是将他人、学生当作客体，而是当作人，当作与自己一样的人。这看似平淡，却散发着平等、尊重等道德幽香，同样是一种深刻的道德教育。与对话相反，灌输则是将有生命的人降格为无生命的物，是对人性的扭曲，本身就是不道德的。非人性化的灌输总是在为自己的合理性辩护，总是在为将人视为没有生命气息的物张目，似乎可以理直气壮地不把人当人，这一过程本身就是一种“道德教育”过程。

---

① 弗莱雷．被压迫者教育学：30周年纪念版［M］．顾建新，赵友华，何曙荣，译．上海：华东师范大学出版社，2001：36.

二、灌输的封闭性

“我们之所以进入对话，主要是为了我们能学习、改变和成长，而不是为了我们能够迫使其他人改变。”① 人的存在即人的生活过程，也是人的生成过程。所谓生成，用雅斯贝尔斯的话说就是“习惯及其超越”②。习惯不单是行为习惯，还包括思维习惯、心灵习惯。习惯，即按熟悉的方式行为、思考、感受，使生命摆脱了事事从头开始的沉重负担，对生命力的保护意义不言而喻。但习惯过于沉淀，也会使生命封闭起来，不再对新事物敏感和有兴趣，导致生命活力的凝固。思维习惯的凝固表现为每个人都有思维定式，心灵习惯的凝固则表现在先入之见上。一旦这些与生命纠结在一起的定式和成见受到挑战，人们总会不自觉地做出激烈的反应以对其进行捍卫，总是试图打败别人（其实是别人的观点），使生命的超越维度难以发挥作用。对话是实现超越的最佳方式之一，因为对话的精髓在于放空自己，使自己处于一种敞开状态。放空不是放弃，而是腾出心灵空间，对自己和对方的意见、想法一视同仁，不问归属，只问对错与价值，从善如流。“对话仿佛是一种流淌于人们之间的意义溪流，它使所有对话者都能够参与和分享这一意义之溪，并因此能够在群体中萌生新的理解和共识。”③ 放空自己以吸收新鲜事物，从积极的意义上说是人走出自我的方式，从消极的意义上说则意味着一定的“风险”：自己旧的立场和习惯也许就此改变。如果放弃定式和成见也是风险的话，那“没有任何风险可能的对话就不是真正的对话”④。

与对话的放空与敞开不同，灌输的特征在于灌满。灌输者通过隐而不彰的后台备课行为先将自己灌满，然后在前台将已经灌入自身的知识倾倒给学生，学生成为被灌满者。教师后台备课的过程，即将自己灌满的过程，实际上是在强化自己，通过事先的灌满，使自己看起来无所不知、无所不晓，以取得灌满学生、改变学生的优势。作为灌输者的教师貌似强

① 斯维德勒. 全球对话的时代[M]. 刘利华，译. 北京：中国社会科学出版社，2006：8.
② 雅斯贝尔斯. 什么是教育[M]. 邹进，译. 北京：生活·读书·新知三联书店，1991：15.
③ 伯姆. 论对话[M]. 尼科，编. 王松涛，译. 北京：教育科学出版社，2004：6.
④ 同①9.

大，实际上灌给自己的只是一些僵死的知识信息，他并没有掌握知识的精髓，并没有享受知识探索的过程，也失去了通过对话与学生一起获取新知的机会，外强中干，是一种伪强大。被灌满的学生失去的不仅仅是自己探索的机会，还有自己作为人的特征。“学生们感到自己不过是一些沿着供应信息和授予学位的教育装配线被灌注知识的物件而已。”① 学生被灌注的死知识撑得鼓鼓胀胀，但冷静一想，又是空洞和虚无，因为学生得到的是没有生命力的僵死信息，更糟糕的是在这一过程中其生命活力也僵凝了。试想，连生命都僵住了，还能得到什么呢？总体来看，在灌输过程中，灌输者与被灌输者虽然地位不同，但生命被堵塞的遭遇是一样的，都是貌似得到很多，实际上失去的更多。

如果说对话是反权威的，那么灌输则是极端权威主义的。灌输者通过事前后台的备课将自己装扮成全知全能者，而被灌输者则是绝对的无知者，相信全知全能的灌输者是最佳选择。这样的逻辑，实际上就是强化权威主义的逻辑。在这一逻辑的支配下，灌输者愈发高大、伟岸，被灌输者愈发卑下、弱小，只能孕育出施虐人格和受虐人格。具有施虐人格的人，总是“让别人依赖自己，以绝对无限的权力统治别人，使他人成为自己手中的工具”②。与此对照，我们不难发现灌输者的施虐倾向：让被灌输者依赖自己，以绝对的权威统治被灌输者，使他们成为接收自己灌输的容器（工具）。而受虐倾向则表现为“深感自卑、无能为力、个人微不足道”③。被灌输者虽然主观上并不想如此，但潜意识里的虚弱感成了支配力量，长期被灌输的经历使自身养成了对灌输者的依赖。换句话说，受虐的感觉并不美好，但没有权威可依则更可怕。

施虐的灌输者“看上去很美”，实际上也是封闭的，没有创造性可言。每一个单个的灌输者实际上都是灌输机制的一个链条，只能按事先设计好的轨道运行，与被灌输者一样也是工具，即规范世界进入“学生容器”的工具。在灌输过程中，被灌输者的创造力被降到最低甚至被完全封闭，这

① 里茨尔. 社会的麦当劳化：对变化中的当代社会生活特征的研究［M］. 顾建光，译. 上海：上海译文出版社，1999：224.

② 弗罗姆. 逃避自由［M］. 刘林海，译. 北京：国际文化出版公司，2000：99.

③ 同②.

不仅体现为被灌输者学习自由的丧失，也体现为被灌输者创新意志的消磨。被灌输者只能按照灌输者所要求的方式接收灌输者所选定的知识内容，在学习上毫无自由可言，而自由是创新的前提。而且，随着灌输的持续，被灌输者受虐心理倾向形成，养成了对灌输者权威的依赖，也就消磨掉了创新的动机、勇气和意志。

同样，对话的敞开与灌输的封闭都是道德诉说。我们总是将道德教育理解为直接的、专门的教育活动，实际上道德教育与教育的存在形态是血脉相连、不可分割的。以符合人性、丰富人性的方式进行教育，道德教育虽然隐匿不现，却是最有力的；反之，以违逆人性、减损人性的方式进行教育，即使道德教育处处为先，也不是明智的选择。对话将教育者和受教育者的生命敞开，使其成为创造和超越的生命，本身就充满了人性与道德的光辉，就是真正的道德教育。灌输将生命封闭起来，模塑出专制的施虐人格与奴隶式的受虐人格，是对人性的扭曲，本身就是缺德和反道德教育的。

三、灌输对德性的贬损

对话本身就是一种美德，还与人类的诸多美德密切相关，是诸多美德的土壤，滋养着对人类生活来说至关重要的美德。正因为如此，只要进行对话，与对话密切相关的美德就会得到伸张，或隐或显的道德教育就会随之发生。

如前所述，灌输不是把人当人看，而是把人当物看，其对德性的最大贬损就在于这种非人性化，就在于这种不人道的看人、待人方式。除此之外，灌输对德性还有直接的贬损作用，如果说对话的过程就是滋养美德的过程、道德教育的过程，那么，灌输的过程就是贬损德性、教唆人“缺德”的过程。

对话奠基于对人的爱与信任，而灌输则是对人和人性的不信任。灌输者不相信被灌输者能够自己学习，能够自己实现对人、对世界、对伙伴的探究与建构，而认为他们必须依赖灌输者事先预定的内容和方式进行接受性学习。表面上看，这是对被灌输者学习能力的不信任，实际上却是对人性的不信任，因为对人、对世界、对伙伴的探究恰是出于人性动机，是人性使然。人不是一个先在的实体，而是一个生成的过程，是习惯的不断形成与不断超越的过程。灌输否定了人性的这一切，只是将人当成通过外在灌注就可完成的实体。这种否定是那样无情、那样残酷，但灌输者并不承认，相反，总是以爱为借口。灌输者不厌其烦地强调自己的灌输是为被灌输者的前途着想，是对被灌输者最有利的，似乎一切都是出于对被灌输者的爱。灌输者的这种论调是对爱的曲解，真正的爱是“在保持自我的独立与完整的情况下，与自身之外的他人或他物结为一体。爱就是体验共享与交流，它使人充分发挥自己的内在能动性”[①]。很显然，灌输者没有与被灌输者结为一体，更没有体验共享与交流，反过来却压抑了被灌输者的内在能动性。具体到教育领域，灌输与教育爱也是背道而驰的。教育爱与母爱一样，一开始就朝着自己的隐退努力。母亲爱孩子不是为了让孩子依赖自己，而是为了让孩子独立、成为他自己。教师爱学生，同样不是为了让学生成为自己的附庸，而是为了让学生脱离这种爱，能够自立于世。灌输的价值目的与实际效果显然不是这样，而是相反，即强化学生的无助与依赖，违背的恰是爱的原则。

灌输背后的逻辑是专制与服从。灌输是一种非对称性的人类交往方式，一方无限强大，另一方则无限弱小，强大者的“天职”是专制，弱小者的“本分”是服从。以教育领域的灌输为例，教师教与学生被教、教师无所不知与学生一无所知、教师独白与学生温顺地倾听、教师思考与学生接受、教师制定纪律与学生遵守纪律等，无不体现出专制与服从的内在逻辑。这样的逻辑支配着学校生活，最可能造就的是或专制或服从、既专制又服从的人。专制与服从表面上是对立的，实际上有其内在的一致性。专制者的专制既以被专制者的服从为基础，也以自己的服从为前提。专制者在被专制者面前为所欲为，似乎有无限的自由，但专制者实际上也是不自由的，也是以牺牲自己的自由、服从更强大的力量为代价的，专制中有服从。被专制者的服从只是指向专制者的，在服从的过程中被专制者亲身体验了专制的好处，必然心向往之。也就是说，被专制者的服从与对专制的

① 弗洛姆. 健全的社会[M]. 孙恺祥，译. 贵阳：贵州人民出版社，1994：23.

向往往是同步发展的，一旦时机成熟，服从就转化为专制。正是在这个意义上，我们说服从中有专制。在这种逻辑支配的学校里，不太可能塑造出具有民主、平等意识的现代公民，一切专门的公民教育活动与课程，都被熏染，注定是苍白无力的。

灌输还与自恋、利己等现代性弊病有关。“自恋是当今时代的新教伦理”①，对这一现代症候，很少有人将之与灌输联系起来。灌输具有非人性化的特征，是对人性的扭曲，在正常情况下，一定会遭到被灌输者的反对，那么，为什么灌输在现代社会能够大行其道呢？一个非常重要的原因是，灌输者许诺给被灌输者的是个人利益。被灌输者往往相信，眼前的非人性化对待是获取未来回报必须付出也值得付出的代价。灌输者晓以利害，被灌输者心领神会，“道德教育”（教唆）自然就发生了。现代传媒是强大的灌输机制，与学校教育中的灌输机制一唱一和，将现代人的注意力通通引向个人利益。与对话的分享逻辑不同，灌输则隐含着独吞和竞争逻辑。在灌输过程中，被灌输者争相从灌输者那里多分得一杯知识之羹，稍有闪失，别人就会“多吃多占”，自己就会吃大亏。这样的竞争逻辑从内部又强化了被灌输者的自恋与利己行为和思想。

---

① 桑内特. 公共人的衰落［M］. 李继宏，译. 上海：上海译文出版社，2008：418.

细节 8

快班慢班
——快慢分班的道德问题分析

很多学校为了追求升学率，以因材施教为借口，在新生入学时将他们编入快班或慢班（或称重点班与普通班）。义务教育法明文规定在义务教育阶段不准分快慢班，但各学校“智慧无穷”，发明了诸如“特长班”“实验班”“火箭班”“雷锋班”等遮人耳目的名称，对国家的法律规定阳奉阴违。更有甚者，班级编号有时候也可以作为快班、慢班的代号，比如“(1) 班”在一些学校可能就是快班的代号。有的学校为了更隐蔽，往往不将重点班放在一个年级前头，而是放在后面或中间，比如“(5) 班”“(8) 班”。在教学实践中，学校往往为快班配备最好的老师、最优越的教学设施，用与慢班不一样的教学进度进行教学、备考。对慢班，虽然明着不说放弃，但很多学校实际上是忽略他们的，只要他们不出事就行。

如果说一些教师的“口头禅”是一种非制度的、日常性的语言倭化的话，那么学校分快班、慢班的做法就是一种制度化的倭化。个人用言语的方式贬低他人，将他人视为另类，是语言倭化；机构通过制度安排的方式将人分为三六九等区别对待，就是一种制度化的倭化。个人用语言倭化他人，反映的是个人的品德问题；机构用制度倭化他人，反映的则是这个机构、制度本身的德性问题。

一、快慢分班的标准合理吗

万变不离其宗，学校在快慢分班的过程中所依据的都是考试成绩。将“集资生”“高价生”单独编班，实际上标准仍然是考试成绩：这些学生之所以要集资、要出高价上学，只是因为考试成绩不佳。以考试成绩为标准分班，“考分面前人人平等”，表面上看比以家长的身份、钱财为标准分班来得公平、道德，但究其根源，仍然存在着道德上的问题，仍然有“缺德”的嫌疑。

纸笔测试不能作为衡量学生学习水平的唯一依据。按照加德纳的多元智能理论，人的主要智能起码有语言智能、数学逻辑智能、空间智能、音乐智能、身体运动智能、人际关系智能、自我认识智能等七类。① 纸笔测试通常可以相对地测量出人的语言智能和数学逻辑智能，而人的其他智能通常是很难用纸笔测试的方式测量出来的。在当前的教育中存在着“测试主义”偏见，即只重视可以测量出来的能力，而忽略不能测量出来的能力。因为语言能力和数学逻辑能力是相对容易测量的，所以受到了无以复加的重视，而人际交往、自我认识等不易测量的能力则被冷落。回过头来看学校的考试，它还不是加德纳所批评的智力测验，它虽然可以测试出学生的部分语言能力和数学逻辑能力，但主要还是对知识的记忆能力、理解能力的检验。也就是说，学生考试的分数，不说其他智能，就连学生的语言能力、数学逻辑能力的基本状况都无法准确地反映出来，怎么能作为区分学生发展水平高低的唯一依据呢？以一个并不可靠、不能真实反映学生发展水平的考试分数作为将学生分入快班或慢班的标准，注定要造成许多“冤假错案”，这不是缺德的做法吗？

即使我们能够找到一个准确测试学生发展水平的标准，在分快慢班的时候同样会面对道德上的难题。人的发展有个体差异，有人早慧，也有人“大器晚成”。如果一个学生因为“开窍”稍晚而被打入另册（慢班），并由此被扼杀了发展的希望和美好的前景，我们的学校是不是应该感到内疚？很多学校的快慢分班虽然不是一成不变的，留有动态调整的通道，但

① 加德纳. 多元智能[M]. 沈致隆，译. 北京：新华出版社，1999：9-10.

执行起来往往是非常困难的。慢班的一个学生要“上”到快班，那就意味着快班有一个学生要“下”到慢班，“上”去可以，“下”来就难了。即使能够真正做到“有上有下”，那对“下来者”是多大的伤害？孩子们的发展多数尚未定型，粗暴地对其进行归类分等，是非常不道德的事情。

二、快慢分班的目的单纯吗

很多学校都将“因材施教”作为分班的目的。其基本逻辑是，学生有认知差异，每个班都存在“优等生”“中等生”“差生”，在混合编班的情况下，教学只能以“中等生”为依据，结果导致“优等生”吃不饱，“差生”吃不进。快班、慢班的区分，有利于分别对待不同类型的学生，可以因材施教，使“优等生”吃饱、吃好，“差生”吃得进、消化得了。可果真如此吗？

先放下区分优、中、差的标准是否合理、是否合乎道德不说，为什么没有升学考试压力的小学分快班、慢班的做法较少？为什么分快班、慢班的做法多发生在有升学考试压力的初中、高中？为什么在追求升学率、应试教育倾向严重的地区分快班、慢班的做法比较盛行？这些现象已经透露出分快班、慢班的目的不是学校所说的那样。分班之后，快班受到充分甚至过度的重视，而慢班则往往受到有意无意的忽视，甚至被遗忘，成为牺牲品。这更说明分班并非为了因材施教。

分班依据的是考试总成绩。一个学生的总成绩很好，并不一定意味着其各科都好。反过来，一个学生的总成绩不算好，也并不意味着其各科都不好。对总成绩好而某科不好的学生来说，将其分入快班，对其不好的科目无法因材施教；对某些科目好，而总成绩不好的学生来说，将其分入慢班，显然也无法对其学得好的科目进行因材施教。

说白了，因材施教只是借口，分快班、慢班的真正目的就是升学考试。对于这一点，每所有快慢班做法的学校，校长和教师都是心知肚明的。之所以要分快慢班，就是为了将那些有升学希望的学生集中在快班进行考试训练，最大限度地挖掘这些学生的考试潜能，使更多的学生考上名校，为学校挣得名声、名望。至于那些升学希望不大的学生，对不起，为了不影响那些升学有望的学生，只能隔离开来，编入慢班，安全送他们毕业即可。

我们知道，有些学校的慢班往往是“集资班”“交钱班”。学校为了赚钱，招收了大量交钱的学生，但又担心这些交钱的学生影响“正取生”的学习，所以将他们集中起来。不可否认，这样做有保护“正取生”的目的，但学校为什么要保护这些学生呢？对学生发展负责，只是一个理由。另外的理由恐怕是通过“正取生”在升学考试上的优异表现为学校挣得更多的名声、名望，以吸引更多的“集资生”“高价生”！

顺着“集资生”“高价生”这条“藤”，我们可以摸到追求升学率背后的利益这只“瓜”。很多学校将自己对升学率狂热追求的责任一股脑儿推给教育行政部门，认为是教育行政部门以成绩排名管理、评价、考核学校的制度造成的。应该承认，在追求升学率的问题上，教育行政部门是有责任的，但将所有责任都推给教育行政部门是不对的。教育行政部门的评价固然是一个驱动因素，但学校本身对利益的追求也是一个驱动因素。

三、损不足以奉有余？

我们对很多为难大众、剥夺弱势群体利益的做法和社会现象深恶痛绝。可以说，在任何时代，“损不足以奉有余”在道德上都是一种恶。然而，社会的强势群体剥夺弱势群体是一种“自然反应”，不然无从表现其强势。这就需要代表大众利益的政府及其机构进行干预，在约束强势群体的同时，扶助弱势群体，增强他们的生存能力，进而实现社会的平衡。

这个道理，学校领导和教师没有人会不明白，但一落实到自己的工作中，为什么就是另一番景象呢？从教育伦理学的要求出发，如果一些学生在学习上有困难，落后了，学校和教师更应该给予他们更多的关注和帮助，以使他们尽快赶上来。救助“弱者”是一项基本的社会伦理原则，也是一项基本的教育伦理要求。快慢分班的做法则以考试成绩为依据，使“强者”更强，“弱者”更弱，遵循的是“损不足以奉有余”的原则。我们的学校原来不是这样的。在升学之风刮得没有那么激烈的年代里，教师最关心、费力最多的往往是那些学习落后的学生。现在，学校和教师专心为那些考试成绩好的学生“锦上添花”，干脆将考试成绩不好的学生编入慢班，明摆着是要放弃他们，不可能“雪中送炭”了！

中小学教师在社会上也属于弱势群体，在自己的生活和工作中也会遇到很多利益受到侵害的事情。甚至学校，与强大的经济、政治机构相比，也是弱不禁风的，同样会受到挤压和侵犯。学校和教师作为弱势一方，其权益的保护依赖于政府。同样，考试成绩不好的学生在校园生活中也是弱势一方，其权益的保护依赖于学校和教师。而快慢分班的做法，使这些弱势者受保护的期望完全落空。因为这一做法告诉这些学生，他们已经被学校和教师放弃了。

社会上弱势群体权益得不到有效保护，“损不足以奉有余”的事情屡屡发生，原因是多方面的，比如社会文化中缺乏平等观念、缺乏权利意识，政府不作为，等等。但我们不要忘了，这里面也有学校教育的“功劳”。学校在快慢分班时遵循的就是“损不足以奉有余”的逻辑。长期在这种逻辑下生活的学生，无论是快班学生，还是慢班学生，耳濡目染，慢慢地都可能将这种逻辑迁移到自己的心理结构上，使其成为一种定见，养成心理习惯。现在社会上的人不都是从学校出来的吗？现在的学生将来也会走向社会。

四、打入另册的伤害有多大

如前所述，以并不合理的考试成绩为标准将一部分学生分入慢班，就意味着这些学生被打入另册，被贴上“笨蛋”“差生”的标签。这种标签对学生心理的伤害是不言而喻的。一名在慢班而学习成绩优秀的学生作为“优秀代表”向慢班同学演讲时深有感触地说：“在座的同学大多遇到过这样的情况：每当有人问你‘你是高一几班的’时，你总是觉得难以启口，恨不能挖个地洞钻进去。我们都为此感到难过、羞愧、自责过，但是，现实是无法逃避的。”[①] 分入慢班，就如在“犯人”脸上刻上标记，或者在“次品”上贴上标签，对心灵尚未成熟的学生的伤害有多大？难过、羞愧、没

① 刘云杉. 学校生活社会学[M]. 南京:南京师范大学出版社,2000:157.

脸见人等词语已经不足以描述。

然而，更残酷的是，这种伤害不是一次性的，而是时时刻刻、持续不断的，甚至走出校门也不是终点。“现实是无法逃避的”，因为同学总是在提醒你：“啊，你怎么到了‘（1）班’？”言下之意是那可是交钱的慢班。“你在几班？我在‘（8）班’！”言下之意是强调自己是重点班的。教师也动不动就提醒这些学生，不要忘了自己的身份：“你们班真难教！”（没有重点班好教）“你这个集资生！”（集资生笨）有一次，我在一所中学听课，任课教师课上得很好，但她不自信，不知道我们这些所谓专家是如何看的。刚下课，她就当着学生的面向我们解释：这个班的学生不配合，要是在实验班上就好了。学生都听到了老师的话，有几个表情怪怪的，甚至翻起了白眼。有快慢班的地方，这样的暗示与提醒总在发生。被分入慢班，等于是在学生心头割了一刀，而总是暗示和提醒，等于是在不断往这些学生伤口上撒盐。这样的教育，道德吗？

被他人注意和关怀，得到他人的尊重、赞美和支持，是人的一种基本需要。自我的价值感需要他人赞许的眼神托举，否则，我们就会产生一种“腐蚀性的意识”：我们在他人眼里没有价值。其实，“如果我们周围每一个人见到我们时都视若无睹，根本就忽略我们的存在，要不了多久，我们心里就会充满愤怒，我们就能感觉到一种强烈而又莫名的绝望，相对于这种折磨，残酷的体罚将变成一种解脱”①。孩子们的自我评价并不稳固，就如一个气球，需要重要他人不断地用鼓励和关爱来“充气”，而忽视、遗忘等就如放气的针，很快会使孩子们的自我评价“瘪”下来。人是交往的、社会的、与他人共在的，得不到他人的承认，会造成对自我的否定，所以在一定意义上，人都是在“为承认而奋斗”。被分入慢班，就要被怠慢，这是一个无法逃避的现实。将你分入慢班，摆明了是要在升学考试的征途中抛弃你，这是最大的“怠慢”；教室是一样的，课本是一样的，但老师却是不一样的，这是“怠慢”；即使老师是一样的，但老师在教学中的用心程度是不一样的，老师对待学生的态度是不一样的，这同样是“怠慢”；教学设备是一样的，生活条件是一样的，但受重视程度是不一样的，优先

① 德波顿. 身份的焦虑［M］. 陈广兴，南治国，译. 上海：上海译文出版社，2007：7.

权是不一样的，这更是“怠慢”！……在人生的早期，孩子们就体验到不被承认、不被尊重，觉得自己没有价值，这是多大、多深的伤害！

被关注、被重视是人的一种基本需要，如果一个人在某一方面无论如何也不能得到关注和重视，那他就会在其他方面找回被重视、被关注的感觉。老师有时候就是弄不明白，有的“差生”，自己不招惹他，也交代同学不理他，但他为什么总会弄出一些状况？殊不知，他之所以要弄出一些状况，就是为了引起老师和同学的注意，避免被忽视、被剥夺的境遇。曾与一个被老师称为坏孩子的小学生聊天儿，我问他为什么老在课堂上捣乱，他脱口而出：“没人理我多郁闷哪！”这个小学生的心理很容易理解，既然按常规的方式无法得到重视，那就只有用捣乱、对抗等方式来引起注意了。有些学生正是通过对抗别人都不敢对抗的老师，赢得同学的敬佩和尊重的。很多老师责怪慢班纪律差，事情层出不穷，其实，其内在的心理机制也是一样的：通过弄出点儿事情，引起学校和老师的注意。但这往往会形成一个恶性循环：慢班纪律差，老师尽量躲着；为了吸引注意，学生就更闹乱子；学生闹乱子，老师就更厌恶……如此循环下去，有些孩子就会在错误的道路上迷失自己，甚至走上违法犯罪的道路。

五、娇宠没有危险吗

一位研究者对某中学快班状况的描述颇为传神。

强化班在四楼，教室的位置高高在上，学生的心里也有高高在上的优越感。学校办强化班的目的是针对各种竞赛，强化班的升学定位是名牌大学。强化班的女生在5名左右，强化班严格按照成绩来流动。跟不上，就到普通班去，强化班里差的学生到普通班里也是好成绩。因此，他们有明显的优越感，在学生中感觉像贵族，自称“一览众山小”，也有“高处不胜寒”，别的同学觉得他们高不可攀。强化班所配的老师也是最棒的。学生说，在强化班，学生的个性得到了尊重。但在残酷的竞争面前，个性也不时要让位。[①]

这些在学校里备受重视的学生，普遍有一种高高在上的优越感。与被忽视的学生不同，他们自我评价的气球被吹得鼓鼓的。正因为鼓鼓的，反而容易爆裂。很多被学校和老师宠着的学生慢慢会形成一种只能成功不能失败的心理。一旦情况不如自己所愿，其脆弱的内心就承受不了，“气球”就要爆炸。长时间生活在竞争的环境中，这些学生的优越感往往是建立在比别人强的比较之上的。一旦这种比较发生了逆转，其心理落差就可想而知。很多在中学优越惯了的尖子生，到大学之后发现高手如林，自己不过是普通的一员，因而无法接受，就精神抑郁，甚至轻生自杀。这充分说明，这些被娇宠坏了的学生内心是多么不堪一击。

有些分入快班的学生，在老师和家长的娇宠下，以为世界上所有的人都应该围着他转，都应该为他让路。一个 17 岁的高中女生因为外婆看电视干扰了自己紧张的期末考试复习，一锤将外婆打死，然后继续复习到深夜。[②] 这是一个尖子生，在她眼里，再也没有比自己的学习更重要的事情了，全世界，包括别人的生命，都应该为她的学习服务。虽然这是一个极端的例子，但我们不能因为事情极端而否定其中包含的并不极端的心理倾向。人在娇宠的环境下成长，容易形成唯我独尊、自我中心型的自私倾向。这样的人即使上了名牌大学，对社会、国家、家庭是福是祸还不一定！

如前所述，被忽视的人有身份焦虑，而被优待的人也有身份焦虑。前者是不被重视的焦虑，后者是担忧失去重视的焦虑。快班的学生是被宠的，但这种被宠不是无条件的，而是以考试成绩为前提的。一旦考试成绩不理想，万千宠爱就会烟消云散。一个总考第一的学生有这样的内心独白[③]。

哪个晓得我为这“第一”所付出的代价，我怕考试，但这也正是我的骄傲与自豪。当考试铃声打响的那一刻，我的心情很

---

① 刘云杉. 学校生活社会学［M］. 南京：南京师范大学出版社，2000：157.

② 袁洪江. 学习的革命批判［M］. 北京：光明日报出版社，1999：32-33.

③ 赵健伟. 教育病：对当代中国教育的拷问［M］. 北京：中国社会出版社，2003：217.

复杂，有兴奋有紧张……我总有一种恐惧感，我怕第一不再属于我，哪怕是不被人重视的一次小测验，我也不允许自己失败。

在学校里被分入快班，被老师和学校宠爱，并不是没有代价的。要想留住这份宠爱，你就得时刻处在紧张的备战状态中，你就得“关闭”一切学习以外的兴趣、爱好……

分快班、慢班的做法激发了极端的竞争。现在的学校教育，竞争已经极端化，超过了动物之间的竞争。我将这种竞争命名为“超动物竞争”。因为同类动物之间的竞争，一般以分出胜负为目标，不以伤害对方的生命为目标，“同类相食”的现象极为罕见。而人类的竞争与动物相比，有过之而无不及 —— 一定要打垮、消灭对方，战争就是这种竞争的典型样态。如今的学校教育，实际上每时每刻都在激发这种战争式的竞争。据说2006年某地的一所学校高考结束后，要开600分以上学生的庆功会，一个考了580分的学生当夜自杀，而第二天的庆功会照常开，就像什么事情也没有发生过。这是多么冷漠、麻木、势利的学校哇！

如今我们国家贫富差距拉大，社会上夸富、炫富的现象层出不穷。富裕的人为什么不能安静地享受自己的财富，非要在社会大众、在普通老百姓面前炫耀呢？一个人富了，如果别人不知道，其获得的满足感要小得多；一个人富了，知道的人又多，那他获得的满足感将是双倍的。所以，很多暴富的人禁不住向别人炫耀他的富足，以在别人羡慕的眼神中找到精神满足。同样，快班学生的优越感也是建立在与慢班学生的对比上的，如果不让慢班的学生知道自己的优越，那其满足感就会打折。所以，很多快班的学生在学校生活中经常会有意无意地流露出自己的优越感和对慢班学生的不屑。而这些态度在强化慢班学生自卑的同时，也激起了慢班学生的反感和对抗，进而毒化了校园生活的人际和谐。

细节 9

班会不是会？
——如何发挥班级会议的教育作用

班会本来是班级会议的简称，但在广大中小学，班会不是会议，而是上课。班会变成了班主任老师对学生进行训话的教育课。有时候也会变成一种娱乐化的班级文艺活动，按照事先设计好的节目单进行文艺表演。无论是哪种形式，都不见会议的影子。

班会到底该如何组织，取决于如何认识班会的性质：第一，班会是“会”还是“课”？第二，班会的目的是什么，是解决班级生活中遇到的问题，还是教育学生、锻炼学生？第三，在班会中教师到底该起什么作用？

一、班会是“会”还是“课”？

在实践中班会与班会课是混用的，二者一字之差，意义却大为不同。班会是班级会议的简称，是会议之一种；班会课是在班会时间里上的课，是课堂教学之一种。我们都知道，会是开的，课是上的，二者性质截然不同。要开会，一些基本前提必须具备，比如要有会议主题，要有会议程序和议事规则，要有会议发起人、主持人，等等。之所以要开会，是因为相关者有问题要讨论、要解决，或者说相关者讨论、解决存在的问题是开会的主要目的。虽然不能说会议的参加者是完全平等的，但起码可以说大家都是“利益”（应做广义理解，不单指物质利益）相关者，不存在明显的教育者和被教育者的差别与区分。上课与开会不同，上课的前提是有教师（教育者）和学生（被教育者）、有教育目标和预定的教学内容。上课的目的不是解决相关者的问题，而是完成相应的教学目标。虽然不能说教师和学生一定不平等，但教育者和受教育者的区分却还是必需的。一句话，开会是为了解决问题，上课是为了教育人。

比较而言，目前大多数学校是在第二种意义上理解班会的，即将班会理解为班会课。应该承认班会课与一般的课有明显不同，比如，班会课一般是学生代替老师“上”的，学生参与得比较多，活动性、游戏性比较强。但表面的不同未能改变实质的换汤不换药：班会课与一般的课一样，还是教育人的。也就是说，班会课的存在无非是使学校多了一种形式稍微活泼一点儿的课而已。

我主张班会是“会”而不是“课”。首先，班会是班级会议的简称，本来就是会议之一种。这种会议不同于成年社会的一般会议，是在班级（教室）里由学生和班主任、任课教师共同召开的，目的在于讨论、解决班级生活中遇到的问题。其次，学生是班级会议的主体，他们虽然是未成年人，但不是完全没有行为能力，他们有权利，也有能力讨论、解决班级生活中遇到的各种问题。当然，这并不排斥教师的参与和引导。再次，班级生活中确实也存在着需要学生自己解决的问题，这些问题过去多由教师代为解决，越俎代庖的结果是吃力不讨好，既不利于学生自主能力的发展，也增加了教师的负担。该学生自己解决的问题还是得交给他们自己解决，否则他们总是长不大，对成人的依赖无限拉长。最后，这是进行公民教育的有效方式。这几年随着社会的进步，公民教育的呼声渐渐多了起来，但我们有一个惯性思维，即将教育活动概念化、专门化，具体到公民教育，就是将公民的概念、公民的权利和义务放到专门的课程里，以为这样就有了公民教育。实际上，真正的公民教育是让学生过上公民生活，在公民实践中获得公民素质和意识。如果学生能够自己召开、组织班级会议，这无疑是一种公民生活体验，具有巨大的公民教育意义。

二、班会的目的何在

与班会的性质紧密相连的第二个问题是班会是干什么的，或者说班会的目的何在。概括说来，班会无非有三个目的：一是解决班级公共生活中遇到的问题；二是教育学生；三是表演，或者娱乐学生自己，或者给别人看。

就实际而言，目前的班会多是以“课”的形式出现，主要目的是教育学生。一些学校的班会课真是下了大功夫，有自己开发的大纲、教育主题、活动设计、资源保障等，课也上得精彩纷呈、美不胜收。但“美中不足”的是，无论形式多么活泼生动，都掩饰不了骨子里的说教意味，都是有精美包装的道德灌输。学生是需要教育的，但教育有效的前提在于这种教育不损于学生的自主性。现在学校中存在的一个很大问题是教育过度，学生既要接受班主任的教育，德育课的教育，少先队、共青团的教育，学校领导和管理者的教育，还要在班会上接受教育。没完没了地教育，学生不厌烦和逆反才怪！何况班会的教育主题有很多与德育课、校本课、共青团、学校的活动重叠、重复，弄得学生烦心不已。另外，班会课一般由学生代表主持，无论这学生代表多么优秀，他（她）毕竟是学生，缺乏教师角色所具有的道德优势，由他（她）来说教总显得不伦不类，无论多么严肃的话题都会显得有点儿滑稽，教育效果好不到哪里去。

很多学校的班会课表演性突出，似乎就是为了娱乐学生，或者给参观者看的。确实，现在的孩子生活在重压之下，学习任务重，竞争激烈，心理紧张，需要适当的娱乐和放松。但是，用班会进行娱乐恐怕并不合适，因为班会毕竟不是为文体活动而设的。至于表演给参观者看，那就更要不得了，学校不能从小就教孩子作秀。

班会最切实的目的还是解决班级生活中遇到的问题。班级生活不是个人生活，而是集体的、公共的生活，总会遇到这样那样超个人的问题，需要大家共同讨论、共同解决。我们的学校生活中现有的机制，比如班主任和班委会，可以解决一些问题，但并不能解决所有的问题。再说班主任、班委会都有自己的职权范围，超过这一范围来解决问题，那就是滥用权力。从公民教育、培育公共精神的角度说，班级会议具有不可替代的作用。

如果班会的性质是“会”，目的在于讨论、解决班级生活中遇到的问题，那么，下一步需要探讨的就是班级会议的运作机制。比如班级会议主题确定的程序和方法、班级会议发起的条件、班级会议的议事规则和表决规则、班级会议决议的执行监督，等等。如果哪所学校能够在这些方面进行探索，形成一套方法，不知道要比那些表演性的班会课价值大多少倍！

三、班会中教师的角色

在目前流行的班会课中，班主任一般都是隐身的，出现在前台的是学生主持人。然而，透过现象看本质，隐身的班主任实际上是“幕后主使”，是“幕后操纵者”；前台的主持人和学生表面上自主性很大，实际上却是幕后班主任手里的木偶，只能按照班主任事先设计好的剧本来表演。也可以这么说：班主任虽然是隐身的，但他（她）有一个“替身”——学生主持人。这种看似民主的安排实际上很专制、很官僚，体现的是对学生自主生活、自主发展的不信任、不尊重。

如果班会的性质和目的可以如我所主张的那样，那么，班主任隐身大可不必，他可以作为“顾问”参加班级会议。首先，班主任是班级生活的一员，同样是班级生活的相关者，有权参加班级会议。其次，班主任是班级生活的特殊成员，是班级的管理者，对班级问题及其解决有知情权，当然应该参加班级会议。再次，班主任是教育者，有知识和经验上的优势，可以作为班级会议的“顾问”，为班级会议出谋划策，提供指导和服务。当然，班主任在班级会议主题的提议、班级会议的发起、班级会议的议事和决议等过程中到底应该起什么作用，没有现成的答案，要在实践中摸索。

需要特别指出的是，目前流行的班会课，一般都是学生和班主任的事，与任课教师无关。实际上，任课教师也是班级生活的相关者，班级问题的讨论和解决离不开任课教师的参与。因此，任课教师也应该是班级会议的“顾问”，也应该参与、指导班级会议。当然，任课教师在班级会议中到底该起何种作用，也需要在实践中进行探索。

四、班级会议的意义

班级会议既不同于班会课，也不同于班队会。班级会议是一种会议，班会课是一种课，班队会则是一种政治仪式。班级会议与班会课的区别前文已经说明，举行政治仪式与开会也不同，举行政治仪式的前提是要有明确的意识形态导向、森严的等级划分、具体化的仪式过程。举行政治仪式的目的也不是解决问题，而是灌输一定的意识形态。一般说来，举行政治仪式时，教师与学生以及学生与学生之间是不平等的。简言之，开会是为了解决问题，上课是为了教育人，举行政治仪式是为了灌输意识形态。目前，在班会时间里，虽然单纯的政治仪式已经被淡化，但是绝大多数教师却把它上成了课。其实，这是有违班会的初衷的，因为班会就是班级会议的简称。让班会回归其本真的形式，我觉得至少具有这样几个价值。

第一，便于解决班级生活中遇到的各种问题。班级生活是集体生活、共同生活，必然会遇到这样那样的问题。而这些问题的存在就是班级会议存在的依据。过去我们总是依赖班主任、班委会来解决班级问题，然而，班主任与班委会都有自己的权责边界，不能解决所有问题，重大问题需全班同学共同决议、共同解决。

第二，利于发挥学生的主体性。我们总是抱怨学生自我管理能力差，对老师依赖性强，对班级共同事务缺乏积极性。问题是我们很少给他们共同商讨班级事务的机会，他们自我管理的能力未得到实践锻炼，怎么会凭空而来？他们被排斥在班级管理之外，只是被管理者、被约束者，你让他们如何具备对班级事务的积极性？

第三，这是进行公民教育的有效方式。公民教育没有必要舍近求远。学生能够参与班级事务，管理自己的集体生活，就是最直接的公民教育方式。舍弃这种有效而真实的公民教育方式，而去开发公民教育课程、组织专门的公民教育活动，实在不是理智、务实的选择。

这些年，公民教育的呼声很高。这确实反映了社会发展到今天的一种迫切需要。但如何进行公民教育，很多人并不清楚。在惯性思维下，一些教师将公民教育课程化、知识化，希望通过传授公民权利和义务知识来实现公民意识的提升。不能说这样做毫无意义，但得承认这种思路实际上是违背公民精神的。杜威说，民主是一种生活方式，真正的公民教育就是过民主的公民生活。班级会议就是这样一种尝试，它力图在班级里建构一种民主生活的样态，完全符合公民教育的基本精神。这样的尝试，提升的不仅仅是学生的公民意识和素养，还有教师进行公民教育的专业能力。

第四，班级会议是生活德育的一种形式。生活德育是近年来中国德育发展的一项重大成就，其基本理念就是通过过道德的生活来学习道德。这是对学校德育积弊的一种反动，因为过去甚至直到现在一直存在着这样一个德育“怪现状”：课堂上进行道德宣讲，但孩子们日常的生活却是道德质量不高甚至是扭曲的。班级会议的尝试体现了生活德育的基本思想，体现了平等、尊重、自主等基本道德观念。进行这样的实践探索，对教师加深对德育的理解、提高自身德育专业能力大有裨益。

细节 10

品德能量化吗
—— 对德育课考试的质疑

有教师来信反映，他们那里的思想品德课程每课、每单元都要有测试，我们编写的反映学生生活的教材“害苦”了他们，因为他们为每课、每单元出一套试卷是那么难。所以，不少教师呼吁，教材编写者应该编写配套的试卷，以方便考试。有不少地方、不少人打着方便考试的幌子，编成了这样那样的试题集、单元测试卷。这样一来，在很多地方，思想品德课程的教学又滑回到找知识点、讲解知识点的旧轨道上。学生的学习也开始蜕化为背诵、死记教材中的知识和材料。

初中思想品德课程在回归生活理念的指导下所进行的改革，无论是课程标准、教材，还是教学，都面貌一新。其根本原因在于课程与教学能够贴近学生的生活，贴近学生的实际，贴近学生的需要。但是，在这种向上的整体氛围中，始终有一个挥之不去的阴影：如何考试？

记得在教材培训时，与受训教师一起交流课程标准的基本理念、思想和内容，交流所编教材的指导思想、特点和设计思路，他们都是认可的。但是，他们总免不了有这样的疑问：教材真是好，能够解决学生生活中遇到的困惑，学生肯定会喜欢，但这样的教材没有严密的知识体系，怎么考试呢？后来，贴近学生但不方便考试竟然成了我们所编教材的一个缺点。

课程改革是一个系统工程，需要改革的不仅仅是课程标准、教材、教学，还包括评价方法。在我们这个有非常顽强的考试传统和异常坚固的考试习惯的国家，评价方法不配套，其他方面的改革最终都不会有好结果。如果说在思想品德课程改革的初期，考试是一个挥之不去的阴影的话，我们还可以有意无意地回避它，那么，在课程改革已经全面铺开的今天，考试问题已关乎课程改革的成败，我们再也不能回避，到了应该直接面对的时候了。

一、品德能测量吗

课程标准对思想品德课程的性质是这样界定的："为初中学生思想品德健康发展奠定基础的一门综合性的必修课程。"因此，如果要考试，就要考学生思想品德发展的水平。问题是，思想品德发展的水平能够通过考试测量出来吗？

受科学主义和实证主义的影响，人们误以为人的品德是理性的产物，是可以通过科学手段加以测量的。但当代哲学和伦理学已经揭示，人的品德不但是理性的，还是情感的，甚至有非理性和潜意识的成分。这说明人的品德非常复杂，我们目前对品德的认识和理解只是冰山之一角，远没有达到得出确定结论的水平。对品德是什么、如何构成等问题尚且不完全清楚，更谈不上精确测量了。姑且悬搁品德是否可以测量这一问题，令那些竭力主张测量品德的人失望的是，世界上目前还没有任何人、任何测量工具能够准确或基本准确地测量一个人的品德。科尔伯格等人倡导的道德判断访谈（moral judgment interview）测量法，运用道德两难问题对被试进行访谈，根据被试对两难问题的回答来判定其所处的道德判断发展的阶段水平。这一测量法在道德教育领域影响巨大，广为流行。然而，就是这样一种广为流行的道德教育评价方式，也只能粗略地测量出道德认知的发展状况。我们都知道，人的品德结构是一个多维结构，不是只有认知这一维度。科尔伯格的评价方法存在问题，其他评价方法，诸如公正测验、诚实测验以及各种量表，同样存在着这样或那样的问题。品德的评价如此困难，情感、信念、人生观、世界观、价值观的评价也同样是如此困难。一些学者倾毕生精力研制出的量表，都是针对品德的某一个侧面而言的，其准确性是相对的，一旦运用于人的整体品德，那一定会谬以千里。

退一步讲，即使品德可以测量，也无法用来证明我们的教学效果。品德教育与知识教育区别巨大。比如，学生学会了勾股定理，数学老师可以肯定地说，这是他教的；而学生学会了关爱他人、诚实待人，品德课老师很难肯定地说这是自己教的。学生的品德发展受多种因素的影响，包括家庭、学校、社会和学生自主建构等方面，而品德课教学只是学校因素的一部分。因此，即使能够测量出学生的品德发展状况，也无法剔除相关变量，很难把握品德课教学在其中所起的作用到底有多大。

此外，我们的品德教育效果既有及时的，也有潜在的、长久的。在很多情况下，我们进行的教育活动可能对学生不会马上产生影响，但它悄悄地渗入学生的心灵，也许在五年、十年甚至二十年之后的某一个特定的情景下表现出来。从这个角度看，即使我们能够精确地测量出学生的品德发展状况，但因为品德教育效果的隐含性、长效性，这一测量结果并不能作为衡量教学是否有效的标准。

二、考试的结果能作为升学的依据吗

很多地方将思想品德课的考试成绩计入中考总成绩，作为升高中的依据。这样的做法在一定程度上起到了保护思想品德课的作用，因为在考试决定一切的情况下，一门课如果中考不考，其在学校中的地位肯定会一落千丈。问题是，思想品德课教学评价有其自身的特殊性，从理论上看，评价结果是不能作为升学依据的。

思想品德课教学评价涉及人的情感、品性、理想、信念等非认知领域，而对它们的评价目前并没有行之有效的方法，所以其评价结果具有模糊性和不确定性，这正是思想品德课教学评价结果的特殊性的表现之一。

思想品德课教学评价结果的特殊性，还表现为这一评价结果在很大程度上是发展性的。首先，国外相关课程的教学评价一般多是标准参照评价（criterion-referenced evaluation），很少用常模参照评价（norm-referenced evaluation）。标准参照评价是指判断学生是否达到了教学目标的要求，评价参照的标准是教学目标。常模参照评价由关注个体学生的表现与教学目标的关系转向关注学生之间的对比，评价参照的标准一般是学生的平均表现。这种评价的优势在于可以清楚地说明每一个学生在班级或学校里所处的位置，但并不能直接说明某个学生的学习表现与教学目标的关系。因为思想品德课教学不仅涉及认知领域，还涉及情感、品格、信念等非认知领域，促进每一个学生在自身已有的基础上向前发展是最主要的任务，所以，从理论上说，思想品德课教学评价应该多用标准参照评价，少用或不用常模参照评价。

其次，思想品德课教学评价的结果从道德和公正的角度看，无法分等和进行比较。科尔伯格和杜里尔指出："不仅我们的测验不意味着划分儿童的道德等级，而且教师也不能以任何尺度或标准来给一个儿童的终极道德价值划定等级。在道德思维领域，对发展较高的儿童可以用某种不同于发展较低的儿童的道德教育方法……然而，没有理由将道德发展较低的儿童看作是较无价值的人。公正的道德原则要求我们必须承认所有儿童（甚至所有个人）都具有同等的、普遍的、基本的价值。"①也就是说，学生的道德发展在水平和阶段上不可能完全一致，具有不平衡性和差异性。但是，我们不能因为一些学生的道德发展稍慢而歧视他们，他们与那些道德发展较快的学生一样应该得到尊重。同时，我们更不能将学生道德发展的水平作为升学和选拔的参照，因为学生的道德发展正是教育的任务。如果因为学生某一方面的道德发展慢于其他人而剥夺或影响其继续接受教育的机会，这本身就是不道德的。道德发展如此，情感、信念、习惯和责任感的发展也是如此，任何在这些方面进行的人与人之间的比较和以这些方面为参照的选拔都必须谨慎，以免有悖道德教育的伦理。

三、考试不是救命稻草

在一个功利的时代，能否换来好处成为衡量诸多事物的最终标准。客观地说，正是因为有考试，一些学校才比较认真地开思想品德课，才给思想品德课教师一定的待遇。否则，思想品德课在学校中的地位肯定会一落

① 科尔伯格，杜里尔．道德发展和道德教育［M］// 瞿葆奎．教育学文集：德育．北京：人民教育出版社，1989：484.

千丈，连课时都无法保证。思想品德课教师在学校中将被进一步边缘化，成为“二等公民”，甚至是“三等公民”—— 这种状况在小学真真实实地发生着，因为小学德育课程不考试，所以很多学校挤占德育课课时，“倡导”在德育课上学习考试科目。因此，在一定意义上，考试的存在保护了思想品德课的生存。我们不禁要问：考试真是思想品德课的救命稻草吗？

德育应该是最有魅力的，“因为德育面对的是人而不是物，即使是物，我们也要显示它背后的人，显示它和人的关系；它面对的是一个个有血有肉的人，是人心，而不是抽象的概念化的人、冷冰冰的理性；它面对的是人的向善之心，它展示的是人对美好生活的向往、美丽人生的追求。人 —— 人心 —— 人的善心，世间还有什么比这些更有魅力”①。同样，作为德育有机组成部分的思想品德课，其生存、发展，最终要靠自身的魅力。如果德育课本身没有魅力，单靠考试来维系，那么保得了一时，保不了长久。思想品德课程改革之所以倡导回归生活的基本理念，其根本目的就在于恢复本课程的魅力，用课程本身的魅力吸引学生。

以往的德育类课程之所以没有魅力，问题就在于其向人宣讲的是抽象的概念、空洞的道理，它要人达到的往往是不可企及的要求，它规定人去遵守的是一大堆违反身心发展的规训，因此变得不招学生待见。在这一过程中，考试是帮凶之一。因为人的情感、态度、价值观很难考试，容易考的只是概念、原理，所以教学变成了知识传授，学习变成了死记硬背，倒了学生的胃口。如今，回归生活的思想品德课因为“讲述初中生自己的‘故事’”和“用初中生自己的方式讲述‘故事’”②，真诚关注初中生心灵的需要和成长中的实际问题，可以说，在一定程度上，已经重获魅力，越来越受到学生的欢迎。

但是，目前大有起色的思想品德课遇到的最大挑战还是考试，或者说考试在很大程度上削减了思想品德课刚刚获得的魅力。因为考试的存在，教师在上课时首先考虑的是如何满足考试的需要，而不是初中生生活和发

---

① 见鲁洁老师为《生活德育论》一书所做的序言。见高德胜. 生活德育论[M]. 北京：人民出版社，2005.

② “讲述初中生自己的‘故事’”“用初中生自己的方式讲述‘故事’”是我们在开发《思想品德》教材（人民出版社出版）时的一个基本思想。

展的需要。比如关于偶像崇拜，课程设计的目的是引导初中生中普遍存在的偶像崇拜的问题，但很多教师从考试的需要出发，拼命挖掘课文中的知识点，让学生背诵什么是偶像、什么是偶像崇拜、偶像崇拜产生的原因、偶像崇拜的危害等概念和抽象知识。且不说初中生背诵这些抽象概念和知识需要付出艰苦努力，根本的问题在于教学的关注点转移了，学生的偶像崇拜问题恰恰被忽略了，没有得到引导。思想品德课不是反知识的，相反，应该让学生在课程学习中感受知识的芳香。然而，思想品德课程归根结底不是知识课程，知识的学习要服务于学生成长的需要。但考试的存在往往使知识的学习脱离生活，成为课程和教学的唯一目的。

小学德育课程的处境可资对照。小学德育课程没有考试，虽然导致很多学校不重视，甚至将德育课的课时挪作他用，但正因为没有考试的束缚，很多教师能够从小学生成长的需要而不是考试的需要设计教学，为德育课程深入学生心灵、回归生活创造了较为宽松的环境。初中思想品德课因为有考试，相对受重视一些，但几乎大部分的教学努力都是朝向考试的，无法真正深入学生的心灵，在课程回归生活的道路上步履维艰。两相比照，哪种更为有效？

因此，表面上看，考试的存在使思想品德课在初中可以维持基本的生存，似乎是思想品德课的救命稻草；从深层来看，考试的存在是思想品德课回归学生生活、重获魅力的一个主要障碍。从长远来看，思想品德课用考试来维系生存，无异于饮鸩止渴。

四、只问耕耘，不问收获

他山之石，可以攻玉。英国对中小学生社会性教育的督察采用模糊性策略，即检查各校是否踏踏实实地进行了“道德和品性教育”，对人员配备、课程设置、学校重视程度等方面重点检查，至于教育和教学效果则基本不予深究。[①] 我们可以将英国所采取的这种评价策略的精髓概括为“只

① ROSSITER G. The moral and spiritual dimension to education: some reflections on the British experience [J]. Journal of Moral Education, 1996 (2).

问耕耘，不问收获”。

思想品德课程教学评价同样可以采用“只问耕耘，不问收获”的思路。这种思路将评价的重心由“评学”转移到“评教”上。也就是说，评价的重点是学校和教师的教，即学校是否开足了课时、是否为课程的实施创造了应有的条件，教师是否真正备课、是否踏踏实实实施教学等。至于学生学习的效果，因为思想品德教育的特殊性，而不作为评价的重心。

“只问耕耘，不问收获”的评价思路，无疑最适合思想品德课程。首先，思想品德教育是关系年青一代健康成长的工程，任何一个国家都不可能采取放任自流的方式，都不可能不闻不问。我们国家对此更是重视有加，党中央、国务院在不同时期都颁发了思想道德教育的指导性文件，详细规定了包括德育课程在内的德育工作的任务。新课程改革的目标之一也是促进未成年人思想道德发展，思想品德课程更是具体界定了在初中阶段通过课程进行思想品德教育的任务。所以，学校和教师在初中生思想品德教育方面有自己不可回避的义务和责任，必须努力耕耘。

同时，由于品德不可精确测量，品德发展的相关因素无法明确区分，品德教育效果的长期性、隐蔽性，不可能有及时的教育结果，品德测量的结果不能作为比较、分等和升学的依据，所以我们大可不必对教育效果耿耿于怀，即我们所实施的教学在学生思想品德方面所产生的实际影响。如果一个人为一棵树浇了一次水，就奢望这棵树马上开花、结果，我们一定会觉得这个人脑子有问题；如果我们上了一次、一周、一月、一学期的思想品德课，就要检阅学生思想品德发展的“果实”，同样不是脑子有问题吗？作为教育人的教育机构和教育者，我们干吗如此急功近利？

一些人担心“只问耕耘，不问收获”的评价思路会导致思想品德课程在初中地位的急剧下降。我想，这种担心是现实的。在一个以考试为核心的教育系统内，一门不考试的科目几乎注定是要被边缘化的。如果能够避免这种情况的出现，那当然是再好不过的了；如果无法避免，我们只能面对这种“阵痛”。好在重视未成年人的思想道德教育，是我们国家一贯的政策，没有任何学校和个人敢于明目张胆地反对思想品德课程。只要健全各种配套措施和课程实施督导制度，我们就可以最大限度地避免因评价策略的改变而带来的“阵痛”。与此同时，这一策略的实施，也为那些真正为学生思想品德发展着想的学校和教师解除了考试负担，使他们可以创造性地开展教学。

“只问耕耘，不问收获”的评价策略，其重心在于“评教”，但并不意味着不能“评学”，只是评的原则和方法需要改变。最重要的是发展性原则的确立。首先，促进学生思想道德发展是教学评价的出发点。其次，促进学生思想道德发展是教学评价的归宿。再次，教学评价不是目的，而是达到促进学生发展目的的手段。在评价方法上，既要运用科学的、定量的方法进行客观的评价，也要运用人文的、定性的方法进行评价，将二者结合起来使用，发挥各自的优势，克服各自的不足。

细节 11

行队礼

—— 论教师不礼貌行为的教育效应

小学生在校园里见到老师或老师模样的成年人都要行队礼，并说：“老师好！”成年人大多不回礼，很多老师甚至连头都不点一下。对老师的行为表现，学生心知肚明，已经形成心理定式。个别外来的老师不明所以，在接受学生的队礼之后，回礼“你好”，但没等他们说完，学生早已跑远了。

小学生向老师或其他成年人行队礼并问好，本身包含着道德教育目的 —— 养成尊重长辈和老师的行为习惯。不能说这一本意有什么偏差，但具体操作的现实却与这一本意有诸多悖拗之处。

一、“无礼貌的不关注”

大街上两个陌生人迎面而过时，双方在一定距离外会迅速交换一下目光，在擦肩而过时，双方都看着别处，避免看见对方的眼睛。这种现象在社会学上被称为“有礼貌的不关注”[①]。有礼貌的不关注并不是真的忽视别人，而是表明认识到别人的存在，但又不冒犯别人的一种态度。之所以不关注别人，是因为这是一种礼貌和尊重。如果反过来，一个人在与别人擦肩而过时盯着别人看，则是没有礼貌、不尊重别人的表现。有礼貌的不关注

① 吉登斯. 社会学：第4版［M］. 赵旭东，齐心，王兵，等译. 北京：北京大学出版社，2003：74.

是都市陌生人之间一种约定俗成的、可期待的社会互动方式。也就是说，在正常情况下，只要出现了类似的场景，这种社会互动方式总会发生。

熟人之间的社会互动遵循另外的规律。两个熟悉的人相遇了，总是互相招呼，双方都将注意力的焦点放在对方身上，注意对方说了什么、做了什么，并做出相应的回应，这在社会学上被称为“有焦点的互动”[①]。在有焦点的互动中，双方既要注意对方的面部表情、姿势，也要注意对方的言语，并做出相应的反应，否则互动就会发生阻碍。熟人之间的社会互动为什么以有焦点的社会互动为主要形态呢？答案是因为礼貌和尊重的需要。对陌生人，不关注是礼貌的，过度的关注是不礼貌的；对熟人，关注则是礼貌的，不关注则是不礼貌的。因此，在熟人之间，一方做出了表示，另一方的回应行为应该是可预期的。

学校本来就是一个熟人空间，学校成员之间呈现出一种熟人关系。同一学校的师生之间，虽然可能相互叫不上名字，但毕竟不是陌生人。因此，在正常情况下，师生之间应该遵循有焦点的社会互动原则，不应采取有礼貌的不关注的互动方式。学生向教师行队礼，按照有焦点的社会互动原则，教师的回礼行为应该是可预期的。上述学生行礼而教师不回礼的现象则与此不符。也就是说，教师可预期的回礼行为没有发生。从教师的角度看，其行为表现出一种对行礼的学生的不关注。但这种不关注不同于发生在陌生人之间的有礼貌的不关注，而是一种无礼貌的不关注。因为熟人之间的互动是可预期的，如果可预期的行为在互动的一方没有出现，那这一方就失礼了。

二、“无礼貌的不关注”为什么会发生

南京某中学有学生值日制度，每天值日生在学校大门口恭迎老师，见到老师就鞠躬并喊：“老师好！”南京某电视台曾在此偷拍，发现很多老师对学生的鞠躬礼置若罔闻，连头都不点一下。有些老师骑着自行车、开着汽车直接闯进大门，似乎学校门口没有学生存在一样。这类现象的存在，

---

① 吉登斯. 社会学：第4版[M]. 赵旭东，齐心，王兵，等译. 北京：北京大学出版社，2003：86.

说明教师对学生无礼貌的不关注不是孤立的现象，也不是只存在于小学、中学，大学里同样存在。

无礼貌的不关注在等级制的社会机构里并不是少见的现象。只要互动的一方有求于另一方、双方的社会地位差距很大、一方轻视另一方等情况存在，无礼貌的不关注就会出现。比如，身处要职的官僚知道某位属下有求于自己，有时候就会对属下的“讨好”言行视而不见；高居学术权力金字塔顶端的学术权威因与一个刚出道的学者地位悬殊，而对后者的主动接触冷漠置之……还有一种情况比较特殊，即两个人的社会地位没有多大差距，一方也不一定有求于另一方，但因为一方对另一方的人格和品行不满，在内心看不起他，也会发生无礼貌的不关注现象。这三种情况，虽然存在着细微差异，但本质相通，这就是关系的不对称性。第一种是权力与利益的不对称，第二种是地位的不对称，第三种则是人格和品行的不对称。

在理想状态下，师生之间应该是平等相处、互相依赖的关系。但这种理想的状态在现实中很少出现，现实中的师生关系往往是学生有求于教师。现实的教育是功利的，学生上学不是为了享受上学的过程，不是为了修身养性，而是为了通过学校教育获得社会地位和经济上的回报。在这一过程中，教师是关键性的人物。学生社会地位和经济上的回报能否实现，在很大程度上取决于教师对自己是否关注。因此，学生有有求于教师的心理感觉，教师也有被学生求的心理感觉。正是双方的这种心理感觉共同促成了无礼貌的不关注现象的发生。一些教师在学生有求于自己的心理感觉的驱使下，不仅对未成年的孩子没有礼貌，甚至对孩子的家长也没有礼貌。教师之所以有恃无恐，是因为他可以极大地影响，甚至决定学生的前途与未来。

教师与学生的差距是巨大的。首先，是成年与未成年的差距。教师是成年人，学生是未成年人，这一点已经决定了双方关系的不对称性。从社会学的角度看，社会是成年人主导的，成年人掌握着社会的权力和资源，未成年人只是社会的附属部分，要依赖成年人才能生活。从心理学的角度看，成年人身心成熟，经验丰富，与未成年人相比具有不可动摇的优势。其次，是身份和地位的差距。教师是一种特殊的社会角色，承担着教育别人的义务，所以有教育学生的责任和权力。再次，教师的教育者角色派生出诸多权力，包括教育、管理、监督、评价学生等权力，这些权力的运用又拉大了师生双方的差距。也就是说，从实然的角度看，师生关系并不是一种无差距的平等关系。对于这一点，很多教师是非常清楚的。修养好的教师会自觉调整自己，克服实际上的不平等，在人格上尊重学生，平等对待学生。而修养不好的教师则很容易在这种巨大差距的惯性作用下，对处于弱势地位的学生不礼貌、不尊重。

几乎没有一个教师会说自己不爱护学生，相信很多教师在这一点上都是真诚的。但不可否认，也有一些教师内心存在着对学生不同程度的轻视。这种轻视有四个不同的层次：认为学生幼稚，什么也不懂，这是第一层次的轻视；认为学生是受教育者，地位低，不能与自己相提并论，这是第二层次的轻视；认为学生笨、愚蠢，这是第三层次的轻视；认为学生品德有问题，不值得搭理，这是第四层次的轻视。前两个层次不涉及对学生的定性，后两个层次则是对学生智力和人格的否定。应该说，很多教师不搭理学生是前两个层次的原因，即认为学生幼稚，地位低，自己可以对他们爱搭不理。但不可否认，有一些教师是认为学生智力、品格有问题而对他们无礼的。

三、“无礼貌的不关注”的教育效应

在学校生活中，儿童大量聚集，但其内在运行逻辑和文化却不是儿童文化，而是成人文化，呈现出明显的“成人主义”①（adultism）特征。所谓成人主义，就是贬低学生的地位，突出教师的地位，将学生视为可供成年教师操纵、塑造的工具的现象。成人主义在学校生活中的表现是全面而深入的：在制度生活中，教育目标设定、组织机构设置与运行、建筑结构与环境布置、课程与教学文化等都是如此；在日常生活中，师生之间的交往关系、礼貌应答、心理氛围等方面同样如此。

① “成人主义”是印度学者阿什斯·南迪对现代工业文化特征的概括，这里借用过来标识学校生活的特征，我认为是非常准确的。见史密斯. 全球化与后现代教育学［M］. 郭洋生，译. 北京：教育科学出版社，2000：145.

学生向认识的老师行礼，还可以解释为对老师及其劳动的尊重，对老师模样的成年人行礼则仅仅是因为他们是成年人。久而久之，学生会慢慢明白：成年人是与自己不同的人，他们具有自己所不具备的优势。无论一个人怎么样，单凭他是成年人，你就得尊重他。这反映出成人社会的残酷事实：在成人主导的社会里，尊重未成年人、为未成年人着想等口号都是说说而已，未必真正落实。真正落实的是使未成年人服从于成年人，从而保证成年人的主导地位。教师作为成年人，也没有表现出与其他成年人的不同之处，同样维护着自己作为成年人的主导地位。

未成年人行礼，而成年人可以不还礼，这一现象所蕴含的“尊重他是因为他是成年人，他不尊重我是因为我是未成年人”这一潜台词，孩子早已“看”在眼里，记在心里。要不然为什么会出现偶尔遇到回礼的教师，孩子却不习惯的状况呢？也就是说，在成人主义文化中处于不利地位的学生默认了成人的优越性，结果造成成人主义的尖锐化、固定化。

任何一个正常的社会，都应在成人主导与对未成年人的尊重之间保持一个平衡。没有成人主导，社会就可能会失去稳定；而没有对未成年人的尊重，社会就会失去活力。学校教育中的教师对学生的无礼貌的不关注强化了成人主义，使成年人的压倒性优势尖锐化，实际上非常不利于年青一代的自由生长。尤其是在一个朝向未来的时代，年青一代对社会发展方向越来越准确的把握，体现着社会发展的趋势。如果成人主义过于固化，对社会的发展是不利的。

无礼貌的不关注还具有辐射和蔓延作用，会使我们产生这样一种观念：我们应该尊重有优越地位的人，可以不尊重处于弱势地位的人。教师（成年人）相对于学生（未成年人）而言，是强势群体，所以学生要对教师有礼貌，尊重他们；班主任相对于一般任课教师而言，是更有地位的人，所以不但要尊重他，还得在他的课上好好表现……反过来，学生相对于教师而言，是弱势群体，所以教师可以对他们不礼貌、不尊重；普通学生相对于班干部而言，是弱势群体，所以班干部可以不尊重他们；学习差的同学相对于学习好的同学而言，是弱势群体，所以学习好的同学可以不尊重他们……

更可怕的是，孩子长期处在这种逻辑之中，无礼貌的不关注的待人处事行为习惯可能会沉淀到其人格深层，打下终生都解不开的“死结”，使其成为一个势利的人！要不然，我们的社会上怎么会有那么多对有权势的人和有钱人极尽巴结奉迎之能事的人呢？教师作为个体，憎恨势利的人、势利的社会，却没有注意到，他们也在培养学生势利的人格！不要忘了，社会上那些势利的人都是从学校走出来的，谁能说他们今天的势利与昨天所受的教育一点儿关系也没有呢？在当今社会里，对弱势群体鄙视、憎恶的现象时有发生，扪心自问，难道与我们的学校教育没有一点儿关系吗？

四、“无礼貌的不关注”的心理效应

如果一天之中见的成年人多了，孩子要行礼问好无数次，厌烦之情自然产生，很可能就会出现这样的情况：他一边行礼问好，一边腹非。这种情况的反复出现就可能催生表里不一的性格。考虑到小学生的实际处境，这种可能性是很大的。很多学校的公共厕所往往被安置在学校操场的角落里，离教室很远，学生上厕所得走很长的路；而很多教师爱拖堂，任意占用本来就短的课间时间。这两种情况导致一些孩子下课后上厕所都是跑步前进，如果去厕所的途中遇到老师，还得急刹车停下来向老师行礼，而老师又爱搭不理，换位思考，孩子会怎么想？完全有可能一边行礼一边在心里骂人。

见到成年人就要行礼问好，这种机械训练的方式，有时候会给孩子造成很大的心理困扰。比如，一个孩子就为在厕所里要不要给老师行礼苦恼不已。

> 我上完厕所，正欣赏墙上的壁画时，忽然发现老师正站在我身边！
>
> 我们学校只有两个厕所，一个男的，一个女的，所以老师只得屈尊与我们共享一个厕所。
>
> 可怜的是，我们的厕所蹲位很少，老师不仅要和我们争厕所，还要争蹲位。而我这个占着茅坑不拉屎者，引起了不小的公愤！老师一定是等得太急了，一只脚不断地在台阶上吧嗒吧嗒，我赶紧让“蹲”，老师迫不及待地蹲下去了。这时候我忽然遇到

一个令我头痛的问题：我是该提着裤子溜走，还是该大大方方地向老师敬队礼？

记得有一次，宇文宇看到老师从巷子里走来，就一路尖叫，躲到另一个巷子里。第二天，老师略带伤感地说："真是白教你们了，见了老师吓得跟什么似的一溜烟跑了，好像老师得了传染病。"

但这时候敬队礼，气氛、身份都不合适。这么庄严的礼仪怎么能在这么不严肃的地方举行呢？再说，我敬队礼的时候，眼睛该往哪里看呢？算了，就敬了吧！想到这儿，我壮了壮胆，怏怏地敬了个标准的队礼，用清脆的嗓音喊道："老师好！"

老师料不到一个天真无邪的孩子会在这时候向她敬队礼，只好艰难地扭过脖子，嘴微微撇了撇，点点头，嗓子眼里发出"呃呃"的声音。

其实，我最怕的还是在澡堂里与老师赤膊相见。如果我这时候行个队礼，老师会不会搭理我呢？所以，每次去澡堂，我都警惕地左右张望。①

在学校生活中司空见惯的行队礼行为，似乎是一个微不足道的细节。但通过以上分析，我们会发现：这样一个小小的细节，能够折射出许多问题，包括由于师生关系不平等，教师不能摆正自己的位置，对学生不够尊重；教师的行为表现作为影响源又反过来塑造学生的心灵，使学生慢慢学会势利；行队礼的机械要求还可能给学生造成这样那样的心理困扰。揭示这一现象所蕴含的教育和心理效应，并不意味着反对学生向教师行队礼、打招呼，而是研讨教师如何行为。如果教师在学生行队礼的过程中能够相应地表达自己对学生的尊重，那么，相信行队礼及其他师生互相问候的方式可以起到正面的德育作用。

① 蒋方舟. 都往我这儿看［M］. 沈阳：春风文艺出版社，2002：101-102. 引用时稍有删节。

细节 12

“不准女生留长发”
—— 论道德教育中的僭越现象

南京某高中以加强学校德育工作的名义，要求高三女生全部剪掉长发、长辫，否则以违纪论处。多数学生虽然内心不情不愿，但不敢怒、不敢言，乖乖地剪了头发；多数家长赞同学校的要求，协助学校做女儿的工作，但也有少数家长不赞同学校的粗暴做法，投诉到了媒体，引发了一场争论。

大家七嘴八舌，你说你的，我说我的，最后媒体使出了惯用的招数，请专家表态。而媒体所请的专家在镜头前却含糊其词：“学校这样要求有学校的道理，个别学生及家长的反对也有道理。”学校和家长都有道理，果真如此吗？不要忽略了这一现象背后隐藏的问题：偏好与规范对道德的僭越。

僭越有两层含义：一是指超越本分，二是指过分。旧时地位低的人冒用地位高的人的名义、礼仪或器物，就是僭越，比如大臣私自以皇帝的名义行事。由此引申出事物超越本分、错用他物，尤其是错用相对神圣或价值位阶较高的事物的名义等含义。在人类的价值系统中，道德的价值位阶相对高于偏好与规范。因此，如果偏好或规范不守自己的本分，以道德的名义发挥作用的话，那就是对道德的僭越。用偏好或规范代替道德，正如不准高三女生留长发一样，显然过分。这必然导致僭越者与被僭越者的双重差失。

一、偏好的僭越

人是关系中的人、社会中的人，但这并不意味着否认人的个人领域。“个人领域指的是个体认为主要和自己有关，也因此处在可证明正确的社会规则领域之外的系列行为。这些行为不是正误的问题，而是个人偏爱或选择的问题。”① 比如穿什么款式的衣服、选择什么样的人做朋友、记不记日记、自己的房间如何布置等，在一般情况下都属于个人领域的事务，与他人无关，也无所谓道德上的是非对错，只是个人偏好和选择罢了。也就是说，这些都是不属于道德“管辖”的事务，是“非道德的”（nonmoral）。当然，我们也承认，一些过了头的个人偏好则可能与道德有关，比如你吃辣椒弄出的辣味儿辣到了别人、你唱的流行歌曲干扰了别人，这时就有了道德问题。不管怎么说，虽然“非道德的”问题与“道德的”问题之间并没有不可逾越的鸿沟，但二者毕竟有所不同。

人是社会的，又是个人的。所以，人既要受社会规范和道德的约束，又有可以自由做主的个人空间。在约束和自主之间保持一种动态平衡，形成一种张力，是人的智慧的体现。没有规范与道德的约束，人的生活就会陷入各自为政、恶斗不已的灾难；没有个人空间，个性和创造性就无法体现，就会陷入千人一面、死水无澜的状态。遵守社会规范和道德，会使人感觉自己不是孤独的存在，而是社会存在，进而建构“宾格我”；在个人领域里自主和自决，会使人产生自我感和主体感，进而建构“主格我”。②

“人以群分”，之所以能够如此，就在于群体内部有不同于其他群体的共同的特质。“社群主义者把社群看作是一个拥有某种共同的价值、规范和目标的实体。”③ 实际上，社群除了有共同的价值、规范和目标之外，还有共同的偏好。贝尔将社群分为“地区性社群”（比如家乡）、“记忆性社群”（比如民族）和“心理性社群”（比如各种社会团体）。④ 地区性社群偏好的不同非常明显，比如湖南人爱吃辣，山西人爱吃醋，浙江、上海人

---

① 纳希．道德领域中的教育［M］．刘春琼，解光夫，译．哈尔滨：黑龙江人民出版社，2003：69.

② 同 ① 70.

③ 俞可平．社群主义［M］．北京：中国社会科学出版社，1998：55.

④ 贝尔．社群主义及其批评者［M］．李琨，译．北京：生活·读书·新知三联书店，2002：96.

爱吃甜。记忆性社群的偏好区别也很大，比如日本人有鞠躬的习俗，而美国人有拥抱的习俗。即使是同一个民族，在不同的时期，习俗偏好也会有所不同。比如，在20多年前，中国人见面的招呼语多是“你吃了吗”，今天则很少这样问了。心理性社群的共同心理体验同样建立在共同的偏好之上。如果进一步深究，社群共同的价值、规范和目标也是以共同的偏好为基础的。一个群体之所以看重某种价值，实际上是因为对这种价值的偏好，群体同样有价值偏好。

我们可以将群体的偏好分为价值偏好和习俗偏好。价值偏好比较复杂，有些价值偏好与道德无涉，有些价值偏好则有关人类普遍的价值，与道德密切相关。大多数习俗偏好属于群体内部事务，与道德的距离相对较远，可以不做道德上的评判。比如，我们不能说浙江、上海人爱吃甜比湖南人爱吃辣道德，也不能说美国人的拥抱比日本人的鞠躬文明。正是这种无所谓优劣的习俗偏好的多样性，才促成了人类文化的多姿多彩。当然，我们也应清醒地认识到，很多习俗偏好背后有价值偏好的支撑，或者说习俗偏好与价值偏好很难截然区分，一些习俗偏好也会关涉道德。有些特定的习俗是特定群体的标志，与群体生命已经融为一体。在这种情况下，群体内部成员的“伤风败俗”是非常严重的道德事件；群体外的人对群体习俗的不尊重更是对群体的严重伤害，同样是道德事件。

学校教育和道德教育中经常被定性为“品德问题”的事件，其实有很多是偏好问题。准确地说，是占有优越地位的个体教师或者教师群体对处于弱势的学生的偏好的否定与“道德上纲”。

在衣着打扮上，青少年学生有自己的偏好，但这种偏好往往与成年社会和教师群体的偏好不一致，因此经常会招致上纲上线的打压。比如，在喇叭裤流行的时候，成年人很是看不惯，就说穿喇叭裤的人“流里流气”，偏好被戴上了品德差的大帽子；现在很多学校要求学生穿校服，学生不穿校服就是不爱学校，不顾集体荣誉[①]，就是品德有问题；一些学校不准女生留长发、梳长辫，如果女生留长发、梳长辫，就是不遵守校规、

① 曾经发生过这样的惨剧：一个女生在校服里面穿了一件红衬衣，班主任老师说她“不正经”，让她脱掉，导致该女生自杀身亡。

校纪……

在生活习惯上，青少年的偏好与成年人也有所冲突。比如，现在的青少年在广告的引诱下爱喝饮料，不爱喝白开水，很多教师认为这是青少年学生“好逸恶劳”品质的外露；青少年爱吃洋快餐，一些教师认为这是“崇洋媚外”心理在作怪；学生生活的规律性没有成年人强，一些教师认为这是“作风散漫”，为了与这散漫的作风斗争，琼海嘉积中学甚至在《嘉积中学新校学生每日生活的正规》中规定学生必须“一日两便”[①]……

在文化欣赏方面，青少年的偏好与成年人有所不同。青少年喜欢流行事物，喜欢文体明星，很多教师对此非常不理解，将其归结为低级趣味、不求上进、盲目崇拜；青少年喜欢卡通、漫画、动画、电子游戏，一些教师认为这是甘于幼稚、拒绝长大、丢弃传统、自我沉沦的表现；青少年喜欢阅读轻松、休闲的书籍，一些教师认为这是甘于肤浅、拒绝深刻……

作为成年人的教师与作为未成年人的学生不是同代人，他们的生活既有交集，也有各自独有的部分。因此，他们在“需要、价值取向、伦理道德观念、生活方式、思维模式等各个方面，既有相同的地方，也有不同的地方”[②]。因此，两代人的偏好有所不同，是再正常不过的事情。两代人不同的偏好总体上没有价值优劣之分，成年人的偏好不一定都是好的，青少年的偏好不一定都是坏的。

但是，这并不意味着成年人不能对青少年不好的偏好进行引导。比如，很多孩子喜欢喝碳酸饮料，不喜欢喝白开水，这并不是一个值得肯定的偏好。教师可以进行引导，甚至干预，但这种引导和干预不能上升到道德层面，因为我们不能说一个爱喝饮料的孩子品德不好。在多数情况下，偏好就是偏好，与道德无关。上述所列偏好对偏好的压制现象，最大的问题就是将偏好与品德混为一谈，将偏好问题上升为道德问题，误入偏好僭越道德的歧途。

---

① 曹开翔. 中学出台怪校规［J］. 中国漫画，2004（11）.

② 廖小平. 伦理的代际之维［M］. 北京：人民出版社，2004：32.

二、规则、规范的僭越

学校教育中偏好对道德的僭越往往采取规范的形式，即教师将自己的偏好上升为学生必须遵循的行为规范，进而实现对学生偏好的压制，比如“在学校里不要穿花里胡哨的衣服”“不准留长发”“不准唱庸俗歌曲”“一日两便”“不要偶像崇拜”，等等。在很多人心里，规范就是道德，道德教育就是行为规范教育。因此，非常有必要厘清规范与道德的关系。只有这样，我们才能知道用规范代替道德是不是另一种僭越。

规范与规则密不可分。米尔恩认为，规则总体上可分为制定的规则和非制定的规则两种。① 社会上有很多有权制定规则的个人、机构或实体在制定不同的规则，但也有一些规则不是制定的，而是发现的，比如习惯性规则、传统性规则等。这些非制定的规则我们称为社会规范，即“人们在相互交往和长时期共同生活中确立的、为多数成员所承认和期望的行动方式”②。

规则、规范与道德密切相关。有学者认为，道德“体现为一种社会规范”③，将道德视为社会规范之一种。显而易见，很多规则和规范与道德无关，规则和规范比道德宽泛。如果从道德所具有的约束性功能来看，道德确实也具有社会规范的意味。但我更倾向于将道德理解为一种对同类的情感和责任、一种价值选择、一种比社会规范更为根本的人类价值，因为“道德构成了一个理解和判断的领域，它区别于其他的社会准则和价值观”④。一个 4 岁的女孩对道德与规则、规范就能直觉地加以区分。

你看见发生的事了吗？看见了，他们在玩，约翰打他打得太重了。你会不会这么做？不会打那么重。有这方面的规定吗？有。规定怎么说的？不应该使劲打人。如果没有不准使劲打的规

① 米尔恩. 人的权利与人的多样性：人权哲学［M］. 夏勇，张志铭，译. 北京：中国大百科全书出版社，1995：19.

② 朱智贤. 心理学大词典［M］. 北京：北京师范大学出版社，1989：567-568.

③ 王健敏. 道德学习论［M］. 杭州：浙江教育出版社，2002：1.

④ 纳希. 道德领域中的教育［M］. 刘春琼，解光夫，译. 哈尔滨：黑龙江人民出版社，2003：22.

定，去打人可以吗？不行。为什么不行？因为他可能会受伤，会哭。[①]

4 岁的女童已经知道道德不依赖规定而存在：即使没有不准使劲打人的规定，也不能打人。之所以有“不准使劲打”的规定，是为了避免“受伤”的道德后果。也就是说，规则、规范是为道德服务的，道德是更为根本的价值。那么，道德之外，为什么还需要规则和规范呢？道德作为一个“理解和判断的领域”，非常耗费“精力”，而生命又是有限的，所以才“发明”了规则和规范以应对人类生活中惯常的情景。赫勒认为，人类在面临类同的情景时，非常智慧地遵循“经济”原则，即用“最低限度的努力、最低限度的创造性思维和最低限度的时间持续”[②]来加以解决。或者我们可以认为，在一定程度上，规则和规范是道德的技术化处理，是为了摆脱“理解和判断”负担的一种“权宜之计”。

以前，我们的学校德育是用高、大、全的道德要求学生，近几年对此的批评多了起来，又出现了另外一种倾向：对规范的过度要求。很多人渴望通过行为规范的养成来代替道德教育，以为学生只要遵循了各个方面的行为规范，品德自然就会好。曾经发生过这样一件令人啼笑皆非的事：老师要求小学生一星期至少要做一件好事，但到了周五，几个听话的学生还没机会完成任务。他们来到马路边，看到一个老太太在马路边张望，就一哄而上，将老太太拉到了马路对面。在过马路的过程中，老太太大声疾呼：“我不过马路！”几个孩子见做好事的机会难得，便回答说：“我们管你过不过马路，反正我们要做好事！”[③]

规范是必需的，但规范是有条件的，如果缺少道德和价值的支撑，任何规范都可存疑。以“乐于助人”为例，并不是任何人都是可以帮助的。有的人，如正在盗窃的人，就不能帮助他，否则我们就成了帮凶。“人设立规范本来是为人着想的，如果只为规范着想，又如何能尊重人？”[④]对没

① 纳希. 道德领域中的教育[M]. 刘春琼，解光夫，译. 哈尔滨：黑龙江人民出版社，2003:9.

② 赫勒. 日常生活[M]. 衣俊卿，译. 重庆：重庆出版社，1990:153.

③ 高德胜. 生活德育论[M]. 北京：人民出版社，2005:116.

④ 赵汀阳. 论可能生活[M]. 北京：生活·读书·新知三联书店，1994:35.

有道德做支撑的规范的机械遵守，有时候恰恰是有悖道德的，就如上述笑话中儿童的行为。不是发生过学生踊跃为老师捉苍蝇让受罚的同学吃的怪事吗？①学生捉苍蝇的行为是遵守了“听老师的话”这种规范，但这种行为哪有道德可言？遵守规则、培养良好行为规范是学校德育应该追求的，但这只能作为学校德育的一个初级环节，是为孕育学生的善良之心和理性判断能力服务的。如果用规则和规范代替道德，将遵守规则和规范作为道德教育的目的，那就是规则和规范对道德的僭越！

三、僭越的后果

有学者曾尖锐地指出，“道德教育不够好是因为教育不够道德”②。教育中的不道德现象和问题不是个别的、局部的，而是多维的、整体的，导致教育的善性缺失，使道德教育受到了釜底抽薪的致命性伤害。而道德教育中的僭越现象，直接导致道德教育的不道德，更是将不道德的绳索直接套在了自己的脖子上，是道德教育的“自杀行为”。

道德教育主要发生在日常生活中，学校日常生活的点点滴滴对学生道德成长的影响，无论是深度还是广度，都超过了学校为了学生的道德发展所刻意安排的各种“轰轰隆隆”的活动。学校可以组织以尊重他人、平等待人为主题的教育活动，但教师用自己的偏好代替、压制学生偏好的惯常做法会使这种教育的“效果”化为乌有。在专门的教育活动中，教师说要尊重他人、平等待人，而在实际生活中却不尊重学生的偏好，利用自己的优势地位压制其偏好，对比鲜明，学生很容易“看”懂。“看”懂意味着道德教育要付出多方面的代价：成年人，包括教师，可以说一套做一套，言行不一；教师作为有优势地位的人，可以不尊重处于弱势地位的学生；教师真正关心的不是学生的品德发展，而是自己意志的贯彻、学生对自己的服从……学生不可避免地会将这些结论“推而广之”，导致“（道德）教育的不道德”。

---

① 谢念. 谁来关心教师的心理健康［N］. 中国青年报，2000-10-31（6）.

② MIEMCZYNSKI A. Moral education is not good enough because education is not moral enough［J］. Journal of Moral Education, 1996（1）.

“正是通过对个人事情的控制从而使人成为他自己或她自己的感觉，成为主体而不是由社会继承的角色和背景所刻画的厉行严格纪律的人。”[①]也就是说，如果在个人领域里也不能做主，不能按自己的偏好行事，那么，人是无法找到自我感和主体感的，更无法健康成长。即使是两岁的儿童，在接受外在影响的同时也在竭力建构自己的领域：喜欢谁，不喜欢谁；喜欢什么颜色，不喜欢什么颜色；穿什么衣服，不穿什么衣服。[②]青少年时期个人领域扩大，属于个人决定的事务的范围加大，个人偏好更加明显而坚定。对作为个人“自由呼吸空间”的个人领域的尊重与保护，对青少年的人格健全和心理健康都是至关重要的。在学校教育中，教师用自己的偏好压制学生的偏好，过度干涉学生的个人领域，显然不利于学生的人格健全和心理健康。而人格的健全和心理的健康不正是我们的教育和道德教育应该追求的吗？与自己应该追求的价值相违背，我们的教育在一定程度上已经走向了道德的反面。

不可否认，我们的成年人和青少年在日常行为规范方面存在这样那样的问题，与“礼仪之邦”的传统很不协调。良好行为习惯的养成，对人的德性的孕育会起到一定的作用。因此，在道德价值的支撑下开展行为规范的养成教育，既是现实需要，也有利于学生的道德发展。但是，如果将规范突出，用规范僭越道德，则会使（道德）教育失去道德价值的支撑，同样有走向道德反面的危险。规范是行为的模式化、简略化，如果失去了道德智慧，往往就会走向道德的反面。比如，在师生相处中，学生“听老师的话”是一个模式化的行为规范要求，但如果缺乏道德智慧，机械地遵守这一规范，则可能成为干坏事的由头和借口。（道德）教育应该有一个清醒的目标意识：我们要培养有善良之心的人，而不仅仅是行为规范良好的人。如果将目标定位为后者，则可能会有危险的后果：行为规范良好而内心冷漠、缺乏起码道德感的人大量涌现。

对规范的过度强调导致这样一个结果：“它不仅赦免了行为者对所做错事的个人责任，而且为他解除了犯有罪孽的可能性。”[③]确实，如果规范无

① 纳希．道德领域中的教育［M］．刘春琼，解光夫，译．哈尔滨：黑龙江人民出版社，2003：70.

② 我儿子两岁时就已经开始挑选衣服，每天早上都将很多衣服拿到他面前，由他自己决定穿哪件。

③ 鲍曼．生活在碎片之中：论后现代道德［M］．郁建兴，周俊，周莹，译．上海：学林出版社，2002：序言 5.

处不在，强硬无比，那人只要服从规范就行了。这样既可以免去做出选择的烦恼，又可以剔除个人的责任。这样，规范就成了人们行为的地图，也成了人们自我保护的“掩体”。人可以躲藏在规范后面，过安逸的、不需要负责任的生活。也就是说，这一“掩体”在保护你的同时，也阻挡了外在的道德空气与内在的道德冲动和智慧的双向对流，使你成为一个没有道德感觉、道德智慧的规范的附属品。

对规范过度依附，还使人与人之间的关系出现不利于道德的变化。在一个由规范控制的生活环境中，行为人面对的不再是具体的人，而是一个又一个规范。规范成了人与人之间的中介，真正的联系发生在人与规范之间，而人与人之间的关系则蜕化为工具关系。在这种情况下，学生面对的不是人，而是规范，为了规范，任何人都可以被牺牲掉。道德已经没有存在的空间，或者说道德存在的空间越来越小。久而久之，人们的道德敏感性和道德智慧就被规范“规”住了！

四、僭越的背后

僭越的谬误和后果其实都不难理解，但为什么僭越现象还会大量出现呢？或者说僭越现象背后隐藏着（道德）教育的什么问题呢？这是需要进一步深究的。

首先，是成人主义的问题。“成人主义”[①]是指在学校教育过程中，以成年人的价值偏好为标准，在教育目标、组织管理、课程与教学等学校运行的关键环节体现成年人的意志，公开或隐蔽性地不承认儿童的独立人格，不承认儿童当下生活的价值和享受当下生活的权利。成人主义是教育发展史上一个深层次的问题，它像幽灵一般伴随着教育的整个发展过程。儿童期作为个体生物发展的一个阶段是客观存在，但这与观念上承认儿童的独立性不是一回事。波兹曼指出，由于封建制度和宗教观念的禁锢，当时的社会和教育系统普遍不承认儿童的独立人格，将儿童视为成人的附庸。直到文艺复兴和启蒙运动时期，在洛克和卢梭等人的思想推动下，儿

① 史密斯. 全球化与后现代教育学［M］. 郭洋生，译. 北京：教育科学出版社，2000：145.

童才被“发现”，社会和教育系统才开始承认儿童是有独立人格、不同于成年人的人。[①]但这种承认始终是“勉强”的，一有机会，成人主义的面孔就会重新显现。而在我们国家，“童年概念并未成为普遍的社会事实，儿童生存、发展和受教育还存在较多问题，更需要注意的是，童年成为一种社会普遍接受的社会概念，还只是少数知识分子头脑中的社会理想”[②]。如果说西方发达国家处在儿童中心、成人主义偶有复辟的阶段的话，我们国家还处在由成人主义走向儿童中心的初始阶段。儿童的独立人格在理论上得到了承认，但在实践中仍然是成人主义主导。

成人主义在学校教育中的体现是多方面的，价值选择和管理控制是两个主要的方面。在价值选择上，成人用自己的偏好装扮着道德，借助道德的力量压制、代替儿童的偏好，导致偏好对道德的僭越。学校生活的成员具有两极性，一极是教师，一极是儿童。在成人主义的作用下，“这两极并不是平等的，而是一极对另一极的控制。学校生活的一个显著特征是作为成年人的教师对作为未成年人的学生的严格控制”[③]。而主导性的控制方法无非是制度、纪律等规则、规范性的东西。为了增强约束性的规则、规范的合法性和精神力量，学校和教师往往会将规则和规范上升为道德，这样就产生了规则、规范对道德的僭越。

其次，是德育的工具化问题。“教育的根本指向是人的发展和完善，另一方面，教育也要使人获得改造、适应外部世界的品性和素质，使人具有一定的谋生能力。”[④]问题是教育的两个价值向度在现代发生了变异，指向人的发展和完善的教育逐步衰退，指向谋生的教育逐渐显赫，并成为主导性的教育价值与实践。也就是说，从根本上讲，整个教育基本上是教人获得谋生技能的，而不是教人向善的。然而，教育从来都应该是一种善良的事业，任何时候都无法断然否定向善的维度。骨子里不以善为依归，表面上又不能断然否认向善的维度，现代教育似乎陷入了一个悖论。正是这种悖论性的境遇孕育出一种怪诞式的德育样态——工具化的德育。工具

---

① 波兹曼. 童年的消逝[M]. 吴燕莛，译. 桂林：广西师范大学出版社，2004：75-93.

② 卜卫. 媒介与儿童教育[M]. 北京：新世界出版社，2002：103.

③ 高德胜. 生活德育论[M]. 北京：人民出版社，2005：116.

④ 鲁洁. 边缘化　外在化　知识化：道德教育的现代综合症[J]. 教育研究，2005（12）.

化德育的存在也算是现代教育的一种“智慧”：既为现代教育蒙上了一层善的面纱，又通过德育这一工具保证并强化了谋生教育。

为谋生教育服务的工具化的德育，关心的不是学生善良品性的养成，而是德育在谋生教育中能够发挥的作用。在这种情况下，德育往往会“变脸”为规则、规范和纪律，成为功利教育的外在保证和支持系统，而将学生的人格、尊严、品性等德育应该追求的价值抛弃。了解了这一点，不准女生留长发等偏好和规范对道德的僭越现象就很容易理解了：长发需要花费时间梳理，不利于谋生技能的学习，所以需要剪掉。也就是说，谋生知识和技能的学习是绝对第一位的，必须得到保证。至于这种教育活动是否有悖道德、是否尊重学生的偏好和尊严，等等，都是可以忽略不计的。

细节 13

不要与陌生人说话
—— 论学校对陌生人危险的夸大

记得30多年前我上小学时，课本里有这样的情节：陌生人来敲门时，独自在家的小朋友要有礼貌地开门待客。时代变迁之迅速，超乎想象。但我们还是能在这个小细节里窥视出当时社会的安全与人际关系的淳朴。这样的事情在今天是不可想象的。如果学校还这样教的话，那简直就是将儿童推向危险，罪过大了。如今，无论是家庭教育，还是学校教育，儿童安全都是第一位的。安全已经成了超越一切的超级意识形态。家庭和学校反复向儿童灌输陌生人是危险的：不要与陌生人说话，不要脱离成年人的视线独自活动，陌生的环境中危险无处不在。

强调安全的教育导向有特定的时代背景。一是改革开放以来所进行的市场化改革。经济利益成为社会运作的主导性力量，个人权益得到保护，压抑已久的个人利益得到激发。在利益面前，很多以前被掩盖的人性的丑恶开始暴露，社会的危险性增加。二是城市化进程的加快和深入。城市化进程的加快是指越来越多的人生活在城市，而城市化进程的深入则是指原来以单位为居住逻辑的“乡村式城市生活”方式已经让位给商品化的居住方式和真正的城市生活方式。以前，我们的城市还有相当浓厚的乡村气息，比如作为熟人社会的街道、以工作单位为依托建立的住宅区，等等。如今，随着商业化的深入，这些具有乡村生活气息的生活已经不可避免地离我们远去。真正的城市生活具有陌生性、复杂性，在另外一种意义上就意味着危险性。三是在一个全球化时代，财富在全球范围内转移，文明和民族间的冲突不断，人们生活的不确定性和危机感增强。

在这种背景之下，加强安全教育，将儿童的安全问题摆在突出位置，是教育积极适应社会变化的合理方式。但在这一过程中有一个令人不安的趋势，那就是夸大陌生人的危险，夸大社会的危险。适度的安全教育是必要的，而过度的、极端的安全教育则有另外的危险。

一、不会与陌生人交往

与陌生人交往是现代人必须具备的能力。城市就是一个陌生人的世界，我们每一个都市人都生活在陌生人之中。对他人而言，我们自身也是陌生人。其原因在于城市里人口众多，我们无法熟悉的人占绝大多数。都市人口来源多样，流动性强，充满了异质性，人们之间很难熟悉起来。城市里的建筑、空间都有陌生关系预设，是为互不相识的人服务的，这又强化了都市人的陌生感。城市陌生人之间的交往以货币为中介，货币成了编织社会之网的蜘蛛。同时，都市生活竞争激烈，每一个人都是有限空间和资源的潜在竞争者，人们之间存在着下意识的戒备和敌意。在都市中，我们见到的人往往只是其职业或社会角色的一面，或者说是“人的碎片”，而不是一个完整的人。人与人之间缺乏沟通，很难相知相熟。所有这些，都决定了城市是一个陌生人的世界。作为一个在城市里生活的人，你必须具有与陌生人打交道的能力。否则，你就无法在城市里立足，无法适应城市生活，无法获得进入城市肌体的通行证。

城市生活是当今人类主导性的生活样态。在农业社会里，城市虽然存在，但它们是农业海洋里的孤岛，依附于广大农村地区。如今，城市与乡村的关系已经颠倒过来，城市已经是整个社会的核心，广大农村反过来成为城市的依附物。城市的强势文化已经渗透到农村生活的方方面面。中国到目前为止仍然是一个农业大国，但改革开放以后城市化进程提速。几十年来，已经有上亿的农村人口进入城市定居下来，每年还有上亿的农村人口以打工等社会流动方式进入陌生的城市空间谋生。在城市化的今天，农村儿童也应具备与陌生人打交道的能力。且不说当今农业对城市工业的依附关系，单就正在接受教育的农村儿童将来可能走向城市而言，这一点也是毋庸置疑的。

夸大陌生人的危险，将儿童与陌生人隔离开来，使儿童无法与陌生人接触、交往，其结果必然是儿童无法形成与陌生人交往的能力。道理很简单，与陌生人交往的能力不能从书本上、课堂上学来，只能在与陌生人的交往中获得。将每个陌生人都视为危险，会使儿童失去获得与陌生人交往的机智和能力的机会。这样，儿童在遇到威胁或者陌生环境时往往无所适从，容易上当受骗。所以从保护儿童不受威胁的角度看，这种做法是非常不明智的。

二、不利于孩子的健康成长

夸大陌生人的危险，使得学校和家庭不敢让孩子远离大人，在不知不觉间强化了学校和家庭对年青一代的监控。这种无处不在的监控也许会让孩子避免一些危险和伤害，但过强的监控会使孩子的成长受到损害。

由于孩子不能独立地与同龄人在外玩耍，孩子们的户外活动量与上一代人相比有了大幅度的降低。活动量降低，身体运动减少，直接的后果是身体健康状况的下降。多项研究已经揭示，我国儿童的健康水平令人担忧，近视、体质下降、肥胖等问题日益严重。有调查显示，我们国家的近视发生率在世界上已经排名第二。改革开放以来，人民生活水平不断提高，但调查显示，现在儿童的肺活量反而比 10 年前下降了。而肥胖比例的增大，表面上看是营养过剩造成的，实际上则是活动量减少造成的。年青一代户外活动量的减少虽然不能全部归结为安全的考虑，还有课业负担重等其他原因，但不能否认，这也是主要原因之一。

不让孩子单独外出玩耍，而家长又没有更多的时间陪孩子进行户外活动，导致孩子在室内的时间增加。室内时间的增加又与很多心理问题密切相关。很多家长以为待在家里就是安全的，其实家里并不安全。且不说发生在家里的意外事故会给孩子造成伤害，很多孩子孤独地待在家里，慢慢地迷上了网络和电子游戏，甚至网络和电子游戏成瘾。网络沉溺已经成为严重威胁青少年身心健康的问题。我们以往有一个惯性思维，只从网络方面找原因，殊不知，这也与我们的安全教育有关。因为被限制在室内，孩子们无法探索、体验广阔的现实生活，借助网络在虚拟的世界里游逛就成了很自然的选择。当然，过多的室内生活导致的心理问题还有很多，常见的儿童心理疾病，如孤独症、焦虑症和自闭症等都与此有关。

长期、严密的成人监控不利于儿童性格的成熟。很多促使性格成熟的经验都是发生在没有大人监督的与同龄人的交往中。在没有成人监督的情况下，孩子们会自发地探索人际交往的规律，应对复杂而又陌生的环境，体会人与人之间的差异。在这一过程中，孩子们不可避免地会犯错误，而犯错误正是成长必须付出的代价，孩子们正是在改正错误的过程中慢慢长大的。难怪武侠小说中的少侠都要独自闯荡江湖，通过自己游历和体验陌生的江湖，才能成长为“大侠”。如今，过多的成人监控使这一切失去可能。儿童的一切活动要么在成年人的监控下完成，要么通过成人这一中介来完成，他们独自面对陌生环境和陌生人的机会越来越少。

既然总有大人相伴，我为什么还要自己操心呢？这样的想法所导致的结果是孩子的依赖性增强，什么都要大人帮忙。衣食住行要父母打理，学习、读书要老师帮助。对孩子“缺乏独立性和自理能力”的指责，我们成年人天天挂在嘴上，也是事实。但问题是：责任在谁？仅仅在孩子吗？总是在成年人的监控下生活，孩子们知道很多事情不是自己所能决定的，那就不决定好了；遇到混乱和复杂的情况，家长和老师总会出来收拾残局，那就让他们来收拾好了，我何必再费那个心思？在这种状况下生活，儿童依赖性的增强是非常自然的结果，形成独立性和自理能力才是奇怪的事情。

与依赖性增强相伴的是依赖性的延长。如今的大学生还对父母、老师充满了依赖。君不见每年大学新生入学时，都是成群结队的家长来送这些已经成年的学生报到！每年新生报到的时候，都能看到很多父母在学校里排队帮子女办理各种入学手续，而那些已经成年的子女则在一边事不关己地看着。一些父母更是过分，子女在外地上大学总觉得不放心，害怕陌生的环境、陌生的人他们不好适应，干脆在大学周围租一套房子陪读。为什么这些已经成年的大学生还这样依赖父母呢？其实，这是一个恶性循环的结果。父母从小就害怕孩子接触陌生的环境，一直监控着孩子的活动和生活，导致孩子缺乏独立性和自理能力；这又强化了父母的忧心，结果是父母更强的监控，而更强的监控则意味着孩子独立性的进一步丧失……

创造性是社会最期望年青一代拥有的品性，而对陌生世界和陌生人危险的夸大不利于创造性的培养。创造实际上就是对未知事物的探索，往往与冒险行为联系在一起。我们的安全教育夸大陌生环境的危险，慢慢地会使儿童养成一种避开陌生事物的心理倾向。而这种心理倾向不会自动划界于人际领域，而会通过迁移的心理机制蔓延到自然科学探索领域，使儿童在对社会未知事物缺乏探索和冒险精神的同时，对自然未知事物也丧失探索和冒险精神，因此创造性品质无法形成。正是在这个意义上，克里希那穆提说：“如果你的心中有恐惧，你就不能探索、观察、学习，不能深入地察觉。所以教育的意义很显然就是消除外在及内在破坏人类思想、关系及爱的那份恐惧。”①

三、助长对人性的不信任

“将陌生的成年人同危险等同并不足以保护孩子；然而，这种早期教育却教会了孩子以一种怀疑与嘲讽的态度对待人性。”② 为什么会这样呢？

这种将陌生人等同于危险的做法，实际上将世界分为对立的两极：一极是孩子熟悉的、安全的父母、老师等，一极是危险的陌生人。在这种两极对立的世界里，甚至连对门的邻居都被认为是陌生人。因为陌生人是危险的，所以我们要远离和避开他们。问题是，现代生活，尤其是都市生活充满了陌生人，陌生人就在我们的家门口，不相信陌生人实际上就意味着不相信生活中的大多数人，包括同一个小区，甚至是对门的邻居。在这种情况下，孩子们还能信任什么人？另外，对陌生人的远离与回避使孩子失去了与生活中大多数人面对面交流的机会，失去了与他人接近的机会。然而，“责任，这栋所有道德行为的建筑物，拔起于与他人接近的地基之

① 克里希那穆提. 人生中不可不想的事[M]. 叶文可，译. 北京：群言出版社，2004：6.
② 富里迪. 恐惧[M]. 方军，张淑文，吕静莲，译. 南京：江苏人民出版社，2004：108.

上”①。用通俗的话来说，就是接近意味着责任，距离和隔离则意味着责任的飘零。孩子们在成长的过程中，将陌生人视为危险的存在，没有与他们面对面接近的机会，哪里会有对他人的同情心和责任心？

在我们自己看来，他人都是陌生人，都是危险，在威胁自己安全的意义上都是坏人。反过来，在他人眼里，我们也是陌生人，也是危险，也可约等于坏人。这样一来，我们与他人都是坏人，那好人在哪里？我们夸大陌生人的危险与邪恶，实际上是在宣扬对整个人类的不信任。这样的逻辑很容易给孩子们造成一种心理印象：好人难觅，坏人当道，人人皆可疑。心理印象还是表面的，久而久之，年青一代就会在内心深处形成对人性的不信任：既然人人皆可疑，那就意味着人性是恶而不是善。

道德冷漠是当今人类道德进步的大敌，因为道德冷漠的蔓延与深化，损害的是对人类生活来说最为珍贵的道德感。而夸大陌生人的危险从两个方面助长了道德冷漠。如前所述，既然陌生人都是危险的，甚至是坏人，我们哪有帮助他们的责任和义务？这样的逻辑被现代媒体反复放大，可以说现代媒体起到了证实道德冷漠逻辑的作用。媒体报道过大量帮助别人而得到感谢的事例，但因为这样的事例已经不能作为新闻热点来炒作，于是紧紧揪住个别帮助遇到车祸的人反被诬陷为肇事者的事例不放，向整个社会传播这样的信息：不要帮助陌生人，陌生人可能就是坏人，你帮助他反而会惹火烧身。然而，人是道德的存在，如果遇到他人需要帮助而不伸出援助之手，每一个人都会受到良心的谴责。而将陌生人视为危险和坏人，刚好为人摆脱良心和道德上的谴责找到了借口：我们之所以不帮他，不是因为我们道德上有问题，而是因为他是坏人。这样一来，道德冷漠就找到了普遍可以接受的理由，找到了可以快速膨胀的温床。

陌生人的危险被夸大，导致成人限制儿童的室外活动，增加他们的室内活动。室内空间的特点不利于身体活动的展开，而有利于电子生活的沉浸。也就是说，如今的孩子以电子媒介为消费对象的活动空前增多。然而，以电视为核心的电子媒介传递的不是行动信息，而是供人消费的信息；电子媒介提供的信息不是让人行动的，而是让人娱乐的，因为娱乐是电子

① 鲍曼．现代性与大屠杀［M］．杨渝东，史建华，译．南京：译林出版社，2002：240．

媒介的“超级意识形态”；电子媒介不间断地将整个世界的苦难送到我们面前，供我们消遣娱乐，所有这些都助长了现代人的旁观者心态，诱发并培育了我们的道德冷漠。

以上分析说明，家庭和学校教育中存在的夸大陌生人危险的倾向需要纠正。以往的教育强调引导儿童对陌生人要礼貌、友善，现在的教育几乎神经质地引导儿童对陌生人要戒备、警惕甚至敌对。这一深刻的变化反映了城市生活的复杂性和危险性，但也有夸大陌生人危险的倾向。教育应该把握一个度，既要引导学生在与陌生人的交往中有自我保护意识，又不夸大陌生人的危险，帮助学生学会有效地同陌生人打交道。对此，诺丁斯深有感触：“我已经建议，学校应该花费大量时间教育孩子如何理解自我以及与自己密切有关的人。现在我建议，学生们必须学会正确有效地与陌生人打交道。与外面世界交流的通道必须是畅通无阻的。”[①]

① 诺丁斯. 学会关心：教育的另一种模式［M］. 于天龙，译. 北京：教育科学出版社，2003：157.

细节 14

倒计时
——学校时间观念分析

很多学校为了提醒学生注意一些特殊的日子，主要是考试日期（包括学期考试、中考、高考等），在学校和教室的显著位置立一块倒计时牌，上书离中考或高考还有多少多少天，人为地造成一种紧张感。

倒计时只是学校生活中的一个小细节，但这个小细节可以折射出学校的时间观念。而时间观念并不是孤立的，列文说："你告诉我该怎么看待时间，我就知道该怎么看你了。"[①] 我们可以套用这句话："你告诉我学校怎样对待时间，我就知道学校怎样对待学生了。"也就是说，学校的时间观念背后隐藏的是学生观念。因此，我们通过对学校时间观念进行分析，可以揭示出学校是如何对待学生的。

一、时间如鞭

时间可以宰制人，因为时钟的嘀嗒声所营造的紧张气氛起到了一种鞭打和督促的作用，使人无法停下来，哪怕是你不知道自己要到哪里去，你也要不停地走下去。打一个不完全恰当的比喻，每个现代人都是一辆高速飞奔的汽车，虽然很多人并不知道自己这辆汽车要开向哪里，但因为时间

---

① 列文. 时间地图：不同时代与民族对时间的不同解释［M］. 范东生，许俊农，等译. 合肥：安徽文艺出版社，2000：13.

紧迫，没有时间停下来思考，所以继续拼命往前开。这种情况也就是习性学家洛伦茨所说的“忙碌的恐惧”和“恐惧的忙碌”① 的尴尬处境：由于忙碌，人们对忙碌有一种恐惧，但因为时间之鞭的抽打和竞争的压力，人们又会因为恐惧空闲而拼命忙碌。拼命飞奔和心理的紧张不仅导致各种疾病，比如动脉硬化、高血压、心肌梗死等，还剥夺了“人类最根本的特性，其中之一便是内省”，“一个人如果停止了反省，便面临着失去所有人类特有品性和成就的危险”②。现代人这种匆忙、没有时间停下来思考和反省的生活会导致非常严重的后果，甚至可能会毁掉人类和地球。比如，科学技术飞速发展，使人类能做很多事情，但因为没有反省，只要能做就做，而不考虑该不该做、做了的后果。

孩子的时间观念与成年人是不同的。在他们自由的世界里，时间的嘀嗒声可以说非常微弱，可以被沉浸在自己生活中的孩子所忽略。但成年人的时间感和生活方式对未成年人世界有着强势的影响。如果暗示不行，成年人就会用“特殊的日子”和“倒计时”的方式来逼迫学生感受时间的鞭打和督促。成年人所制造的特殊的日子主要是考试日期，包括学期考试、中考、高考，等等。教师反复强调这些特殊日子，就可以造成一种紧张感：“在中考结束之前，我无法休息无法睡眠……在中考结束之前，奋笔疾书不可避免，你带走一切，抽空了自由。”③ 有的学校嫌这些特殊的日子的时间提醒功能还不够，就发明了校内倒计时牌 —— 在学校或教室的显著位置立一块牌子，上书离中考或高考还有多少多少天。这种倒计时牌好像顶在学生后背上的手枪，无情地提醒着学生走向“刑场”的时间一天天近了。

时间的鞭笞对成年人的身心都造成了伤害，何况孩子！身心的伤害自不必说，最严重的伤害恐怕还是自在的童年生活的消失。本来，孩子与时间并不矛盾，是浑然一体的。现在，在时间的催促下，孩子也开始匆忙地生活。有人说，天下最忙的人是学生。这句话虽然有夸张的成分，但充分

① 洛伦茨. 文明人类的八大罪孽［M］. 徐筱春，译. 合肥：安徽文艺出版社，2000：72-73. 这不禁让人联想到我国一些女性的内心矛盾：丈夫整天不回家则担心丈夫有外遇；丈夫整天窝在家里又担心丈夫没有交际能力，会没有出息。

② 洛伦茨. 文明人类的八大罪孽［M］. 徐筱春，译. 合肥：安徽文艺出版社，2000：72-73.

③ 非野，肖君. 校园 MTV［M］. 上海：上海人民出版社，2003：22.

说明孩子早早地过上了成年人“忙碌的恐惧”和“恐惧的忙碌”的生活，变本加厉地重复着成年人的错误。

二、时间黑屋

毕尔哥在《最后的独角兽》中说：“和所有的人一样，我也是生活在一个由分、秒、周末以及新年所筑成的房子里，直到我死之前，我从未走出过这间房子。”① 确实，应该为人服务的时间现在筑成一座黑屋，将人的一生都罩在里面，使人无法走出来透透气。时间铸就压制人的黑屋，其主要手段是时间表。“时间作为公共的、客观的物理量把我们的生活纳入到一个整齐的秩序之中，成为我们日常生活不得不严格遵守的强硬规范。”② 作为普通人，我们常常同情一些大人物，他们每天都被排得满满的日程表所钳制，被精细到分钟、秒钟的时间所分割、淹没。但仔细想想，被时间淹没的又何止是大人物？我们芸芸众生不也有同样的命运吗？何时起床、何时上班、何时下班、何时就餐，我们自己能说了算吗？时间软如水，时间表硬如铁！现代人不都在时间表的黑色“铁皮屋”里圈着吗！

成长中的未成年人同样不能逃脱时间表的分割与钳制。一张课程表已经决定了学校生活的内容转换、行为方式和节奏变化，任何学生都无法跑出课程表这个“铁皮屋”。严格而精细的课程表应该是近代学校教育的产物，福柯认为，其脱胎于修道院的生活安排方式，因为西方近代学校一般都有教会的背景。正是课程表的使用，使学校里的时间变成了“有纪律的时间”③，即精确、专注、有条不紊、令行禁止。课程表的出现并广泛使用，是现代教育制度，尤其是班级授课制得以确立并有效运行的基础，在现代教育的发展中起到了巨大的作用。但是随着现代社会、现代教育的发展变化，越来越精细的课程表已经显露出其两面性。首先，课程表的精细化、强硬化完全架构了学校生活，使学校生活过于僵硬而缺少变化。其次，课

① 列文. 时间地图：不同时代与民族对时间的不同解释［M］. 范东生，许俊农，等译. 合肥：安徽文艺出版社，2000：105.

② 孙利天. 死亡意识［M］. 长春：吉林教育出版社，2001：93.

③ 福柯. 规训与惩罚［M］. 刘北成，杨远婴，译. 北京：生活·读书·新知三联书店，1999：170-171.

程之间的频繁转换导致学校生活的“频道化”。在一定意义上，课程表非常类似于电视节目播出时间表，学校每天所要“播出”的内容都在这张表上固定好了。问题是如果某一“频道”的“节目”学生不喜欢、不需要，他们是没有权利“调台”的，因为“遥控器”不在他们手里，“节目”就是再烂，他们也得看下去。即使某一“节目”非常受欢迎，学生刚刚沉浸其中，但无情的下课铃一响，你就不得不“换台”！比如，新课程改革非常强调学生的体验与参与，但课程表却不允许教师按照新课程的要求去做，因为教师刚刚做好铺垫，可以让学生进行活动的时候，对不起，下课了，学生该上其他课了。另外，随着现在社会知识的增殖，学生需要学习的课程门类太多，导致“课程频道”快速变换，使学生眼花缭乱、无所适从，无法进行深度体验和思考。

三、为时间而牺牲人

曾经见过一幅有趣而深刻的漫画：趾高气扬的时间牵着脖子上套着项圈的人招摇过市。这幅漫画，让人在哑然而笑之后不由得苦笑。确实，由于时间的金钱化，我们的社会不但出现了“金钱拜物教”，还出现了“时间拜物教”，将时间置于人之上，使人成了时间牵在手里的小狗和奴隶。

现代社会的紧张与压力使很多人整天生活在抢时间的状态中，总是感觉时间不够用：没有时间休闲，没有时间锻炼，没有时间看病，没有时间与亲人相处，没有时间思考……这些忙碌的人抢到了很多时间，可能因此而获得了所谓的成功和大把的财富，却把自己丢了：失去了健康、亲情、友谊、幸福……甚至是自我。有些人完全成了永远跑在自己前面的时间的跟屁虫，忘记了自己追赶的目标，忘记了自己人生的乐趣和意义，直至忘记了自己是谁！“嘀嗒，嘀嗒，嘀嗒，时钟上的指针走着，走着，走着。终于有一天，我们不再让时间为我们服务了，我们开始为时间服务，我们成了奔走着的奴隶。”① 人们一直嘲笑扑火的飞蛾，因为飞蛾得到了光明却

① 列文．时间地图：不同时代与民族对时间的不同解释［M］．范东生，许俊农，等译．合肥：安徽文艺出版社，2000：75.

牺牲了自我。同样，我们很多人不也是得到了时间却牺牲了自我吗？

奇怪的是，不光局内人不明白，局外人也不明白：人们嘲笑扑火的飞蛾，却赞扬为时间而牺牲自己的人。媒体总是对那些没有时间看病、没有时间照看家人、因过度劳累而死亡的“飞蛾”赞赏有加，竭尽所能在社会大众心中塑造他们珍惜一分一秒时间的形象。另外，对成功人士的成功秘诀的揭示，几乎无不包含着珍惜时间、分秒必争的品质。比如对教师的赞扬，要么是教师没有时间照顾家人，要么是教师没有时间去看病、去检查身体，打造着教师珍惜时间的幻象。这些刻板化的宣传既反映出对时间与人关系认识的社会现实，又反过来继续蒙蔽着人们对这一问题的反省，使人继续做“飞蛾”而不自知。

为时间而牺牲自己的错误观念在学校中更是变本加厉。中小学生的学习时间越来越长，上海市的一项调查显示，近 60% 的儿童全天睡眠时间平均在 8 个小时以下，其中 13% 的儿童平均每天睡眠时间仅有 6 — 7 个小时，8% 的儿童平均每天睡眠时间不到 6 个小时。调查还表明，20% 的儿童感到几乎没有玩的时间，另外 80% 的儿童每天玩的时间不到 1 个小时。休息的时间短了，学习的时间自然就长了，问题是这种为时间而牺牲人的错误做法导致的后果非常严重。最直接的是对儿童身体的影响，近视、体质下降、肥胖等儿童健康问题都与这种错误的时间观密切相关。辽宁省沈阳市中小学卫生保健所提供的一份资料显示，沈阳市中小学生中近视的发病率一直呈现较快的增长势头，1994 年沈阳市中小学生近视眼的比例为 38.02%，1999 年为 44.25%，而到了 2004 年，这个比例则升至 54.62%。在短短 10 年里，近视眼的比例竟然增长了 16.6%。近视眼比例的提高，并不是沈阳一个地方的现象，而是全国的一个普遍现象。有人根据调查资料断定，中国已经是世界上近视发病率第二大国。近视发病率的快速提高，与儿童、青少年看电视、用电脑时间的增加有一定的联系，但研究揭示，学生每天、每次近距离用眼时间长，休息时间短，即过度近距离用眼，是引起儿童、青少年近视的最主要原因。① 每次到小学去，看到教室里坐着的一排排“小眼镜”，别有一番滋味在心头：学习时间是拉长了，我们却

① 崔智敏. 青岛市北区小学生近视发病率调查［J］. 青岛医药卫生，2004（2）.

牺牲了儿童的健康！现在的生活水平比10年前应该说有了很大的提高，但调查显示，现在儿童的肺活量反而比10年前下降了。经常有媒体报道：在大型户外活动中，时有中小学生晕倒的情况出现。在生活水平提高的今天，学生的体质状况却令人担忧，最主要的原因恐怕还在于学生学习时间太长，没有锻炼和活动的时间，导致体质虚弱。青少年肥胖症的猛增，表面上看是营养过剩造成的，实际上则是缺乏锻炼和活动，使体内的热量不能正常消耗的结果。

为时间而牺牲人这一错误的时间观，不但影响到孩子的身体健康，还影响到孩子的心理健康。长时间的学习，使孩子心理压力过大，失去了对美好事物的敏感性，容易导致各种心理疾病的发生。现在儿童、青少年的自杀率增高，原因很复杂，但学习时间过长、心理压力大不能不说是原因之一。有研究者发现，在儿童、青少年自杀原因中，有三个与学习有关：过重的学习负担导致学生压力大和情绪紧张，久而久之会形成睡眠障碍，注意力不集中，记忆力下降，学习效率降低，成绩退步，甚至失去自信心；学习负担过重及担心考试成绩，导致考试前和考试时心理紧张，以致头痛、失眠、食欲不振、怯场、晕场，如果考试一再失败则抑郁不安，甚至失去学习兴趣，自卑、失望、厌世；少数学生对学校有一种不明原因的恐惧和不安，这可能与父母期望过高、教师过分严厉，从而损伤学生的自尊心，以及同学之间有纠纷等有关，导致其孤独和退缩心理，引起他们厌世。① 这三个原因背后都有为时间而牺牲人的错误观念的影子。

为时间而牺牲人，既可能是内发的，也可能是外推的。比如，一些学生在竞争中费尽心机：同学来电话，问："你在干吗呢？"回答说："我在玩游戏呢。"实际上他正在学习，这是"麻痹敌人"的策略。从这种行为中可以看出，拼命抢夺时间已经是一些学生发自内心的一种自愿和主动的选择。当然，这种内发的行为既有个体的自主选择，也有家庭、学校和社会的外塑，是内外互动的结果。为时间而牺牲人，外推的情况更普遍一些。与这些有"麻痹敌人"意识的人相比，更多的学生是在家长、老师的督促、约束之下延长学习时间的。据江苏卫视城市频道《南京零距离》的报道，

① 刘向阳，郭春英，赵学喜. 青少年自杀与心理社会因素调查分析［J］. 中国学校卫生，2001（4）.

农历2004年除夕夜，一些南京的家长竟然不准自己的子女看春节联欢晚会节目，而是将他们关在房间里看书、写作业！这虽然是个别的例子，但反映出我们的社会大众逼迫青少年拼命抢时间的一种普遍心态。

时间与人本末倒置，牺牲的不仅仅是人的身心健康，还包括人的品德和人格发展。为时间而牺牲人，实际上反映的是一种将人工具化、不尊重人的思想，这种思想的弥漫自然会影响到孩子对人的看法。久而久之，未成年的孩子也会以工具化的眼光来看待自己和他人，不知不觉中将不尊重人的观念和意识内化到自己人格的深层，形成自己并未意识到的轻视人的意识。曾经有过这样一个案例：一个女中学生嫌外婆唠叨影响了自己写作业，就用铁锤将外婆锤死然后扔在床下，然后像没事一样继续复习功课到深夜！第二天，她像往常一样上学，晚上则伴着外婆的尸体复习功课，直到期末考试结束！[①]为了一点点时间，这个孩子竟然可以杀人！在她眼里，人的生命与时间相比，简直轻如鸿毛。这虽然是一个极端的例子，却突出地反映了学校和社会所持的错误时间观在未成年人心中业已造成的后果。更可怕的是，现在的孩子将来长大，他们也会做家长、做教师，如果将来他们仍然以这种时间观念来教育下一代，代代相传，何时是尽头？

四、遗忘休闲与娱乐至死

休闲的能力也不是天生的。工作的能力需要培养，休闲的能力同样需要培养。但我们的教育花费十几年，甚至几十年的时间来培养人的工作能力，却不愿意花一点点时间来培养人的休闲能力。“少壮不努力，老大徒伤悲”被我们奉为金科玉律。老师们挂在嘴上的话多是：你现在不好好学习，看你将来怎么办！在一定意义上，这种警醒是对的，但并不全面。在另一种意义上，我们也可以说：“少小不休闲，老大徒伤悲！”在开发初中思想品德教材时，我们曾经设计过这样一个活动：“假如暑假两个月没有任何人干预你，你将如何过？”在试教的过程中，我们发现，很多学生对这一问题的回答是“睡觉、玩游戏”。这种回答一方面说明这些孩子缺乏休

① 黄白兰. 盲点：中国教育危机报告[M]. 北京：中国城市出版社，1998：99.

息和睡眠，另一方面说明这些孩子缺乏休闲体验和这方面的教育，即使有自由支配的时间，他们也不会利用。休闲具有双重性，如何在休闲的时间里使自己本性中正面的东西得到增殖，使自己的生命得到提升，在休闲中体验有趣、有益、有福的生命感觉，而避免本性中负面性的东西爆发，使生命堕落，陷入无聊、无味、无赖的深渊，不是件简单的事情，不是天生就会的。休闲能力需要纳入教育的视野，像培养人的工作能力一样进行多年的培养。

仇视休闲、缺乏休闲体验和教育的一个直接后果是“娱乐至死”。人是肉做的，总得停下来休息。但因为没有休闲的能力，很多人在休闲双重性的十字路口走错了道路，陷入沉沦，沉溺于娱乐游戏而不能自拔。

吸烟、酗酒、吸毒、犯罪是当代社会的主要问题。这些问题的产生，原因是多方面的，但无论如何都不能与错误的时间观和休闲观脱离干系。文森特·帕里罗的研究发现，在狂饮作乐的青少年中，39% 的人说他们在孤独时喝酒，30% 的人说他们在无聊时喝酒。[①] 这一数据充分说明酗酒这一当代社会的顽症与现代人不会休闲有多么密切的关系。一些青少年沉溺于电子游戏中不能自拔，直至将自己的大脑变成“游戏脑”。如今，毁在电子游戏和网络游戏这一“新型毒品”之下的青少年何其多也。我们可以简单地将原因归结为青少年自身的问题和游戏本身所具有的吸引力，但研究却清楚地表明：“由于现代社会节奏非常快，家长、教师通常过分关注青少年的学习成绩，而忽略与他们思想、情感的沟通与交流，两代人之间的隔膜普遍存在。在这样的大环境下，青少年常常感到压抑，于是网络便成为一个很好的宣泄渠道。”[②] 这充分说明，一些青少年之所以网络成瘾，除了与青少年自身和网络的特点有关外，还与家长、学校的错误时间观、休闲观相关。

---

① 文森特·帕里罗，约翰·史汀森，阿黛思·史汀森. 当代社会问题：第 4 版［M］. 周兵，单弘，蔡翔，译. 北京：华夏出版社，2002：65.

② 张朝，于宗富. 网络成瘾：一种新的心理障碍［J］. 中国学校卫生，2003（5）.

细节 15

教学楼里没厕所
——论空间的德育意义

大多数小学的教学楼里没有厕所，学校的厕所一般都建在校园的角落里或者操场旁边。课间时间本来就短，再加上一些老师拖堂，小学生下课去厕所基本上是跑步去的。

这一细节反映的是学校对校园空间的处理。空间问题在道德教育研究和实践中是一个被遗忘的角落，顶多以“环境育人”的口号说说而已。空间的使用有什么样的逻辑？会对空间内的人产生什么样的影响？这些都需要我们在理论研究和实践操作中加以关注。

一、空间里弥散着社会关系

我们往往误以为空间只是自然的、物理的，这是一种客观的、整体的、不受价值观影响的空间观。但是，“如果我们满足于客观解释就是正确解释的话，就不能全面地了解人类。如果把空间降格为客观存在的话，人类甚至不可能找到自己在世界上的位置”[①]。实际上，凡是有人的地方，空间的自然性、物理性都会慢慢消退，与此同时，空间的社会性慢慢凸现。很多高等动物在自己的生活领地里用自己的方式，比如体液，使其染

① 哈里斯. 建筑的伦理功能[M]. 申嘉，陈朝晖，译. 北京：华夏出版社，2001：172.

上自己的色彩和气息，表明领地属性。人对自己的生活空间同样进行各种各样的标定，以表明这一空间的归属。这里的人当然是复数形式的，所以对空间的标定不是单个人的事情，而是很多人的事情。人们对空间的分配与使用，是人与人之间关系的投射，具有明显的社会性。“空间里弥散着社会关系；它不仅被社会关系支持，也生产社会关系和被社会关系所生产。”①

社会空间里少不了建筑。建筑的基本功能就是对环境进行控制，即控制和改造环境使其符合人的要求：建学校和建监狱的要求是不同的，修建教堂和要塞的要求也不同，修建飞机场和商场的要求也不一样。符合人的要求当然不单是符合人的生理要求，理所当然地要包括符合人的社会性要求。哈里斯认为，建筑物为特定的活动提供了框架范围，它们服务于我们并向我们表明了一种生活方式。“建筑物的社会功能可能表明了一种地位、一个角色，代表了一个集团、团体或公共机构。所有建筑的总和可能代表了整个社会机制。”②

空间里弥散的社会关系显然包括伦理和道德关系，韦伯指出：“我们认为一个领域是人们以某种方式加以利用的一个领地或者社会中的一个空间。每个领域制定它们自己的规则和程序，分派任务和职位，规范行为和语言，并制造出等级制度。”③也就是说，空间还起到了制定和强化规则、规范的作用，使人以适宜的方式行为，制造出等级层次。中国古代伦理学对空间与伦理关系的关注超乎寻常，甚至认为人伦秩序只是宇宙秩序的一个有机构成部分，“天道”与“人道”是合一的。正是在这种所谓“天道”与“人道”对应的思想指导下，中国古代的建筑和空间使用无所不用其极地体现了“伦理”关系：每一所宫殿、每一所“大宅门”无不让人感到等级的森严与秩序的井然！

---

① 包亚明．现代性与空间的生产［M］．上海：上海教育出版社，2003：148．

② 哈里斯．建筑的伦理功能［M］．申嘉，陈朝晖，译．北京：华夏出版社，2001：146．

③ 丹纳赫，斯奇拉托，韦伯．理解福柯［M］．刘瑾，译．天津：百花文艺出版社，2002：38．

二、空间会说话

社会空间不仅弥漫着社会关系，还具有伦理功能。第一，建筑为人提供精神家园。人类既有躯体也有思想，既有生理也有精神。建筑不但是满足躯体和生理需要的，它同时也满足人的精神需要。可以说，建筑，特别是人经常栖居于内的建筑，既是人躯体的家园，也是人精神的家园。“必须认识到身体和精神都有权利拥有自己的家园。建筑必须能够提供这两方面的功能，既为人提供栖身之所，也使精神得到憩息。”①

第二，建筑空间具有伦理诉说功能。建筑首先具有实用功能，这是建筑的第一功能。比如，食堂是卖饭的，卧室是睡觉的，这一点毫无疑问。但建筑的功能又绝不仅限于此，它还有另外的功能。以教室空间为例，课桌与讲台的相对而立，实际上就标定了一种生活方式。在这种生活方式里，教师和学生的任务与地位是明确的，双方的言行方式也有了“方圆”——教师要像教师的样，学生要像学生的样。也就是说，建筑还有暗示作用，即通过空间分割将建筑者的观念隐蔽地表达出来，这是建筑的第二功能。比如，门是用木头或别的材料制成的、能关启的一道屏障，但同时它又有其他含义：它会表明主人的财富和地位，会隔开私人生活与公众生活。

建筑的第一功能往往是第一位的，这是常态。但也有非常态，即建筑的实用功能退居二线，而第二功能格外彰显。一把椅子给人的第一印象是可以坐下来歇歇。但如果这把椅子是一个皇位，它肯定就不只是这个意思了。在这种情况下，坐的功能已经不重要了，其所隐含的王权与威严的意义则更加重要，所以，让人坐只是御座的功能之一，但已经不是最重要的意义了。

空间不是沉默不语的，而是会说话的，深刻地诉说着人际关系和伦理规范。空间是物，却说着“人话”，似乎有点儿不好理解。其实，只要我们知道人们对空间的处理实际上就是对人的处理，这一问题就不难理解了。一个机构、一个社会对空间的建筑与分割处理，实际上是针对生活在

① 哈里斯. 建筑的伦理功能[M]. 申嘉，陈朝晖，译. 北京：华夏出版社，2001：170.

这一空间里的人的。因此，我们可以从一个人、一个组织、一个社会对待空间的态度看出其对人的态度，更可以从其对待空间的伦理看出其对待人的伦理！人或机构对空间的处理实际上是对人的处理，而处理后的空间就会代表空间的处理者向生活在这一空间里的人说话。如果有权处理空间的人或者组织，将生活在这一空间里的人看成奴隶、罪犯，他们就会按照管理奴隶或罪犯的方式来分割处理空间，而分割处理好的空间反过来又能代表空间处理者发话，反复暗示、提醒在这一空间生活的人的奴隶或罪犯身份。因此，如果对空间的处理存在问题，也就意味着对待人的方式存在问题。

空间会说话，会代表控制环境的成人表达意图和符号信息，我们可以将空间的意图表达对学生产生的影响称为间接影响。每一种空间处理方式都代表着空间控制者的某种意图，代表着空间控制者对待人的方式和态度。当然，通过控制环境来表达某种意图或态度，并不一定都是有意识的，有时是出于习惯，有时是出于无意识。比如，很多学校校长办公的地方都处于校园的中心点，有的是有意安排，有的是无意为之，但都表达了一种伦理意味：校长是学校的核心。对于建筑环境和建筑空间的言说，在这一空间里生活的孩子可能会明确意识到，进而受到影响，也可能没有明确意识到，但因为久居其间而在不知不觉中受到潜移默化的影响。例如，有些学校将所谓的“差生”安置在教室后面的角落里或者第一排的两边，这样的空间利用具有很强的明示或暗示效果，学生只要不是傻瓜，就能明白这些地点的含义；而校长办公地点处于学校的中心，很多学生并不清楚其所暗示的意味，但可能在无意识中认可了这一安排，在未来的生活中一旦有了权力和地位，也就会无意识地将自己放在一个单位或区域的中心。因此，空间会说话，但空间所说的话可能是道德的“好话”，这当然是学校德育所希望看到的。然而，空间也可能会说不道德的“歪话”，这却是学校德育所不希望看到的。

三、“第三位老师”的“教导”

如前所述，既然建筑空间里弥散着社会关系，建筑环境中散发着伦理言辞，那么，建筑环境或者说学校作为生活空间就应该纳入德育研究的视野。英国学者伯克认为，学校的建筑、学校的景致、学校的空间和内在的设施以及布局装饰是学生的“第三位老师”①。与学生朝夕相伴的“第三位老师”在学生的成长中扮演着重要的角色。若处理不好，则会扮演反面角色，对学生产生不良影响。教学楼里没厕所及诸多类似的空间问题，可能会给予学生什么样的“教导”（道德影响）呢？

1. 无视学生的基本需要

很多学校的建筑设计体现的只是成年人特别是领导的偏好，没有为学生的生活着想。很多小学教学楼里没有厕所，小学生要上厕所必须跑到教学楼外较远的公共厕所去。与此相对照，大学的教学楼和机关事业单位的办公楼每层一般是有厕所的，难道小学生比大学生等成年人更有毅力和自制力？

我到南京江宁一所小学听课，发现这所小学虽然建筑现代，却存在一个非常明显的缺陷：整个环形教学区由四幢楼连接而成，共有一个巨大而封闭的屋顶。虽然这样的结构可以为学生遮风挡雨，但形成的一个封闭空间使说话产生回音，这样听起话来非常困难。我们几个成年人在那里听一上午的课，都会产生无名的烦躁感，不知道常年在这种环境下生活的小学生有多么难受。

现在很多学校，特别是所谓的重点学校人满为患，一个小小的教室里塞进七八十人。这种密度过大的空间使用方式，带来的后果是多方面的。一名教师面对七八十个学生，无论用多么先进的理念构建课程，都无从发挥其作用，因为这时最易选择也最经济有效的教学方式就是灌输。教师面对黑压压的学生，将学生认全都不是一件容易的事，更遑论组织学生进行自主探究呢。在大规模班级授课的情况下，教学活动据以进行的标准是班级成员的平均发展水平，不同发展水平的学生都得被动适应这种水平，每个学生都得经受削足适履的考验，创新精神的培养哪里谈得上！

…………

① 伯克，格罗夫纳. 我喜欢的学校：通过孩子们的心声反思当今教育[M]. 祝莉丽，张娜，译. 北京：中国轻工业出版社，2006：17.

掌握学校空间安排权的成年人为什么这样不顾学生的需要呢？校长和教师可以说出一大串理由。比如，我曾就厕所问题向一些小学校长讨教，他们有的说学校空间有限，教学楼里建厕所占用空间；有的说小学生自理能力差，将厕所建在教学楼里，一旦卫生搞不好，整个楼里都会很臭；有的说厕所要使用水电，而小学经费紧张……这些说法表面上看都有一定的道理，但深究下去，却都站不住脚。大学里的厕所不也占用空间吗？大学里的厕所是大学生打扫的吗？再说，小学对卫生那么重视，一个厕所的卫生算什么？一些重点小学收了那么多择校费，学校经费多得找不到地方花，教学楼里不也没厕所吗？说到底，我们成年人在设计和建造学校时缺乏对学生的真正关怀，将学生置于脑后，忽略了他们的需要。为什么大学生的需要不能忽视，而小学生的需要就可以忽视呢？我看主要是因为小学生不成熟，不会争取自己的权利，甚至意识不到自己的权利。也就是说，成年人在空间安排上有意无意，或者说是下意识地利用了小学生的这种不成熟。这是一种欺负弱者的逻辑，会给学生什么样的影响？年幼的孩子也许还意识不到，但教育者能因为别人意识不到而如此做吗？何况孩子终有明白的那一天！

2. 学生无空间自主性

学生在空间使用上无自主性表现在多个方面。首先，是空间使用上的高度限制性。每个班级都有一个相对封闭的空间，学生一天中的大部分时间都是在教室与宿舍中度过的，课间休息一般在教室周围狭小的区域里。其次，在空间布置上学生也没有发言权。教室是学生的主要生活空间，学生待在教室里的时间比任何教师都长，但怎么布置教室往往不是学生说了算，而是教师说了算，教室布置体现的是教师的偏好和意图，而不是学生的选择和偏好。很多教室按成年人的意志布置得像古板而严厉的教师，居高临下、充满威严地训斥着学生。再次，在学校生活中学生没有自己私密的空间。随着年龄的增长，学生内心有了自己的秘密，他们不再是透明的“水晶人”。相应地，他们也就有了私密空间的需要，但学校生活不可能给他们提供这种空间。

学生在学校生活中无自主性，一个直接的后果是影响其自我认同的形成。“自我认同的形成研究，几乎完全忽视了物理环境的作用。如果我们承认儿童是通过对重要他人的依赖和与其连续不断的关联而习得并理解自己是谁的，我们就必须承认这种儿童自我认同的确立也扎根于儿童同房间、衣物、玩具和支持其存在的各种物体与地点相互作用的经验。”① 地点认同（place identity）是人的自我认同的亚结构，由对物理环境的认知构成，这种认知也为界定一个人是谁服务。一个人的自我感毫无疑问包括地域感（sense of space）。我们不是生活在真空中的个人，而是生活在特定地点、特点空间中的个人。如果失去空间的参考，一个人连自己是谁都说不清楚。例如，如果我们问一个学龄儿童他是谁，他的回答一般都包括姓名和就读的学校。两个在外旅行的陌生人相遇，自我介绍中无论包括多少内容，都不会缺少自己的生活地域：某某省、某某市、某某县……学生在学校空间中生活的时间最长，但对这一空间的使用又最没有发言权。也就是说，学校空间没有涂上学生自己的色彩，没能成为学生生命的一部分。在这种情况下，学生的自我认同也会发生问题，因为他弄不清楚什么是属于自己的，也就弄不清楚自己是什么样的一个人。空间的陌生感往往导致学生心理烦躁，导致他们对学校空间的厌恶，进而导致他们对自我的怀疑与厌烦。

3. 学校空间的排斥性

“因为趋于在学校和外部世界之间竖起一堵保护墙，学校创设了一个非真实的内在世界。学校课程趋于自我验证、自我解释。……历史课本并不向学生展示令人发指的细节……经济学被当作一个理性科学，而不是无望、嫉妒、权力、自我中心、操纵、欺骗……”② 斯塔赖特的这一见解，对学校排斥性的揭露可谓一针见血。在学校与外部世界之间所搭设的保护

① PROSHANSKY H M, FABIAN A K. The development of place identity in the child［M］// WEINSTEIN C S, DAVID T G. Spaces for children: the built environment and child development. New York: Plenum Press, 1987:22.

② STARRATT R J. Building an ethical school: a practical response to the moral crisis in schools [M]. London· Washington, D. C.: The Falmer Press, 1994:23.

墙，有使学校与外部世界隔绝因而虚空化的危险。这一危险在学校生活中的很多方面已经有所表现：在一个已经是合理消费（以不浪费为底线的适度消费）的年代，我们的教材还在倡导极端的、不合情理的节约，要求学生像过去的伟人一样将衣服补丁加补丁；在一个依法治国的时代，高校还坚持于法无据的各种规定，比如本科生不准结婚、女研究生不准生育，等等。这种隔绝性的、虚空化的倾向对学生的身心发展，包括品德发展，显然会有负面作用。学生是社会的，你无法完全阻断其与社会的多种联系。学生会发现学校生活中这些假的、落后的东西，可能会产生逆反心理，也可能会应之以双重人格。

学校的排斥性还表现在教学内容的自成体系上。斯塔赖特指出了历史、经济学科在自己理论的轨道上按惯性运行的问题，其实何止这两门学科，就连专门进行德育的学科不也这样吗？我们以往的德育课程不都是按照一定的知识逻辑、概念体系展开的吗？在这种自成体系的德育课程里，学生的需要、学生的现实生活成了“德育光束”照不到的“虚幻空间”。试想，在这样的德育课程体系中，是德育课程为学生的品德发展服务，还是学生在为德育课程的知识体系服务呢？

4. 突出等级观念和监视性

空间的过度制度化的另外一个消极影响是对等级的强化。在很多学校里，校长和校领导的办公地点居于学校的中心，然后是教师办公室，然后是教室，明显呈现出一种等级结构。为了突出这种等级结构，学校往往还会辅之以相应的行为准则，比如敲门、喊报告、排队的制度等。这种安排或许有其道理，但是不是无意间流露了我们的文化中根深蒂固的等级观念和官本位思想呢？空间会说话，如果空间“全天候”地向生活在其中的学生诉说等级观念和官本位思想，这对我们现代德育所倡导的民主平等观念会产生多大的阻力！

与等级观念相联系的是空间使用的监视性。学校在空间使用上的监视意图到处都是。看看学校通行的建筑布局：很多学校都是四座楼围成一个圆形，其中三座是教学楼，一座是教师办公楼，教学楼走廊往里开，在办公楼里不但可以隐约看见教室里的情况，还可以清晰地看到下课后学生在教室外的活动。这是“集中监视”型的建筑结构，另外一种则是“分散监视”型的建筑结构：各年级教研组放在教学楼里，使学生的言行处在“安插”进来的教师的“零距离”监视之下。还有一些学校在教室装上单向玻璃，玻璃后面的监视者可以看到学生的一举一动，而学生却看不到玻璃后面的监视者，这多么类似于全景监狱中狱卒和犯人的关系！前面已经说过，教育者对学生进行一定的监视是必要的，但过度的监视会使学生产生“心理监狱”感，即感觉自己像在监狱中一样时刻处在监视中。在这种心理感觉下生活，除了无法张扬个性之外，还会助长作秀人格、表演人格的产生，十分不利于未成年人的健康成长。

细节 16

榜样是树立的吗
—— 对榜样以及榜样教育的再思考 ①

树立榜样是道德教育的常用方法，家长和教师都习惯于用榜样来教育孩子。但效果如何，则不得而知。对很多孩子来说，家长所树立的榜样，即“别人家的孩子”，往往是他们最仇恨的人；社会、学校和教师所树立的榜样，往往也与他们无关，甚至遭到他们私下里的鄙视。

我们都知道“榜样的力量是无穷的”，于是，从主流社会媒体的宣传，如每年开年都备受社会瞩目的“感动中国”人物评选，到学校以及家庭的“好孩子”教育，我们在不断地树立榜样，以期发挥其榜样效应。然而，树立榜样的效果是否明显却不得而知，人们反而越来越感到榜样的苍白无力，榜样教育也始终无法逃脱人们对其“假、大、空”的印象。本文试图从榜样发生作用内在机制的角度，对榜样教育低效性这一现象进行探讨。

一、榜样发生作用的内在机制

在《现代汉语词典》中，榜样意为“作为仿效的人和事例（多指好的）”。由此可见，榜样在价值上具有引人向善的作用。但榜样要发挥作用，得满足一定的条件，或者说榜样发挥引人向善的作用是有其内在机

① 本文是我与我的博士研究生殷雪合作的成果。

制的。

一是榜样对学习者的影响作用是出于其人格与道德魅力。学习者对榜样的学习是基于榜样人物的美德、基于对美好人性的向往。在这一点上，要明确榜样学习与偶像崇拜的区别。研究表明，偶像崇拜和榜样学习的共同之处在于对偶像或榜样的社会学习和依恋，不同之处在于偶像崇拜较之于榜样学习更是一种以人物形象为核心的学习，而不是以特质为核心的学习。以人物形象为核心的学习更容易导致盲目行为的产生，窒息崇拜者的理智判断。所以，偶像崇拜更注重对崇拜对象的形象魅力、个性行为的感性追求，因而也更容易导致青少年的非理性模仿。榜样学习则不同，它是以特质为核心的学习，更是一种理性的学习，可使青少年积极认同榜样人物的精神品格与价值追求。学习者学习榜样是有感于榜样的人格与道德魅力，是发自内心对美和善的追寻。

二是榜样的自然性。榜样的自然性主要体现在榜样产生的自然性、学习榜样的自发性以及学习者的可感受性这三个方面。榜样是在生活中自发产生的，是个体在生活中的美德得到认可的结果，而不是社会组织、群体为了某种特殊的目的进行包装、宣传的结果。榜样示范者自身主观上并没有以自己的行为被他人效仿为目的，其美德只是自然生活状态的展现。学习者感受到榜样人物的先进行为，自发地将其树立为榜样，进行榜样学习，这种自发的学习是学习者接受暗示、非反思性选择和自主选择交互作用的结果。可感受性是指榜样的学习伴随着学习者情感的体验，学习者能够切身体会到榜样人物的美德，尽管有时候这种情感体验连学习者自身都没有意识到。由此可见，榜样学习是一种特定环境下的情不自禁，而不是任何外在力量的刻意为之。

三是榜样效应的有限性。榜样效应的有限性主要是指，榜样的学习不可超出学习者的可感受性。榜样的产生是自然的，是基于一定的社会交往和生活背景。如果超出了一定的生活范围，即学习者可感受到的范围，脱离了具体的生活背景，榜样教育就会变成空洞的说教。由此可见，榜样效应具有一定的范围限制，并不是放之四海而皆准、千百年皆可行的。榜样效应的有限性可以用来解答人们常有的一个疑惑，即曾经起过作用的榜样现在是否已经过时。其实，并没有榜样人物的美德过时一说，以前的榜样不起作用了往往是因为榜样学习走向了教条，脱离了生活，脱离了学习者可感受的范围。然而，榜样效应的有限性并不是绝对的，突破其有限性的一个可能就是口耳相传。在日常生活中，人们常说“某某口碑好”，口碑就是榜样的一个主要特征，榜样人物在日常生活中与人交往，形成好的口碑，对周围的人产生影响，通过口耳相传，其影响范围会逐渐扩大。学生接受榜样的一个前提是情感上的接纳和认可，口耳相传不是教师自上而下的空洞说教，也不是媒体夸张、虚假的宣传，而是学生内部基于对榜样人物的认同，相互告知的一种自发行为。口耳相传具有鲜活的生活特征、丰富的感染力，且大多发生在熟人社会，因而也更容易为人所接受。

卢梭认为：“所有这些从别人那里模仿来的美德，都是像猴子那里学来的乖，而任何一种良好的行为之所以能够产生良好的道德效果，只是因为在你做的时候就认识到它本来是好的，而不是因为看见别人那样做，你才那样做。”[①] 由此可见，榜样之所以发生作用，是因为榜样行为本身具有道德魅力，且这种魅力为学习者所认可，学习者通过接受暗示、非反思性选择和自主选择的交互作用实现了生活中的道德学习。

二、人为树立：对榜样的误用

根据以上分析，我们可以对榜样进行分类，榜样有两种：一种是人为树立的榜样，一种是生活中的榜样。所谓人为树立榜样，一般是指社会组织根据自己的需要和道德价值观对某人进行加工、包装和宣传，倡导公众向其学习。因此，从榜样设立的目的来说，在很多情况下，树立榜样是一种政治安排，往往附带意识形态宣传的任务，与其说它是一种美德宣传，倒不如说是一种价值观灌输。由人为树立榜样而进行的榜样教育是“由国家、政府和教育者通过宣传典型人物的高尚思想、模范行为和英雄事迹来矫正和规范社会公众的思想与行为的方法，是一种教化社会民众的方法，这是一种‘自上而下’的影响方式，其实质是控制”[②]。榜样人物或许在某

① 卢梭. 爱弥儿：论教育［M］. 李平沤，译. 北京：人民教育出版社，2001：112.

② 王俏华. 论我国榜样教育中的道德问题［D］. 上海：华东师范大学，2011：98.

一方面确实非同寻常，值得学习，作为生活中的榜样已经对周围的人产生了影响。然而，为了扩大其影响以达到轰动效应，作为榜样的个体往往会被神圣化和去人格化，经过大肆宣传，逐渐被抬高到一个脱离现实生活的高度。一旦榜样人物不堪道德的重负崩溃，人为树立榜样的神话便不攻自破。从学习者的角度而言，人为树立的榜样是脱离了其原有生活背景的一个抽象的道德故事，与他们的生活并不接轨，影响力自然会大打折扣。另外，人为树立榜样的过程不可避免地会使榜样原型失真，即使宣传中所写的故事全是真实的，这些真实的故事也只是其生活的一部分，而另外一些故事则因为不符合宣传意图被故意隐去了，故而树立起来的榜样仍然是“裁剪作品”。从社会背景的角度说，这种人为树立的原型失真或是“剪裁作品”的榜样，在一个信息不流畅的社会里也许还可以起一些作用，但是，在当前这个电子媒介发达、互联网便利的信息化社会，任何组织和个人都没有能力阻止人们对人为树立的榜样人物的质疑。这些都是人们进行选择时的影响因素，阻碍着人们对这种人为树立的榜样的认同。从接受暗示和非反思性选择的角度看，人为树立的榜样往往有这样的效果：这是社会或某种社会组织谋划的，与我们没有多大关系，我们可以不把它当回事。如果学习者对榜样人物没有最起码的认同感，又岂能奢望榜样发挥树立者的预设效应?

三、生活：榜样的根基

与人为树立的榜样不同，生活中的榜样是自然的，有着很高的道德教育和道德学习价值。生活中的榜样不是别人树立的，也不是自封的，而是在生活中自然形成的。这种榜样不是一部分人为了自己或明或隐的目的而进行包装的产品，而是其人性和人格光辉的自然显现。从榜样人物的角度说，一个品德高尚的人，他可以自然地生活，并在这种生活中散发自己的人格魅力，因为一个人的人格魅力是聚于内而行于外的，他的生活就是其德行和人格展现、展开、提升的过程，必定会辐射到周围的人；当然，他也可以注意自己的一言一行，控制自己的行为可能对他人产生的影响。从榜样的角度看，前者是暗示，后者是明示。

从学习者的角度说，对榜样人物的暗示，学习者可以清楚地感觉到、意识到，在这一基础上根据自己的道德倾向和需要决定是认同、排斥还是二者皆有。无论是这三种情况中的哪一种，都是学习者自主选择的结果。对榜样人物的暗示，学习者也可能没有清楚地认识到，但是在不知不觉中已经吸收了对方的影响，这是接受暗示。学习者对榜样的暗示也有可能毫无感觉，一点儿也没有受到影响。对榜样人物的暗示，清醒地排斥和一点儿也不受影响存在着理论上的可能，但是，在实际生活中，发生这种可能的概率并不高。因为人都有见贤思齐之心，都有追求高尚事物的倾向，每个人的心灵深处都有一块干净的地方用以容纳美好的、人性的东西，对榜样人物所散发出来的人性芳香，即使不能为之，也可能清醒地意识到榜样人物的主观努力。对榜样人物的明示，学习者既可能将其当成暗示，也可能清楚地意识到榜样人物的主观努力。如果是前一种情况，其作用机理与对榜样人物暗示的接受或毫无感觉一致；如果是后一种情况，则同样是选择问题：是认同、排斥还是部分认同、部分排斥？

此外，生活中的榜样是活生生的、有血有肉的人，其道德行为更容易唤起学习者的情感体验。从接受暗示的角度看，处于情感体验中的个体更容易接受榜样人物的暗示。

四、生活中“坏榜样”的影响

我们树立了越来越多的榜样，但他们往往苍白如纸，令人一望而知其假、大、空，而生活中又有那么多“坏榜样”在孩子们面前穿梭往来。榜样自身包含着价值判断，榜样都是好的，所谓“坏榜样”其实不是榜样，而是榜样的反面。如果榜样闪耀的是人格魅力与道德光辉的话，“坏榜样”散发的则是人格堕落与伤风败德。榜样能够影响人，“坏榜样”同样可以影响人。

财富和美德并没有必然的联系，我们并不具有根据收入水平来判断他人道德水准的特权。然而，在商品经济肆虐的时代，金钱已经变成了决定一个人尊严的主要因素，已经成为判断一个成功人士诸种美德的依据，而不仅仅是依据之一，或者是最重要的一个依据。在这种唯金钱主义价值观盛行的社会，为了追逐财富，人们不惜利用一切手段。“无德而富”的怪现象也日益成为一种常态，且随着信息传播的快捷化、交往的普遍化，“无德而富”现象对整个社会的冲击力更大，也更为公开化。孩子长时间浸泡在这种环境中接受各个方面的明示或者暗示，对其道德观的形成造成了极大的困扰。比如，当被问到长大后想做什么的时候，有的孩子认真地说：“做贪官，因为有钱赚。”

教育本身具有道德性，然而，随着商品经济的发展和教育功利化趋势的加强，对某些别有用心的集体和个人而言，教育俨然已经成为他们谋求自身利益的工具。教育中的败德行为渐渐浮出了表面。比如，学校通过快慢分班，过早地给孩子贴上标签，按照等级区别对待；为了获得经济效益，不顾学生的实际情况，强制学生在食堂就餐。教育中的败德行为因其面对学生的直接性、裸露性，对学生的影响最为明显。试想，如果我们一边树立道德模范，一边默许败德行为在教育中横行肆虐，那么，我们又岂能奢望我们的学生不会成为口是心非、弄虚作假的道德骗子呢？

媒体是现代社会生活的重要组成部分，也是传播和引导社会舆论的重要载体。媒体本应该站在社会正义的角度为澄清社会事实进行报道，然而，为了追求自身利益，不惜走上了“追腥逐臭”的道路。媒体的“追腥逐臭”对孩子的影响主要来自两方面的社会事实：一是从媒体自身的角度看，常态的社会事件不足以产生轰动效应，为了吸引观众的眼球，提高点击率和收视率，媒体总会以非常态的方式挖掘社会中的丑恶现象，对败德案例的报道比例多，而且在事实和情节上常予以夸张，并以之为常态进行分析。如果说“无德而富”和教育中的败德行为是社会事实的话，那么，媒体的夸张报道则使得人们容易误把偏态的事实当作常态来对待。二是从孩子获取信息的角度看，信息化时代使得孩子获取信息更容易，成人社会对孩子而言越来越透明化，媒体报道的各种丑恶现象逐渐向孩子敞开了门。“‘犯罪高发潮’所反映的，也许是媒体报道提高了人们对犯罪行为在集体意识上的关注度，而并非真的犯罪率变高。”[①] 同理，媒体“追腥逐臭”这一行为本身并不能反映社会普遍道德状况的衰败，但是，它却使得孩子

---

① 泽鲁巴维尔. 房间里的大象：生活中的沉默和否认［M］. 胡缠，译. 重庆：重庆大学出版社，2011：4.

渐渐对社会中的丑恶现象习以为常。

生活中的道德学习是以我们拥有的道德本能为基础，通过接受暗示、非反思性选择和自主选择的交互作用而实现的。社会中“无德而富”的怪现象和教育中的败德行为，加上媒体“追腥逐臭”的夸张宣传，使得“坏榜样”萦绕在学生周围，渐渐地，学生对生活中道德败坏的行为习以为常。而我们的教育通常又采用人为树立的假、大、空榜样。比起脱离学生实际生活的“崇高榜样”，学生反而会觉得生活中的“坏榜样”更加真实。在这种情况下，一方面，学生会日益感到榜样教育的虚伪，人为树立的榜样只是不合实际的政治宣传，将使榜样教育显得更加苍白无力；另一方面，各种价值观在学生可理解的范围内发生冲突，当学生自主选择范围增加而做出选择所需的意志和理性能力尚未能与之相匹配的时候，就会造成学生的“精神疲劳”，学生自然就会去寻找一种稳定单一的方式做出选择。而人为树立的榜样苍白无力，学生只有从现实生活的可感知状态去寻找出路。因此，立足于学生生活的榜样的缺失，将会给败德行为以可乘之机。

五、榜样教育中的“可为”与“不可为”

提倡榜样在生活中，并不是说道德教育应该无所作为。长久以来，道德教育在实际操作中总是纠结于榜样的树立，以为榜样教育的低效性只是由于榜样没有选对，殊不知，刻意树立道德榜样这一行为本身并不可取。对榜样发生作用的内在机制的错误解读，使得榜样教育没有抓住其“可为”与“不可为”的内在逻辑。根据上面的分析，榜样教育的“可为”与“不可为”可以从以下三个方面入手。

1. 教育者自身的角色

教育者自然就是学生生活中的榜样，在学生成长的过程中，父母和教师一直扮演着学生生活中重要他人的角色。作为重要他人，他们不管是明示还是暗示，学生都可以清楚地感知到他们的榜样示范作用。卢梭在《爱弥儿：论教育》里说：“你要记住，在敢于担当培养一个人的任务以前，自己就必须造就一个人，自己就必须是一个值得推崇的模范。”[1] 因此，教育者要提高自身的品行、修养，做到言行一致。如果教育者自身言行不一，学生很容易就有一种上当受骗的感觉，即使表面上对他们表现出认同，私底下依然会我行我素。此外，教育者还要担当发现生活中榜样的引导者，引导学生发现生活中美好的品质和光辉的人性特质。这和单纯塑造榜样人物有着本质的区别，塑造榜样人物是对单个具体的人的一种学习，而对特质的学习则是对具体生活中人性闪光点的一种发现，从而避免榜样学习中的偶像崇拜。

2. “道德的学校”本身就是榜样

学校是一个道德性的机构，而不是一种谋求利益的机构。学校本身所进行的是一种道德性的活动，即教育活动。如果学校里一切以利益为中心，学生以分数为中心，所有的行为只要符合利益和分数标准，就会得到默许和认可，那么学校自身就会失去道德效力。从学校自身在社会中的特殊地位来看，学校与其他社会机构的一个本质区别就在于学校的道德性。在一个谄媚于权势、迷心于利益的社会里，一所道德的学校其自身的道德魅力就足以吸引学生以之为榜样。从学校自身的道德环境来说，学校影响学生的道德成长，主要依靠两种手段：一是教师能够起道德表率作用的行为；二是学校的道德环境，特别是具有道德感染力的集体生活氛围。在一所道德的学校里，榜样教育是自发的，不是教育者的刻意为之，而是消解于学校环境的各种明示与暗示之中。

3. 学校舆论与同伴榜样

舆论导向的综合表现，是能够以自在的方式，直接或间接地、明显或隐蔽地影响着舆论客体。学校舆论主要是以学生口耳相传的方式突破榜样效应范围的有限，它对学生的行为具有导向功能，且这种导向既有正向

---

① 卢梭．爱弥儿：论教育［M］．李平沤，译．北京：人民教育出版社，2001：96.

的，又有负向的。当学校舆论与榜样教育一致的时候，它就能够促进学生的榜样学习，反之，则会阻碍榜样作用的发挥，有时甚至会导致学生对榜样人物的怀疑。此外，学校舆论的内部有时也会有价值冲突。“随着未成年人年龄的增长，成年人中的舆论对他们的影响相对削弱，而同龄人中的舆论，特别是亲密的伙伴中对人和事的评论，对个人行为的影响相对增强。这样两种舆论可能一致，也可能发生冲突，而这样两种舆论发生冲突时，在自发的状态下，同龄人中的舆论容易占上风。”[①] 同伴交往是学生学校生活中的一个重要交往空间，因而，引导学生对同伴榜样的学习也是榜样教育的一个重要方面。同伴榜样来自学生自己的生活，是榜样人物的一种道德素养的自然流露，榜样学习处于学习者可感受的范围内。榜样人物和学习者在道德境遇上面对相同的问题，具有相似的境遇，更容易为学习者所接受。且同伴榜样所采取的行为方式对学生来说也是具体的、便于操作的，因此，也更容易让学生观察学习。

① 陈桂生．学生行为引导中的榜样问题［J］．教育学术月刊，2008（7）．

细节 17

掩盖不是办法
—— 如何理性地面对校园欺凌

北京某名校发生了学生之间的欺凌事件，引起了媒体的热炒和社会的广泛关注。本来这类事件并不鲜见，也不太可能完全杜绝。发生了，学校有一个理性的态度，处理好，减少由此带来的影响和伤害，尽到教育的责任，也就没有什么值得炒作的了。问题是，学校总是本能地想维护自己的名声，总是想息事宁人。正是这种态度，使校园欺凌得不到制止和处理，使其恶劣影响扩散，使受害者的伤害扩大。

一、面对校园欺凌的理性态度

校园欺凌一度成为最热门的教育话题与社会话题之一，各种媒体，包括自媒体，铺天盖地全是关于校园欺凌的文字。导火索是被欺负儿童家长暴露出来的关于北京某名校的欺凌个案。引起关注不一定是坏事，关注的人越多，越可能集思广益，越可能发现问题的解决之道。但也有另外一种可能，即被媒体和大众热炒，逼迫教育行政部门、学校、教师，甚至教育研究者失去理性态度，激化矛盾，忽略了问题的核心，反而不利于问题的解决。

校园欺凌不是今天才有的，从大规模教育诞生起，同龄人大量聚集在一起，欺凌就有了。甚至在古代的小规模正规教育中，欺凌问题就可能已经存在。如今的媒体热炒，尤其是网络上群体性暴力事件的广泛传播，给人的感觉是欺凌问题越来越严重，多数学校都变得有点儿恐怖。

理性面对校园欺凌，首先是客观评估校园欺凌的状况，不被媒体热炒扰乱了心神。国外的多数跟踪研究证实，校园欺凌虽然一直是一个令人痛心的问题，但总体来看，发生频率和严重程度呈现下降的趋势。国内的研究发现也是如此，即校园欺凌虽然一直存在，但总体上呈现下降的趋势。也就是说，校园欺凌不是媒体热炒的越来越严重，而是呈现下降的趋势。既然校园欺凌总体上呈现下降的趋势，那么，为什么大众反而觉得越来越严重了呢？这得“归功”于媒体。过去媒体对校园欺凌不够关注，或者说即使想关注，技术手段也不够。而今则不同，一段视频的广泛传播就可以改变大众对校园欺凌的总体印象。夸大校园欺凌问题，将学校污名化、“地狱化”，显然不是客观的态度。

理性面对校园欺凌，当然要求不回避问题的存在。以一度热炒的北京某名校事件为例，面对家长的质疑，校方躲躲闪闪，在公开声明中闭口不谈欺凌，只说冲突和矛盾，显然不是理性的态度。欺凌就是欺凌，它与学生间、家长间的分歧、矛盾、冲突完全不是一回事，不能将欺凌与其他事件混同起来以模糊焦点。应该承认，现在的公共机构，包括学校，都被媒体炒怕了，那样的回应有大事化小的算计在，可以理解。但这种回避问题的不理性态度，实际上起到了火上浇油的作用。欺凌发生了，学校首先要做的，一是保护受害的学生，给其以关心、帮助、支持，坚决站在受害者一方，为其伸张正义；二是了解欺凌者的行为动因，对症下药，对其进行适当的教育和处罚，制定监管方案，保证错误不再重犯。当然，也需要与双方家长沟通，取得他们的谅解和配合。以负责任的态度处理已经发生的问题，才是化解危机的真正方式。

理性面对校园欺凌，也包括对欺凌者的保护。对受害者不闻不问，将欺凌所带来的伤害和痛苦淡化为矛盾冲突的附带后果，显然不是理性的态度。在多数情况下，学校不会如此过分，否则就失去了教育机构所应有的道德品性，变成了冷冰冰的功利存在。需要强调的是，受害者需要保护，欺凌者也需要保护。后者更容易被忽略。欺凌一旦发生，尤其是被媒体曝光为社会事件后，各种舆论便会纷至沓来，欺凌者也不可避免地会成为声讨对象。比如，在这次事件中，对欺凌者及其家长的声讨过头、过分了，甚至谩骂的声音也不少，还出现了“严打”“让他付出代价”等暴力性语言。不要忘记了，除了极少数恶性欺凌者外，多数犯错者都是成长中的学生，他们犯了错误，需要接受教育，甚至接受一定程度的惩罚，但绝不应该由此将其归入坏人、恶魔一类。学校的理性态度就在于，一方面，要对欺凌者给予恰如其分的批评与责罚；另一方面，还要牢记他们也是成长中的人，犯了错误，也值得学校去关心、帮助和保护。

二、校园欺凌：一个有边界的概念

对校园欺凌的关注对正视、解决校园欺凌有积极意义，但不能由此将校园欺凌的概念泛化，校园欺凌是一个有边界的概念。

既然是校园欺凌，那么，首先这是一个空间性的概念，即发生在校园中的学生之间以强凌弱的现象。发生在学校之外的同龄人之间的以强凌弱，是欺凌，但不是校园欺凌。当然，如果欺凌行为发生在校外，但根源却在校内，或者说是因为学校同学关系而发生的，那么宽泛一点儿的话，也可以算是校园欺凌。

第一，欺凌意味着以强凌弱。也就是说，施害方与被害方往往是力量悬殊的。在一个欺凌行为中，由于力量悬殊，被欺凌者往往无力反抗，或者虽然有所反抗，但并没有什么效果。如果双方势均力敌，或者说被侵害方虽然力量稍弱，但尚有反抗能力和反抗行为，就不是欺凌。

第二，主观故意是欺凌行为的另一个构成要件。给对方造成伤害是欺凌行为的一个外在特征，需要限定的是，这种伤害必须是故意实施的。也就是说，欺凌者的欺凌行为就是以伤害对方为目的。一些对他人造成伤害的行为，如果不是出于故意，就不是欺凌。比如，一个学生无意间撞倒了另外一个学生，虽然有伤害的后果，但因为没有主观故意，就不是欺凌。

与主观故意相联系的是旁观者的存在。欺凌者抱有恶意，想给被欺凌者以伤害与侮辱，往往需要旁观者的存在。因为旁观者的存在，欺凌者有了施行欺凌行为的“人际舞台”，欺凌者的恶意更能得到释放，给被欺凌者带来的伤害也就更大。如果欺凌者是众人，欺凌者则具有双重身份，既是欺凌行为的实施者，又是旁观者。

第三，造成伤害是欺凌行为的另一个构成要件。有了前两个构成要件，即力量悬殊、主观故意，但如果没有造成伤害，或者说伤害极其轻微，就不能说是欺凌。需要说明的是，伤害有客观的一面，也有主观的一面。客观伤害，包括对受害者身体、人际关系、物品等的伤害；主观伤害，则包括对受害者心理、名誉、隐私的伤害。当然，这两种伤害往往是交叉在一起的，虽然主观伤害中不一定有客观伤害，但客观伤害中却总是有主观伤害。

在实际生活中，我们往往重视客观伤害，忽视主观伤害。实际上，对未成年人来说，欺凌所造成的主观伤害，对他的困扰往往并不比客观伤害小。基于此，国内外的一些研究者开始将受害者的主观感受纳入欺凌概念之中，即将当事方是否觉得自己受到伤害、是否觉得自己被欺负作为衡量欺凌是否存在的标准。将主观伤害纳入欺凌概念之中，这是一个值得肯定的进步，但是，以当事方是否以为自己被欺负作为衡量欺凌行为的标准，还值得商榷。在我看来，只要符合以上三个条件，即强势方故意实施欺凌行为并对被害方造成了伤害，无论被欺负者是否以为自己被欺负了，欺凌行为都已成立。

边界清楚了，我们就可以将不是欺凌的行为区分出来。首先，学生之间的冲突不是欺凌。冲突是双方因为分歧而产生的对抗，不存在强势方对弱势方的故意伤害，不符合欺凌的定义。如果把冲突都泛化为欺凌，就是对欺凌的乱用，更是对矛盾的激化。即使是势均力敌的冲突，也总有相对“吃亏”的一方。吃亏的一方在情绪的主导下，可能会认为被“占便宜”一方欺负了，这时候教育者不能也被情绪所主导，把冲突当作欺凌。当然，冲突可以引发欺凌。其次，暴力不一定是欺凌。很多人总是将欺凌与暴力等同，实际上二者区别很大。一方面，暴力是欺凌的一种方式，但欺凌行为不限于暴力，语言侮辱、关系孤立、排斥、排挤等都是欺凌的方式；另一方面，有些暴力并不是欺凌，比如，两个同学因为口角打了一架，即使一方吃了很大的亏，也不是欺凌。

三、学校的冷漠是对被欺凌者的二次伤害

现代教育的一个特征就是同龄人的大量聚集。现代人把同龄人聚集当作理所当然的现象，但实际上，在现代以前的教育体系中，同龄人大量聚集不是常见的现象。同龄人不自然地大量聚集在一起，加上他们处于身心不成熟的状态，冲突、欺凌的发生不可避免。实际上，有欺凌现象并不可怕，可怕的是欺凌发生后教师和学校的冷漠。

欺凌的特征是以强凌弱，也就是说，在一个欺凌结构中总是存在着强势一极和弱势一极。被欺凌者处在弱势一极，往往没有反抗能力，被困于这一痛苦的结构之中。如果其有反抗能力，欺凌就不会发生。欺凌的发生，是以被欺凌者的无从反抗为条件的。一旦欺凌发生，被欺凌者基本上无法靠自身的力量来摆脱欺凌的伤害。这时候，被欺凌者最需要的是外力帮助。同学、家长、教师都是可能的外力帮助者。处在成长中的同龄人，是非观念尚未牢固树立，往往受群体气氛和事件发生情景所左右，能够站出来主持公道、制止欺凌行为是小概率事件。家长属于学校场域的局外人，不在学校现场，知道欺凌行为发生的可能性不大，即使事后知情，也只能通过学校和教师进行补救，不太可能直接对欺凌行为进行干预，更何况成长中的孩子往往不愿意把被欺负的不光彩的遭遇告诉家长，家长是否知道欺凌事件的发生具有不确定性。教师是学校与班级生活的在场者、参与者、管理者、引导者，无论是从人际关系、角色地位，还是从生活的卷入程度看，都是被欺凌者获得帮助的最大希望之所在。

被寄予最大希望的教师和学校，如果对被欺凌者不施以援手，那就是对被欺凌者的再次伤害。首先，被欺凌者会被对恶行的纵容所伤害。对正在发生的恶不加以阻止，本身就是对恶的纵容。欺凌是一种恶行，教师和学校的不关注、不阻止，本身就是助恶。他们本来是被欺凌者的最大救助希望之所在，却变成了助恶的存在，变成了帮凶。其次，被欺凌者处在无力自拔的境地，有获得救助的道德急需，如果教师和学校对此急需不关注、不响应，那就是道德冷漠，被欺凌者就会被这种道德冷漠所伤害。教育本身是一种关爱活动，教育的真谛就在于对受教育者需要的响应。被欺凌者有获取救助的道德急需，却被忽略、被无视，这种道德冷漠所带来的

伤害何其大矣！再次，被欺凌者会受到被遗弃所造成的伤害。被欺凌者往往不是学校、班级中的佼佼者，多是身心发育、学习活动中的弱势者。教师和学校的冷漠，实际上是对他们的遗弃。遗弃本身就是一种伤害，被欺凌者生活处境上的不利、欺凌结构中的被困所造成的伤害，都会被遗弃所加重。

教师和学校有救助被欺凌者的道德义务。在多数情况下，教师和学校都会在这种道德义务的驱动下去救助被欺凌者。那么，为什么还会有冷漠现象存在呢？一个重要的原因在于如今的学校和教师过于关注考试和成绩，其他事务在有意无意之中被放在一边了。确实，一个孩子被欺凌，救助与否，对学校应试成绩没有多少助益或损害。问题是，欺凌的发生，对被欺凌者的伤害却是严重的。如前所论，被欺凌者往往不是学校的希望、荣耀所在，他们不是那少数能为学校带来荣誉和利益的学生，这也是他们在有道德急需时不能得到救助的一个重要原因。此外，作为教育机构的学校，在现实运作中往往将自身利益与学生的利益割裂开来，在发生欺凌这种不光彩的事件时，往往会有自我保护的冲动，希望大事化小，以免引起家长和社会的注意。

四、旁观者的作用

在一个欺凌结构中，欺凌者和被欺凌者是必不可少的两个环节，旁观者虽不是必不可少的环节，但往往是欺凌行为的伴随现象。也就是说，欺凌行为多发生在有旁观者的情况下。在没有旁观者的情况下，欺凌发生的可能性与欺凌行为的强度都会降低。由此看来，旁观者是欺凌结构中一个重要的环节。

欺凌者在实施欺凌行为时，往往需要旁观者。这是为什么呢？原因可以从人的群体性那里找。人是群体动物，每个人都要在群体中进行表达以获取注目、认可，这是作为群体动物的人所具有的深层本能。群体可以给人以依靠，但也可以将个体淹没。因此，在群体中生存的个体都有以各种各样的方式引人注目、获得认可的需要。比如，有人以相貌、有人以成绩、有人以富有来达到目的。欺凌行为一方面有欺凌者的恶意；另一方面，也是欺凌者以变态的方式获取群体注目、认可的方式。如果没有观众，欺凌行为的意义就会失去一半。这就是在没有观众的情况下，欺凌行为发生的概率和强度都会降低的原因。

欺凌现象中旁观者的作用不容忽视。对欺凌者而言，旁观者的存在等于是给自己的欺凌行为提供了观众。观众的在场，对欺凌者来说就是一种激发因素。欺凌所带来的恶意快感和成就感，因为观众的存在而得到放大。如果欺凌者能够觉察到旁观者的兴趣和兴奋，欺凌行为就会得到鼓励，就会因此而变本加厉。如果旁观者再有起哄的言行，欺凌行为的强度往往就会比本来大很多。对被欺凌者而言，旁观者的存在，起到了放大他们痛苦的作用。在一个有旁观者的欺凌结构中，被欺凌者的痛苦有两个来源：一个是欺凌行为所带来的痛苦，一个是旁观者的旁观所带来的羞耻与伤害。前一个痛苦是直接痛苦，后一个痛苦是间接痛苦。一般情况下，直接痛苦大于间接痛苦，但在特定的情况下，间接痛苦甚至大于直接痛苦。间接痛苦来自两个方面：一个是羞耻的痛苦，一个是冷漠带来的伤害。被别人欺凌，即使自己毫无过错，也暴露了自己的弱小、懦弱。而这弱小与懦弱被旁观者看到，甚至被旁观者耻笑，那是非常令人羞耻的事情，也因此是令人痛苦的事情。欺凌的发生，一个显著特征是被欺凌者无力反抗，处于一种无助的困难状态。这时候，被欺凌者最需要的是得到救助，但旁观者的纵容、冷漠、起哄是对被欺凌者救助急需的残酷拒绝，甚至是在其伤口上撒盐。救助急需得不到响应，旁观者幸灾乐祸所带来的痛苦在很多情况下并不比直接伤害所带来的痛苦小。

由此看来，在一个欺凌结构中，旁观者表面上并没有直接参与欺凌，实际上却以自己的旁观行为参与了欺凌。在欺凌发生的时候，在那里旁观，而不去制止，实际上就是对欺凌行为的默许、纵容、鼓励。也就是说，在欺凌结构中，旁观者是属于欺凌者这一方的。宏观一点儿看，是欺凌者与旁观者对被欺凌者共同实施欺凌行为，是共同欺凌。

对校园欺凌的预防可以从旁观者着手。首先，应教育学生，旁观、看热闹、起哄虽然不是直接欺凌别人，却一样是不道德的事情。树立这样一个正确的是非观念非常重要，因为没有这样一个观念，就没有停止旁观、劝阻欺凌的可能。其次，很多孩子其实是有正义感的，不是他们愿意旁观，而是赶上了，被动地成为旁观者，却又不知道如何干预欺凌行为。因此，在预防欺凌的教育活动中，应教给学生摆脱旁观的方法，包括如何劝阻欺凌者、如何保护被欺凌者、如何及时向学校和教师报告欺凌的发生，等等。

五、帮助欺凌者的双重意义

当欺凌成为社会热点的时候，众声喧哗，各种非理性的声音也有了发声的空间。其中对欺凌者的谴责与声讨最为响亮，比如让欺凌者付出代价、严惩不贷、绳之以法、降低入罪门槛，等等。这些非理性的声音忘记了校园欺凌中的欺凌者本身也是成长中的人，并不能以一种错误行为对他们进行定性，把他们一棍子打死。而且，他们做出欺凌行为，体现出一种道德恶，但这同时也标志着他们也是受害者，也是需要得到帮助的人。

粗略看来，欺凌者有两种类型：一种是临时性的，一种是习惯性的。所谓临时性的，就是欺凌者平时并没有欺凌他人的表现，只是基于特定情况，“临时起意”做出了欺凌行为。事情发生之后，他们感到后悔，感到羞耻，不理解自己怎么会做出那样的行为。多数临时性的欺凌者事后都能改正，以后不再欺凌他人。但也有少数人由此开始滑向习惯性欺凌者。对这样的欺凌者，当然要根据其对自身错误的认识给予批评、引导，阻断其滑向习惯性欺凌者的可能。所谓习惯性欺凌者，就是总是欺凌他人，甚至以欺凌他人为乐的人。与临时性欺凌者不同，习惯性欺凌者已经感受不到欺凌行为的错误，也没有对被欺凌者的同情，他们从欺凌行为中感受到的是快感和发泄。

说欺凌者也是需要帮助的人，一个重要的原因在于他们多是学校生活的失败者。当今的学校是以考试成绩作为承认标准的，这些习惯性欺凌者往往是考试成绩所不承认的那些人。这些学生在学校生活中体会到的是挫败感，他们是被体制所排斥的人。因此，他们的欺凌在一定程度上是一种挣扎，是对自身失败的“拯救”，他们正是通过欺凌他人这一变态的方式来找到“承认”与“认可”的。在具体的欺凌行为中他们是作恶者，但在整个教育框架中，他们也是受害者。当然，也不排除有极个别的欺凌者不是出于发泄，只是出于恶意而欺凌他人的。

教育者对成长中的人应该有这样一种信念，即他们都是有道德、有感情的人。但习惯性欺凌者身上已经有了恶意，有了道德恶的影子。道德恶是把双刃剑，在伤害他人的同时也会伤害自己。这些欺凌别人的孩子，如果在校期间得不到帮助，在作恶的道路上越走越远的话，就可能走向更严重的作恶，他们的人生也会因此而堕落。在这个意义上，对欺凌者，尤其是习惯性欺凌者的帮助具有双重意义，它既是对受害者的帮助，也是对他们自身的帮助。

对欺凌者的帮助有两个方面：一是对他们欺凌行为的制止、惩罚、矫正、教育，一是对他们的接纳与包容。前者是直接针对具体错误的，这当然有必要，但做到这一点只是治标。要想达到治本的效果，还是得给予他们特殊的关心，使他们找到“做人的感觉”，在学校生活中得到承认与接纳。一所具体的学校、一个个体的教师当然无法改变整个教育体系，但这不是消极的借口。学校也好，教师也好，总是能在力所能及的范围内去发现这些孩子在考试之外的兴趣与特长，去发现他们身上的“过人之处”，并使其得到发扬。当然，一个基本的态度是必不可少的，那就是即使这些学生考试成绩非常差，他们也不是班级学习的拖累者。很多孩子就是在被定位为班级学习的拖累者之后才开始以欺凌他人来获得班级生活尊严的。

细节 18

女生学不好理科?
—— 论教育中的性别偏见

在学校教育中，教师经常流露出“女生学不好理科”的想法，经常发出“女生学理科就是不如男生”的感叹。在指导学生进行学科选择时，往往会明示或暗示女生不要选理科。当然，为了表示自己并无性别偏见，教师也会夸奖女生在语文、英语等语言类学科上的优势。

这是学校教育中常见的、细小的思想流露。这样的流露和类似的做法有科学依据吗？会给男女生的发展带来什么样的影响？符合性别公正的要求吗？

一、女生学不好理科有科学依据吗

很多歧视女性的观念都有一个或隐或显的“科学依据”—— 两性在生物学上的差异，似乎生物学上的差异注定了女性的劣等地位。这种披着科学外衣的似是而非的观念在学校教育中同样若隐若现。比如，很多人将女生与男生在理工科学习上的差距归因于女性的生理特点，尤其是大脑的结构。将对女性的歧视归结为生理原因，似乎女性受歧视是生物学的宿命，这是学校教育中需要破除的一种观念。

男性、女性在生物学上的差异主要有三个方面：染色体、激素和大脑的结构。关于染色体及基因的研究揭示了两性在生物学上的内在差异，但这并不能成为判别两性优劣的依据。将复杂的人类行为仅仅解释为基因差异，这是典型的基因崇拜论。事实上，“在空间、数学和口头能力上的性别差异是遗传的，并以这种方式永恒地存在于女孩和男孩的生物性中的情形，是不可能发生的。相反，这些差异是由某个特定阶段的社会价值造成的”①。同样，两性在雄性激素和雌性激素的组成比例上确有差异，但雄性激素与男性之间、雌性激素与女性之间并不是对应的关系。也就是说，雄性激素不是男性所独有的，雌性激素也不是女性所独有的。两性在性激素组成比例上的差异，是就整体而言的，而就个体而言，这种差异并不恒定。还有一点需要特别说明，很多人以为激素水平是天然的，而忽略了“激素的分泌也受到外界环境因素的影响。某种经验能够改变激素的水平”②。两性在大脑的结构与发育上存在着客观差异，这是不容置疑的，但我们不能忘了，大脑常常通过改变自身的生物化学特性，甚至是结构，来回应外界的刺激。③也就是说，两性大脑结构与发育的差异到底是天然的，还是历史的、社会的，很难区分清楚。更何况大脑的这种差异，并不能作为判断两性优劣的标准。对于性激素、大脑结构差异与女性的关系，波伏娃的观点依然掷地有声：“女人的所谓特性，并没有一种是雌性荷尔蒙或大脑的结构强加给女人的，而是由她的处境如模子一般塑造出来的。”④

性别生物学的研究自有其价值，它告诉我们哪些遗传学和生物学因素可能会影响到我们的能力和选择；但是，生物学理论只是让我们了解男性和女性普遍存在的生理特征和遗传学特征，并没有描述作为个体存在的男性和女性，更不能区分两性的优劣。然而，社会文化与学校教育为什么总是有意无意地从生物学上寻找两性不平等的依据呢？寻找生物学差异，是为性别歧视寻找一劳永逸的证据，因为“为差异找到生物原因就等于把差异刻在石头上”⑤。也就是说，两性在生物学上的差异被男权社会和文化“组织起来”，成为两性不平等的“自然依据”，并由此导出社会差异和价

① 罗杰斯. 大脑的性别[M]. 李海宁，译. 北京：生活·读书·新知三联书店，2004：32.
② 同①69.
③ 同①27.
④ 波伏娃. 第二性[M]. 陶铁柱，译. 北京：中国书籍出版社，2004：543.
⑤ 同①51.

值差异。

二、女生为什么“学不好”理科

虽然“女生学不好理科”的说法没有科学依据，但老师们流露出的想法和发出的感叹并不是空穴来风、毫无根据，而是有一定的事实根据的。学校教育中存在着一个基本趋势，即在初中中期以前，女生的学习与男生没有差异，甚至好于男生；初中中期之后，男生的学习则好于女生，尤其是在理科学习上男女生的差异更为明显。既然不是生理的原因造成的，或者说男生和女生都能够学好任何学科，那么，为什么还会出现这种情况呢？

我们首先从社会文化上找原因。人一出生就进入一个性别分野的社会，会被各种性别信息包围。家庭对孩子性别观念的形成起着关键的作用，而家庭又是男权制的传统领地。孩子对父母行为的观察以及父母的观念灌输慢慢使其形成反映男权制的性别观念。在家庭生活中，父亲的优越地位与母亲的顺从，都会对孩子产生潜移默化的影响。父母对男孩要勇敢、女孩要温柔的观念灌输，以及所给玩具的不同，都会慢慢地影响孩子的性别观念。当然，生活在一个男权主导的社会里，父母不可避免或多或少地持有对女性的偏见，而这种偏见在家庭教育中经常会流露出来。比如男孩做了一件事情，女孩也要做，父母可能会说“不要与他比，他是男孩”；女孩一件事情没做好，父母可能会说“没事的，你是女孩”。在未来职业选择上，父母可能会说“女孩干吗要学理工科”，这样的偏见流露，实际上在慢慢消磨女孩的自我评价和自我期望。

语言文字是社会文化的载体，社会文化中的性别偏见常常被无意识地带到语言文字中。伍德将语言文字对性别的形塑归纳为对性别的定义、使性别观念条理化、评价性别等方面。① 语言文字对性别的定义，包括男性通用语言排斥女性、用不同的方式定义男性和女性两个方面。很多具有男性色彩的词语变成了通用语，貌似公平，实际上，看到这样的词语，人们往往感到其所指的就是男性而非女性。这样的词语暗示着男性比女性重

① 伍德. 性别化的人生：传播、性别与文化［M］. 徐俊，尚文鹏，译. 广州：暨南大学出版社，2005：80-88.

要。语言往往用活动、成就或地位来定义男性，而以外表或与他人的关系来定义女性。语言往往将理性、强者与男性联系起来，而将感性、弱者与女性联系起来。这种对性别刻板印象的助长，正是语言的性别观念条理化功能之一。语言还为我们贴上男性或女性的性别标签，使我们无法在标签之外选择，助长的是性别两极化的思维方式。语言对两性不是不偏不倚的，语言暗含着评价，它轻视、反对、削弱女性以及与女性相关的事物，进而起到贬低女性的作用。很多语言将女性与幼稚、不成熟联系起来，充斥着大量贬低女性的词语。以汉语为例，《简明汉语义类词典》在“男人”词条下收词 29 个，其中只有一个“仆”表示自谦，其余 28 个都无贬义。而在“女人”词条下收词 52 个，其中至少有 27 个含有贬义的色彩。①

这还可以从我们的教育、教学方面找原因，或者说我们的教育、教学在性别问题上也有一定的偏见。很多人以为数理化不适合女生，女生最好不要学习这些学科。这种观念反映出“领域有界”的性别偏见，导致很多女生怀疑自己能否学好这些学科，转而学习艺术、语言等人文社会科学学科。这限制了女性在数学、物理学、计算机技术、商业管理等社会优势专业领域的发展。课程内容中的偏见有量和质两个方面。在量的方面，很多研究者已经揭示课程与教材内容中男性出现的比例一直高于女性。比如，美国的一项研究发现，小学读物中男性人物的数量是女性人物的两倍，中学化学课本中出现的男女人物比例是三比一，中学历史课本中出现的男性照片的数量是女性的四倍。② 我国的多项研究也发现，各种课本中或多或少地存在男性出现的比例远远高于女性的问题。③ 也就是说，学生从课本中学到的主要是男性的经历和成就，而对女性的经历和贡献则了解不多，结果是逐渐形成男性优于女性的观念。在质的方面，课程内容中出现的为数不多的女性形象往往被限定在特定的领域里、特定的行为上，强化着社会上业已存在的性别刻板印象。一些教材中甚至存在着歪曲、贬低女性的倾向，比如将女性描述为具有依赖、被动、服从、缺乏智慧、目光短浅、爱慕虚荣等特征的人。

---

① 孙汝建. 性别与语言［M］. 南京：江苏教育出版社，1997：7-8.
② 伍德. 性别化的人生：传播、性别与文化［M］. 徐俊，尚文鹏，译. 广州：暨南大学出版社，2005：154.
③ 郑新蓉. 性别与教育［M］. 北京：教育科学出版社，2005：143.

由于性别差异的存在，女性对事物、知识的把握与男性有所不同，女生擅长的学习方式也与男生不同。有研究表明，女生在提倡合作互动的课堂气氛中感觉更舒服，表现也更好。但大多数学校提倡的是倾向于男生的竞争式的教学方式。[①] 更不用说，许多教学内容本身是按男性的概念体系和思维方式组织的，比如，很多知识内容都选择男性更擅长的线条、图表等抽象方式来呈现，而不采用女性所擅长的描述性、想象性的直观的方式来表达。在面对同样的教学内容时，学习活动还没有开始，女生实际上已经处于劣势了。

再者，男生和女生所处的心理环境不同。表面上看，男生和女生在同一所学校上学，使用相同的教室，面对同样的老师和同学，使用同样的设施，但所有这些都不能抵消男生和女生所处心理环境的不同。学校的软硬件、各项制度、惯例和教师的言行实际上无时无刻不在散发着性别信息。比如，校服款式的差异[②]、男女玩具和活动的区别等无意识的安排，都在向学生诉说着性别的不同与优劣。在一定意义上，社会主文化就是一个性别不公正的“大循环”，而儿童亚文化则是与这个大循环同质、同构的“小循环”！

正是社会和学校对女生的贬低，使女生在成长的过程中不断受挫，慢慢地接受了自己不如男生的观念，自动从很多竞争性的领域里退让出来。为什么到了初中中期女生的学习才慢慢被男生超过呢？可能的解释是随着年龄的增长，女生受到的性别偏见熏染越来越多，自信心慢慢下降。在女权运动高涨的一些国家，这些情况已经发生了很大变化。比如，有统计显示，从 20 世纪 90 年代早期开始，英国教育体系中的女生一直在所有领域和所有水平上超过男生。1999 年，女生在所有重要方面得到的教师评价都赶上或超过了男生，女生在所有主要的学科领域里都赶上或超过了男生。[③]

---

① SEYMOUR E. The loss of women from science, mathematics, and engineering undergraduate majors: an explanatory account [J]. Science Education,1995,74:437-473.

② 吉登斯指出，强迫女生穿裙子或套装的规定明显地反映了性别的类化(gender typing)，不仅塑造了男女生外表的差异，还导致女生因服装的原因而失去席地而坐、参加剧烈活动、快速奔跑的机会，进而导致男女生都以为女生运动能力缺乏。见吉登斯. 社会学：第 4 版[M]. 赵旭东，齐心，王兵，等译. 北京：北京大学出版社，2003:492.

③ 吉登斯. 社会学：第 4 版[M]. 赵旭东，齐心，王兵，等译. 北京：北京大学出版社，2003:492.

这充分说明女生“学不好”理科的原因不在于女生，而在于社会文化所设置的障碍，一旦障碍解除，“学不好”的说法就会不攻自破。

三、教育的性别公正观念

“女生学不好理科”的说法以及一些带有偏见的做法，反映出学校教育还没有树立起性别公正观念。那么，教育应树立什么样的性别公正观念呢？性别公正首先要求两性平等，包括价值无差、领域无界和同等对待。虽然两性的区分不是绝对的，但能够区分已经说明两性不是无差别的，因此，性别公正的第二个维度是尊重差异。将男性特征和女性特征分别固定在男性与女性身上，是父权制社会的一种性别制度，不但对女性，就是对男性，也是不公正的。基于此，赋予人们在男女特征的两极间自由选择的意识和能力，是实现性别公正的第三个必要维度。

1. 性别平等

性别平等的首要内涵是价值无差。两性的价值无差是无须证明的人类价值，人类历史上之所以长时间存在着两性的价值等级，实际上是为了维护男性霸权的需要。男性通过在价值上贬低女性，使女性弱化，进而达到维护自己强者地位的目的。第二内涵是领域无界。人类活动是分领域的。从古希腊开始，人类活动的领域就被分为管理国家的公共领域和处理家庭事务的私人领域。人类活动或者说生活领域的这种二元分立在历史进程中有各种各样的演化，但无论如何划分，都应该平等地向两性开放，不能为特定性别设置障碍和限制。也就是说，领域无界。第三内涵是同等对待。这涉及两个方面，一是公共领域，二是私人领域。公共领域曾经是女性的“禁区”，女性在这一领域里的平等权利被长期剥夺。所以女性主义运动的首要任务就是争取公共领域的权利，比如平等的政治权利，包括选举权和被选举权等。在漫长的历史进程中，女性被圈定在私人领域里，但在私人领域里，女性也并没有平等的权利，米利特指出，家庭是男权制的主要机构，是男权制社会的一个主要单元。[1] 福柯关于微观权力的概念，给了女性主义很大的启发，“女性日益清楚地认识到，私人领域远非非政治的领域，实际上，私人领域正是对她们行使权力最多的地方”[2]。

2. 尊重差异

在社会学中，性（生物性别）和性别（社会性别）不是一个概念，前者指男人和女人在身体解剖与生理学方面的特征，后者指男性和女性之间在心理、社会和文化方面的差异。正是这种区分，使性别差异成为很多女性主义学者所避讳的一个概念，她们担心性别差异是被男权社会别有用心地加以利用的概念。但两性之间的差异是客观存在的，这一点不容否认。静态地看，性别差异是显而易见的，不承认、绕着走都不是科学的态度，关键是如何理解、如何解释。

虽然长久以来不断地有人为性别差异寻找生理依据，但这种努力看起来并不成功，因为“还没有把生物力量与人类男女所显示的复杂的社会行为联系起来的机制的证据。认为个体只是依据某种先天性倾向进行活动的理论，忽视了社会互动在形塑人类行为上的重要作用”[3]。也就是说，我们天生有性，但并不是天生而有性别。社会认可的男性特征和女性特征会通过各种各样的文化手段传递、灌输给个人，比如小孩子接触到的玩具，实际上就在强化男性和女性特质的差异。因此，每个人的性别认同都是通过潜移默化的学习而获得的。

既然女性是社会文化在漫长的历史过程中造就的，从性别公正的要求出发，首先要尊重社会文化所赋予女性的这些特征。暂不论将某些特征固定在女人身上是否公正，我们应该承认女性的性别特征也是人性的一种表达方式，或者说女性特征也是人性的需要。由于社会文化对女性特征进行了经久不息的贬低，不仅仅是男性，连女性也慢慢对自己和同伴持贬低甚至鄙视的态度；很多人，甚至包括一些女性主义学者，都自觉不自觉

① 米利特. 性政治［M］. 宋文伟，译. 南京：江苏人民出版社，2000：32.

② 阿内尔. 政治学与女性主义［M］. 郭夏娟，译. 北京：东方出版社，2005：242.

③ 吉登斯. 社会学：第 4 版［M］. 赵旭东，齐心，王兵，等译. 北京：北京大学出版社，2003：101-102.

地将男性视为标准和尺度，急于抛弃自己的女性特征，向男性特征看齐、靠拢。

尊重性别差异还要求在一定的历史时期内，对女性给予补偿性优惠待遇。性别差异是历史形成的，历史对男性来说就是优势不断积累的过程，对女性来说则是劣势不断积累的过程。从性别公正的立场出发，社会不但应该包容女性的性别特质，还应该考虑性别不平等的历史与现实因素，给予女性更多的扶助和补偿，以保证女性接近实质性的平等。在整个社会文化向男性倾斜的情况下，有意识地在制度安排等文化层面给予女性更多的补偿与优待，才是符合正义原则的。

3. 自由选择

有些敏感的女性主义学者反对对女性品质的赞美，她们担心这种赞美别有用心：将女性固定在某种角色或某些特征上。比如，赞美女性温柔、善解人意，可能隐蔽地表达着女性必须具有这种特质以满足男性的需要。如前所述，男性特质和女性特质都是人性的表达，但硬将女性特质与女性挂钩、男性特质与男性挂钩，使两性失去选择的自由，形成性别刻板印象，对两性来说都是不公正的。一说到男性，就意味着不能女性化、必须成功、积极主动（进攻性）、超过女性、独立自主，等等；一说到女性，就意味着重视容貌、温柔体贴、忍耐内敛，等等。为什么男性就不能拥有女性特质，女性就不能拥有男性特质呢？事实上，异性的特质一直潜伏在我们的本性中，只不过被性别隔离的社会文化压抑住罢了。比如，男性在悲伤的时候也需要像女人那样流流眼泪，但碍于“男儿有泪不轻弹”的性别文化，只能将眼泪咽到肚子里；女性也渴望事业成功，但又担心被人冠以“女强人”或“灭绝师太”的称号而作罢。

既然男性特征和女性特征都是人性的表达，作为个体，人为什么不能从男性特征和女性特征中进行选择，以使人类优秀的品质集中于自身呢？“男女共享体”或者“男女同体”的理论非常富有启发性。这种理论虽然有多种流派，但有一点是共同的，即生物性不是决定性别特征恰当性的基础，每一个人都可以从纯粹的女性特征到纯粹的男性特征这一跨度内进行多种选择，以实现自己人性的最优化。“男女共享体”理论的精髓在于，不强求一个人要么具有女性特征，要么具有男性特征，也不强求一个人同时具有女性特征和男性特征，而使一个人不因为自己的生物性而失去从所有人性表达方式中进行自由选择的权利。

细节 19

煽情式的感恩教育

——感恩教育的伦理分析

“配合着煽情的音乐，台上的演讲者声嘶力竭，台下几千个孩子坐在操场上集体痛哭。”日前，一段山西某小学感恩教育演讲现场的视频引发社会争议，网友质疑这种演讲的形式接近“营销式洗脑”。而实际上，“台上激情演讲，台下哭成一片”的感恩教育屡现报端，渐渐形成了一种教育模式。

到底该如何看待类似事件？什么是感恩？到底需不需要感恩教育？如果需要的话，我们需要什么样的感恩教育？这些都是值得思考的问题。

感恩是一个中国话语，西方伦理学较少用感恩，较多用感激。包尔生将感激定义为“由仁慈和善行在一个健康的灵魂中引起的情感”[①]。感激对仁慈的促进自然而然，而感激的反面——忘恩负义，则是对仁慈的阻碍与削弱。他将忘恩负义作为感激的反面，说明他的感激与我们所说的感恩有很多相同之处。从包尔生的感激定义中我们可以看出感激作为一种情感的性质：首先，感激来自仁慈和善行；其次，感激是健康灵魂的自然情感；再次，如果来源是纯正的，即是真正的仁慈和善行，接受者也是纯正的，即灵魂是健康的，感激之情一定会产生。如果感激之情没有产生，那么就要从两个方面去找原因，或者是施惠者有问题，或者是受惠者有问题。忘

① 包尔生.伦理学体系[M].何怀宏,廖申白,译.北京:中国社会科学出版社,1988:567.

恩负义，说的是受惠者的灵魂不健康，即因为受惠者灵魂不健康，在该产生感激之情的时候没有产生感激之情。忘恩负义是很恶劣的，因此很容易遭到人们的谴责。而施惠者一方的问题，则常常被忽视。很多要求对方感恩的行为本身并不纯正，也就是说，从一开始它们就是沽名钓誉或者居心不善，在这种情况下，单方面苛责受惠者忘恩负义就不公平了。实际上，纯粹出于仁慈而不是一开始就想得到感激而帮助别人的人，反而更能够得到感激。

伦理学多讲感激，而宗教则讲感恩。因为感激是平等的人之间因仁慈和善行而引起的情感，而感恩则不同，感恩是低下的人对高贵的神的一种情感。在感恩结构中，情感的两端，一端是高高在上的上帝，另一端则是匍匐在地的人。这是一个不平等的垂直结构。中国文化虽然不是宗教性的文化，但对感恩的强调与此有诸多相似之处。漫长的封建社会是等级社会，其伦理出发点显然是优势阶层，反映的是等级社会中优势人群的价值需求。优势人群如何剥削弱势人群可以忽略不计，然而，如果优势人群给了弱势人群恩惠，哪怕是一丁点儿恩惠，弱势人群都必须感恩戴德，否则就是忘恩负义。也就是说，与封建文化融为一体的感恩文化，它所要求的感恩与西方宗教文化一样，都依托于一个垂直的不平等人际结构。这种结构下的感恩，体现的是优势人群的锱铢必较，甚至是无理、过分的要求，而弱势人群则没有多少选择，因为忘恩负义的大帽子可是可以置人于死地的。

这种感恩伦理有时候甚至会扭曲正常的人际关系，比如师生关系，我们总是不加分析地给教师戴上“恩师”的冠冕。师生关系好坏，取决于双方，或者说更多地取决于教师。教师如果能够真正纯粹地爱学生，在大多数情况下都能得到学生的感激与爱戴，这样的教师如果用“恩师”称呼，也不为过。问题在于，并不是所有教师都是如此，片面地要求学生将教师都称为“恩师”并以“恩师”相待，显然是过分要求。虽然一般的教师在学生的成长中也发挥了一定的作用，但我们要知道，学生对教师的成长也不是毫无意义的，普通教师的成长得益于学生之处也并不少。如果我们因为教师的作用将所有教师都称为“恩师”的话，那么为什么不称学生为“恩徒”呢？感恩伦理也会扭曲正常的工作关系。比如球员与教练，大家在一个团队工作，角色分工不同，各自完成自己的本职工作，我们（新闻媒体、大众心理）却要求球员将教练当成“恩师”。其实，完全没有必要。教练如果做得好，当然会赢得球员的尊重，同样，球员如果努力、出色，也会赢得教练和队友的尊重，没有必要硬去套感恩结构。

感激作为一种自然感情，其意义首先在于对仁慈与善行的促进。虽然仁慈与善行不是为了感激，但受惠者的感激使仁慈与善行得到了反馈，对仁慈与善行必然是一种鼓励。其次，感激对受惠者也是一种净化和提升，因为受惠者得到了帮助，产生感激之情，是健康灵魂的自然反应，另外，感激之情的表达，也是自身践行仁慈与善行的动力。感恩如果从垂直的等级结构中脱离出来，不再强调不平等性，而与感激融合在一起，那么，显然，在新的时代依然是值得推崇的道德价值。

感恩还有一个特性，即感恩总是与受惠、被帮助相联系。这一特性有时候会成为感恩的障碍，因为我们一旦表达感恩之情，就意味着承认在人际互动中的弱势地位，承认自己有这样那样的能力缺乏，需要得到别人的帮助。因此，常见的情况是，很多人的感恩之情只在内心，不愿意表达出来。甚至那些被冠以忘恩负义之名的人，谁能知道他们的内心有没有感恩之情呢？

既然是值得推崇的道德价值，那就需要教育。那么，该如何进行感恩教育呢？根据以上对感激、感恩概念的分析，感恩教育的依据不在其他地方，就在感恩情感本身。如前所论，既然感激是健康灵魂的自然情感，那么，教育所要做的就是培养健康的灵魂。也就是说，感恩需要教育，但不需要直接教育，感恩教育在感恩之外，即教育孩子成为一个心灵健康的人。包尔生说：“那些把孩子教育成诚实的、有能力的和正直的人的父母，不会去抱怨孩子们的忘恩负义。”[①] 这样的父母，一方面，教育孩子是出于真正的爱，而不是出于要求感恩和回报；另一方面，他们所教育出来的诚实、正直的孩子也绝对不会忘恩负义。孩子的灵魂健康了，感恩就根本不是问题。

如前所论，感恩教育的另一个障碍是施惠者，因为施惠者的不纯粹、

① 包尔生．伦理学体系[M]．何怀宏，廖申白，译．北京：中国社会科学出版社，1988：568.

功利性、过分要求对感恩之情的损害一点儿也不小于“忘恩负义”。因此，感恩教育的另一个重点就在于，教育成年人和未成年人在帮助别人的时候尊重别人，不因为自己对别人有一点儿帮助而将自己放在高高在上的施惠者地位。真情自然会得到感恩，假意所得到的当然也是假意。我们应该通过教育，让成年人与未成年人都体悟到，当我们真心行善，不求回报时，反而能得到更多、更真实的感激。

感恩教育的第三个重点在于破除自卑心理。教育既要增强人的能力，也要使人认识到自身的局限性。作为人，我们不是神，我们都有缺陷，都需要得到他人的帮助，没有他人的帮助，单个的人是活不下去的。同样，我们每个人也都能够帮助别人。因此，向帮助自己、施惠于自己的人产生并表达感激之情是再自然不过的事情，没有什么好羞耻、好自卑的。相反，感激是使自身得到净化、提升的力量，是去帮助别人的动力。

前文提到的感恩教育靠煽情，然而，煽情不是教育。煽情一定要借助情感的极端化、夸张化才能收到瞬间激发人的感情的效果。一方面，这种极端化是对正常关系的扭曲，比如将父母等施惠者的艰辛、恩泽夸张到极点，将孩子在这一关系中的弱势、受益夸张到极致。好像孩子如果不马上回报父母，就猪狗不如似的。真实的父母子女关系显然不是这样的。父母之爱是付出之爱、不求回报之爱。从回报父母的角度来激发感恩之情，实际上是对父母真情的贬低。父母之爱，正是在爱子女的过程中得到了回报，其本身就是幸福的。那种夸大父母艰辛的说辞，不理解父母爱的付出与得到之一体性。另一方面，这种由情感的极端化激发的情感本身就是极端的，来得快，去得也快，根本不能沉淀为品质。次数多了，还会导致孩子的情感麻木，使其产生荒唐感，走向教育的反面。

细节 20

校园文化“外衣”
——对学校文化建设的思考

校园文化建设在实践中是一个热点，不少学校非常热衷于校园文化建设。有的从学校物理环境入手，种植花草树木，美化校园；有的从环境教化着手，建设展览窗、文化墙，“让每一面墙壁都说话”。这些做法当然有一定的意义，但这就是学校文化建设吗？

当今中国正在经历前所未有的社会转型，社会浮躁是其副产品之一。学校作为文化机构和文化存在，本应为浮躁的社会注入一股沉稳之气，在普遍的浮躁中表现出一种“文化定力”。但不幸的是，应然只是应然，实然的学校被社会的浮躁裹挟而去，与社会一起浮躁，甚至用自己的浮躁去制造、加剧社会的浮躁。学校浮躁的一个表现就是跟风，社会上、学术界一有什么新名词，学校就跟着造势，好像学校是社会文化的弄潮儿、急先锋。实际上，很多学校对自己所追的新名词是什么、是不是适合学校教育都没有搞清楚，就不知其所以然地在那里“起哄”，暴露自己的浅薄，败坏自己的文化品位。

学校文化建设（校园文化建设）近些年来是一个热词，但在我看来，很多学校就是在跟风，这是学校缺乏文化自觉、文化沉稳的典型表现。学校文化建设本身没有错，是一个很好的命题，也是一个良好的教育改革方向；错在很多学校根本不理解学校文化建设的本意，在学校文化之外，另搞一套所谓的“文化外衣”，去装饰学校。殊不知，如果学校自身作为一种文化存在问题重重，即使装饰再好的“文化外衣”，也不过是“金玉其外，败絮其中”罢了。

一、学校自身就是一种文化存在

文化有多种面向，人们对文化的理解也相当多元。但在我看来，无论文化有多少面向，其核心都是价值观念以及由特定价值观念所散发出来的精神气质。学校作为一种人类设计，当然有其独特的价值观念，这种价值观念也一定会显现为独特的精神气质。学校所秉持的价值观念以及由此而显露出的精神气质就是学校文化。

任何时代的学校都有自己的价值观念和精神气质。如果我们忽视具体形态，用抽象的方法来概括，那么，古代教育以等级观念为基础，注重道德与精神修养，体现出一种超实用性和贵族气息。

首先，现代之前的教育，尤其是学校教育，总体上看都是特定阶层的权利。从西方文化的源头开始，教育就“天生”具有一种“贵族气息”：在古希腊，教育是摆脱了生存压力之后人的一种精神升华活动，对那些还在为生存而挣扎的人来说，教育是与他们无关的另一个世界的事情。在随后的发展演变过程中，教育当然有这样那样的变化，但教育的这一基本性质依然是一个无法否认的事实。正如杜威所说，教育，在过去是专门为有闲阶级设立的，它的内容和方法，都是为那些生活优越，因而不必为谋生而操心的人设计的。①

其次，教育是超实用、超功利的“灵魂的事业”。苏格拉底、柏拉图、亚里士多德的教育观念各有不同，但他们都认为教育是灵魂的事业，教育是为了灵魂的提升，而不是为了习得生存的技能。苏格拉底孜孜以求的是“人应如何生活”，他毕生贡献的事业是引导弟子们通过爱护灵魂、通过灵魂德性的完满实现让有限的人获得无限的幸福。柏拉图致力于人之灵魂转向，引导人进入理念王国，过上神一样的德性与沉思的生活。亚里士多德虽然重视实践和生活的教育意义，但也清楚地表明教育的旨归在德性不在

① 杜威．民主主义与教育[M]．林宝山，译．台北：五南图书出版公司，1989：258.

技能。他们的这些教育思想不是凭空得来的，而是有社会基础的，那时主导性的教育，不是生存技能的训练，而是摆脱生存负担之后的灵魂提升活动。这可以从“学校”的本义——“闲暇”上得到一定程度的证明。

在教育史上，曾经很长一段时间教育对生存技能的排斥，在今天看来简直到了“不可理喻”的程度。在现代以前的很长历史时期内，教育一词意指不含任何物质性的、纯净的人类精神与习俗活动，鲍尔森在20世纪初根据历史和现实对教育的理解，在词典中对教育这样定义：“受过教育，指不用双手劳作，着装举止得体，并且能够参与谈论时下社会流行的所有话题和事务。”[①] 这一定义有两个引人注目的要点：一是受过教育的人是天性发展纯净完美，体现人性美好的独特个体，且能参与文化生活（这一点让人想到古希腊人人参政的公民）；一是对生存技能的超越，教育与生存技能完全无关，是以对它的摆脱和排斥为特征的。

由此可见，古代教育作为一种文化存在，其核心价值观念是，人是有等级的，教育是高贵的人的教育；教育是灵魂的事业，与生存技能毫无关系。以这种价值观念为核心的古代教育，其呈现出的精神气质是“高高在上”：教育对象的“高高在上”与教育追求的“高高在上”。前一种“高高在上”是我们所要反对的，而后一种“高高在上”则是我们所要继承的。

当代学校与古代学校的驱动力完全不同。教育大众化、国家化、正规化（学校作为正式教育机构）、科学化是现代教育的四个基本驱动力。在这四种力量的共同驱动下，现代教育有了新的面貌，转型为一种全新的文化存在。作为现代教育正式机构的学校，其核心价值观念与精神气质和古代教育已经大异其趣：教育对象的“高高在上”被消解，在一定意义上实现了人人都能上学的民主化进程，但教育追求的“高高在上”也被废弃，当代学校已经不再视教育为“灵魂的事业”。

二、当今学校的文化特性

现代教育与学校是共性和个性的统一。前者是指现代教育和学校在价

① 富尔曼．公民时代的欧洲教育典范［M］．任革，译．北京：人民出版社，2013：20.

值观念和精神气质上有诸多一致性，后者是指世界各地的教育和学校又有各自的特征。当今中国的学校，既有现代教育所共有的观念，也有源自中国独特社会与文化背景的特性。

1. 谋生与工具文化

富尔曼指出："当今学校的主要任务是为生活实践及未来就业做准备。一切教学内容今天均被置于'是否有用'的标尺之下，这里的'有用'一般被理解为是否能为个人带来物质利益。"① 虽然当今学校没有明目张胆地给受教育者以利益许诺，但清醒的人们都知道接受教育意味着什么。现代学校已经无可置疑地代替了过去时代的血统和出身，成了分配社会地位的新依据。对自己的这一优越功能，学校无时无刻不在明示和暗示，甚至以此来要挟学生和家长。学生和家长对这一点，心知肚明。对他们来说，在很大程度上，学校就是一个投资场所，上学就是投资，渴望得到的回报则是获得一个良好的职业前景、一个较高的社会地位，以作为满足物质享受的保证。

当然，学校在物质许诺之外，也会唱唱高调，比如培养献身国家、社会的人才等；学生和家长也会对自己的上学投资行为加以装饰，使之不那么露骨。教育是复杂多维的，高调和装饰中也不全是虚辞，但与利益许诺和投资行为的坚硬相比，这些都是软而又软的东西。

学校许诺给学生的是将来的利益，这种利益的缺陷是不能即刻兑现。但学校发明了分数这一绝佳的替代品。分数之于学校，犹如货币之于社会。首先，货币作为标准，将社会上异质的、多样的劳动与财富均质化，打通了人与人之间、物与物之间的通道。同样，分数将多样的、个性的、异质的教学活动均质化，成了衡量一切教和学的通用标准。其次，分数与货币一样，是一种交换手段。拥有货币可以直接购买自己可欲的物品，拥有的分数虽然不能直接用于购买，但在校内却可以换来尊重、羡慕、荣耀、尊严，能够收到货币在社会上所能收到的同等效用，更何况分数还可

---

① 富尔曼. 公民时代的欧洲教育典范[M]. 任革，译. 北京：人民出版社，2013：168.

以换取将来好的职业。再次，分数与货币一样，是一种“储蓄手段”。虽然一次分数不足为凭，但一次次的分数积累犹如银行存款的累加，可以使自己的价值直线提升。身染物欲沉疴的社会崇拜金钱，而作为教育机构的学校追求分数，表面上二者的差异是明显的，但其内在的本质却是一致的。

2. 竞争文化

作为“谋生术”的现代教育，与以往以德性为追求的教育不同，以自私和利己为基本逻辑。关于现代教育的这一显著特征，杜威早就看得真切和透彻。他说，现代大规模教育是以竞争为基础的，同龄人之间的竞赛（这个词的最坏的意义）是组织教学的基本架构，没有这种“你死我活”式的竞赛，教学几乎就无法组织。[①] 每个人都在单纯地吸收知识，学习的动机不是社会的而是个人的现在和未来，很自然地流于自私自利。“人人为己”是现代学校中再明显不过的显规则，每个学生都只对自己的学习负责，至于同龄的同学，他们只在竞争的意义上才能被纳入视野。学生生活在同龄人群体中，却是孤独地一个人在那里，“旁若无人”，每个人比赛性地完成同样的任务，相互之间鲜有配合、少有协助，孩子们在物理空间上是如此的接近，但在心理和精神空间上又是那样的遥远！“学校教给学生的东西 —— 深入其内心并形成其习性的东西 —— 正是竞赛本身。”[②] 学生如此，教师也是如此，在现代学校中，每个教师都是独立于其他科目和教师的，只需要对自己的科目、班级负责。

在竞争文化的熏染下，求学的过程实际上已经变成了血腥竞争以获取最大利益的过程。对这一点深有体会的家长从小向孩子灌输的就是竞争性的价值观，想尽一切办法让自己的孩子上最好的学校，获得最好的教育经历，找到最好的工作，挣到最多的钱。而学校很好地利用了这一点，让每个孩子都置身于一场无情的障碍赛中，失败了就会受到找不到工作，无法在社会上立足的惩罚。这样一来，学校就变成了竞技场，教育活动也就缩

① 杜威. 学校与社会·明日之学校［M］. 赵祥麟，任钟印，吴志宏，译. 北京：人民教育出版社，1994：32.
② 伊利奇. 非学校化社会［M］. 吴康宁，译. 台北：桂冠图书公司，1992：61.

水为竞赛的组织与评判，输和赢、失败与成功，一出出悲喜剧在不间断地上演。

3. 考试文化

现代学校的另外一个特点是对标准化考试的非理性推崇。标准化考试之所以流行，是因为其诱人的便捷性、客观性契合了现代教育追求效率、突出客观性的要求。标准化考试也因此能够在教育活动中呼风唤雨，成为支配一切教育活动的核心力量。考试作为教育评价的一个测量环节，自有其存在的价值，但至多只能算是整体教育的一个“小尾巴”。但如今这个“小尾巴”成了主角，整个教育都得听它的。处在“小尾巴”指挥一切的教育结构中，孩子们几乎所有的生命力都被考试分数吸引住了，他们在学习任何内容时都会被一个问题所纠缠：“这个会考吗？”如果答案是肯定的，那就努力记住；如果答案是否定的，则弃之唯恐不及。因为所有关于人自己的认识和体会都不会出现在标准化试卷上，反观自身、心灵对话都是完全可以丢弃的东西，正是在这个意义上，标准化考试切断了教育与自我反省、人生意义、心灵关怀之间的联系，其“灵魂杀手”的称号名副其实。正如克里希那穆提所说，我们把考试和学位当作衡量智慧的标准，进而培育了一种躲避人生重大问题的心智。①

4. 灌输文化

教育中的灌输虽然历经口诛笔伐，却依然大行其道。根本的原因在于灌输在现代教育中是结构性存在。外在的批评与讨伐无法动摇其根本。首先，学校的灌输是社会灌输结构的一个子结构。现代商业社会本身就是一个“营销体系”，不仅向大众推销商品，还向大众灌输观念。如果说前者是“硬广告”的话，后者就是“软广告”，“软硬兼施”才能达到最佳效果。其次，学校教育是整体社会灌输结构的一个构成环节，主要承担知识、观

---

① 克里希那穆提．一生的学习［M］．张南星，译．北京：群言出版社，2004：9．

念灌输的任务，即通过教育过程来造就适合现代商业社会的大众。再次，作为整体灌输结构的子结构，学校自身的结构也是灌输性的：内容既定，程序既定，无论学生是什么个性，有什么需要，既定的内容他们都必须接受。

从现代教育的基本组织形式——班级授课制来看，灌输也是结构性的。掌握知识的教师站在讲台前，讲述的是既定的内容，而学生则坐在教师的对面，以倾听的姿态去接受教师的讲授。准确地说，灌输这种教育方式是预设在以集体为教育对象的班级授课制之中的。关于现代教育的两个隐喻——“流水线”和“信息下载”，都形象地揭示了现代教育的灌输特征。在“流水线”隐喻中，学生被视为需要灌装的“容器”；而在“信息下载”的隐喻中，学生则被当成了信息“存储器”，从“容器”到“存储器”，虽然“设备”已经更新换代，但灌输的本质依然如故。

5. 科层（官僚）文化

大规模的现代工商业组织需要科层化的组织架构，同样，大规模的现代教育也需要科层化的组织框架。教育国家化是学校科层化的推动力之一，因为国家化的教育对政府行政机构，尤其是教育行政机构有高度的依赖性，而这种依赖性本身就是学校科层化的表现。“学校科层制的特点不仅表现在学校的内部机构上，更多地表现为外部机构的控制。”[①] 也就是说，学校是作为科层化的行政机构的一个环节而存在的。被科层化的行政机构所控制的学校，不可能另外建构出一套不同于行政机构的组织类型，只能按照“上位中心机构”的模型来组织自身，以便与其对接。

在教育国家化、民主化和正规化多重力量的推动下，学校科层化已经是一个不争的事实。专业化、权力等级、规章制度和非人格化是科层制组织的基本特征，而这些特征现代学校完全具备。专业化是现代学校正规化的一个基本要求，反过来，专业化也为现代教育的正规化提供了依据。如前所论，教育的专业化是从教师职业的专业化开始的，并由此扩展到教育

---

① 舍兰，谢卡，列文．创新学校：组织和教学视角的分析［M］．姚运标，译．北京：中国轻工业出版社，2007:5.

的各个方面。学校系统中的权力等级再明显不过，从外部看，学校是教育行政权力等级系统的一个环节；从内部看，学校自身的权力等级系统也相当完备，不但存在于学校场域的工作人员之间，还深入每一个班级中。现代学校与之前的学校不同，不是靠感情纽带和师徒关系，而是与一般现代机构一样靠繁复的规章制度运作的。在科层制机构中，人的感情和情绪是需要“锁在抽屉中”的干扰因素，是对效率的巨大威胁和干扰。这一特征在现代学校中也有明确而显著的表现，比如标准化、量化考试的盛行，就是为了排除人格和感情因素的干扰。把人物化、非人格化是现代学校教育司空见惯的做法。正如巴兰坦的观察，“20 世纪以来，学校规模愈大，结构愈加科层化，其许多特征与韦伯的‘理想类型’科层制机构特征相似”①。

三、当前学校文化建设的歧路与正路

当今学校作为文化存在，其文化取向当然不止以上五个方面，我们可以沿着这个思路进行更宽广、更深入的反思。基于学校本身就是一种文化存在和当今学校的文化特性这两点，学校文化建设的方向再明显不过：学校文化建设的核心任务是扭转学校的工具文化、病态竞争文化、考试文化、灌输文化、科层文化等文化偏向，使学校文化回到以人为本的道德事业这一文化正途上。

可惜的是，盛行的学校文化建设，走的不是这一正途，而是一条歧路。首先，众多学校进行的所谓学校文化建设，不理解，或者装着不理解学校本身就是一种文化存在这一基本原理，回避对学校文化进行反思，对学校文化的偏向和堕落视而不见。试问，如果对学校的工具文化（包括将自身视为营利工具、将学生视为获取利益的工具、将教师视为获取名利的工具），没有任何反思和批判，那么，学校能搞出什么样的文化建设？如果一所学校以竞争为基本逻辑管理学校、班级和学生（多数学校都是如此），并乐此不疲，那么，这样的学校还能搞出什么样的文化建设？如果

① 巴兰坦. 教育社会学：一种系统分析法［M］. 朱志勇，范晓慧，主译. 南京：江苏教育出版社，2005：125.

一所学校所有精力都是为了考试，都是为了提高分数（多数学校都是如此），沉迷于分数而自知，那么，这样的学校还能搞出什么样的文化建设？如果一所学校以科层制为基本机构，行政化严重，官气十足（多数学校都是如此），那么，这样的学校还能搞出什么样的文化建设？学校文化建设的第一要义，就是直面学校作为文化存在所体现出的价值观念和精神气质，站在教育的立场和学生的立场上对其文化偏向进行反思，厘定其中的积极取向和消极因素，找到消除其不良文化取向的方式方法。

其次，当前盛行的学校文化建设的另一个特点，是在回避学校自身文化特性的同时，另搞一套“装饰性”的学校文化建设。这些年“校园文化建设”（在很多文献和很多人的理解中，校园文化与学校文化是同义词，是一回事）在实践一线是一个热词和热域，很多学校都在标榜自己校园文化建设的成就。但实际上，所谓的校园文化建设就是回避学校自身的文化特性，妄想在学校自身文化之外去营造一个校园文化。在实践一线，关于校园文化建设的说辞五花八门，诸如“关怀校园”“美丽校园”“合作校园”“民主校园”，等等。问题是，如上所述，当今学校的文化特点是工具化的、竞争性的、考试化的、灌输性的、官僚制的，这些动听的“校园文化”能否真实存在。当然，在当前少数人说了算的学校文化背景下，学校要想标榜某种校园文化，是可以使学校到处都装饰着这种文化符号的。比如，标语口号可以到处是，校训、校风、校歌可以一夜之间诞生，并显眼地存在于学校的每一个角落里。动听而无根的校园文化能够充斥校园，不是学校文化建设成就的证明，而是学校文化偏向与堕落的证据，恰好证明了当今学校缺少道德反省力和文化自觉性，恰好证明了学校的工具文化、灌输文化、官僚文化特性。

学校自身文化的堕落性与强行建设的学校文化的虚假性交相辉映，共同构成了当今学校文化建设的“奇观”。此景象暴露了学校作为文化机构却没有文化的悲哀。作为文化存在，学校应该有文化敏感性和文化自觉性，对自身所秉持的价值观念有清醒的意识，用自己的一切努力去维护自己的文化特性，对任何不符合自身文化特性的存在都非常警惕。文化如人，有文化的学校就如一个典雅的人，既能意识到自己的美，又能维护自己的这种美，不去做任何有损于自身美的事情。当今的学校，缺乏文化敏感性和自觉性，意识不到自身的文化堕落，又不去与有损于自身文化特性的事物对抗，而去另搞一套“涂脂抹粉”式的文化建设。这种奇异景象的存在，影响极其恶劣。一方面，学校是社会的“文化高地”和“道德高地”，甚至是社会最后的文化与道德防线，学校滑入没有文化的深渊，就意味着社会失去了一个文化屏障。另一方面，学校的文化堕落，又会反过来加剧社会的文化堕落。更糟糕的是，年青一代都生活在学校之中，学校的这种文化堕落、文化虚伪会给他们的心灵以严重的污染与巨大的伤害。

学校文化建设的正路就是扭转当前学校文化的偏向和堕落，重建堂堂正正的学校自身文化。具体说来，就是改变学校的谋生、工具文化，使教育重新回到培养人、提升人的精神与道德境界上来；改变学校的竞争文化，使学校成为认识自我与他人，丰富自我、走向他人的存在；改变学校的考试文化，无条件地承认并尊重每一个学生的价值，只重视考试的反馈意义，将考试放在其应有的位置上，不再用考试来对学生的价值大小进行区分并对学生进行分等，重建学校的承认与尊重文化；消除学校中人为制造的紧张，给学生以身心安全感，无论社会有多大的风险，都使学校成为年青一代无忧无虑成长的“安全岛”；改变学校的灌输文化，重建对话文化；改变学校的官僚文化，重建学校共同体，使学校变成一个类似于家庭的充满关怀的理性的学习场所。

在一种文化中生活久了，这种文化所蕴含的价值观念和行为方式就会沉淀为我们的“第二天性”，我们就会自动化地按这种文化所要求的方式去思考、去行为，并把这种思考和行为视为天经地义的事情。后果是，我们被这种文化所控制，失去了跳出这种文化去看问题、去思考、去想象的意愿和能力，看不到另外的可能。在目前这种文化气氛下，很多人会觉得上面所说的让学校文化建设走上正路几乎没有可能。确实，在当前的体制和社会大背景下，要想改变学校文化，难度一定超乎想象。但有难度是一回事，视而不见则是另一回事。事实上，只要我们有意愿、有决心，就一定能够撬动当今的学校文化重负，做的人多了，“一切皆有可能”！

即使在目前的社会与教育背景下，一所有文化追求和文化坚守的学校，依然可以在有限的范围内做出无限的改变。

首先，一所学校的领导层，可以深入思考、反复检讨自己的学校将学生放在什么位置上。“以学生为本”“将学生放在中央”，这些话说起来很容易，真正落实起来何其难！如果学校的价值观念不是“以学生为本”，那么该做哪些努力去靠近？如果学校根本不愿意以此作为核心价值观念，它敢不敢如实以告？如果学校确认以学生为本，那么，学校的各种规章制度、管理活动离此有多远的距离？

其次，学校的领导层，是如何管理教师的？如果不用制造竞争、威逼利诱的方式，而用公平公正、合作互助、互信互爱的方式来管理教师，学校有多少工作需要改变？

再次，学校的教师，是如何管理学生的？是用分数和竞争、奖励和惩罚、施压和恐吓的方式，还是用关心和爱护、尊重和支持的方式？如果是后者，教师需要做哪些改变？

…………

细节 21

不能打 110
—— 论学校作为群体的自私及其后果

一天早上，刚到校的小学生发现学校失窃了，他们在品德与社会课“心中的 110”这一课中刚刚掌握了拨打 110 报案的方法，就毫不犹豫地报了案。但警察来到学校后却被校长拦了回去。校长说，学校没有失窃，是学生在恶作剧。警察走后，校长通过班主任找到报案的学生大发脾气：“谁让你报案了？损害了学校的荣誉，你负得了责吗？”结果报案的学生不得不写出“深刻”的检查……

明明被偷了，却不准报案，还说没有被偷，这一明显有悖常理的处理方式有着现实的逻辑，绝非孤立事件。比如，某地发生了负面事件，地方政府会压下来不让外传；行业出了丑闻，行业也会压下来；学校出了问题，校长也会忙着“灭火”，将消息控制在最小的范围内；班级出了问题，班主任也会将事情压下来，不向学校汇报……为什么呢？

一、受害者有罪？

我们的社会有时候有是非混淆的一面：将受害者的受害与其自身的品行联系起来，正所谓“自作自受”，不同情甚至苛责受害者。比如，在强奸犯罪中，我们的社会大众往往会有“苍蝇不叮无缝的蛋”这样的心理，要么是受害者的“风骚”“招蜂引蝶”，要么是受害者的“衣着暴露”诱发了犯罪行为，将受害结果与受害者的不当言行举止联系起来，将后者视为导致受害的前因之一。正是因为认为受害者的品行是导致其受害的原因之一，社会大众有时候对受害者不但不同情，还会责怪、厌恶。在强奸犯罪中，很多人甚至包括受害者自己往往会认为强奸犯罪的受害者“不洁”；在抢劫或偷窃犯罪中，社会大众有时候会责怪受害者露富、炫耀，在心里说一声“谁让你显摆”；在诈骗犯罪中，社会大众会嘲笑被骗者的贪心、爱占便宜，在心里说一声“谁让你这么贪财，活该”……

“受害者有罪”的心理倾向在有些情况下会沉淀为一些机构的制度导向。比如，很多机构在管理中，不分青红皂白，只要出了事，害人者和被害者都要受到制度的惩罚。曾经发生过这样的案例：一位教师遭已经毕业的学生殴打，事件被媒体热炒，学校感受到了社会压力，认为这一事件损害了学校形象，不但不同情被打教师，不支持、不帮他讨回公道，反而给他处分，理由是他被打肯定与他的不当教学行为有关。在班级管理中也有类似的例子。比如，一个学生欺负了另外一个学生，班主任有时候在批评欺负人的学生的同时，也会嫌被欺负者事多，流露出不满。

“受害者有罪的心理”有时候会和“不出事”的管理倾向融合在一起，综合发挥作用。很多地方的管理哲学都有一种“不出事”的或显或潜的规则。比如，很多教育行政部门就有这样的逻辑：学校出了事，虽然学校是受害一方，但总是你安全保卫工作没有做好，所以要扣你的安全分数。制度如此，在这一制度“紧身衣”下生活的校长当然会“趋利避害”，选择掩盖的策略。学校如此“聪明”，班级也不“傻”，也会在出问题的时候选择掩盖，哪怕这一问题不是班级错误造成的。

“家丑不可外扬”的俗语很好地诠释了这种社会倾向。“家丑”可以分为两类：一类是个人或小群体真正有错或者干了丑事。在这种情况下，“家丑不可外扬”就是对自己错误和丑行的掩盖。当然，掩盖并不一定都是错的，如果默默地改正或弥补了，也是明智的选择。另一类是自己或小群体本身是无辜的，不幸遭遇到了伤害。在这种情况下，就是将别人的伤害和自己的无辜当作“丑事”，等于是替施害者掩盖丑行或罪行。之所以这样，就是因为顾虑“受害者有罪”的社会压力，替施害者掩盖丑行或罪行，实际上也是为了逃避社会的指责。

正是“受害者有罪”的社会倾向导致很多受害者选择独自忍受，他们在忍受将“血和泪”咽回肚子里的痛苦的同时，起到了纵容犯罪的消极作用。受害者选择独自忍受，降低了施害者的丑行被曝光的概率，实际上对施害者是最为有利的。从轻微的道德错误或违法行为来看，因为受害者的独自忍受，施害者逃脱了社会舆论的谴责和法律后果的承担；从严重的犯罪行为来看，一些罪犯之所以能够连续作案、屡屡得手，往往就是因为受害者没有及时报案，既给犯罪分子以“没事”的感觉，起到怂恿其继续作案的作用，又使犯罪行为无法进入强力机关的视野，引起他们足够的注意，以及时制止犯罪行为的继续发生。因此，从这个意义上说，“受害者有罪”的社会倾向最有利于施害者，在一定程度上是社会犯罪行为滋生的温床和土壤。

学校作为一种文化机构，虽然也浸润在社会文化之中，却不能迁就落后的社会文化，而应自觉地超越、抵制这些消极文化，不然学校就失去了存在的文化依据。在上述事件中，学校没有超越，只是顺从和随波逐流。学校通过掩盖犯罪分子的盗窃事实，主观上使自己获“利”：犯罪事实被掩盖起来了，学校的安全考评分数没有被扣，年终的安全管理评价不至于落后，也不会拖学校全面评价的后腿。问题是，学校的掩盖行为增加了犯罪行为的隐蔽性和公安部门破案的难度，是以纵容犯罪、牺牲社会治安状况为代价的。

二、群体都是自私的?

除了“受害者有罪”这一社会倾向的压力之外，“家丑不可外扬”的另一个原因是群体的自私性。尼布尔在《道德的人与不道德的社会》一书中指出，群体利己主义倾向的力量、程度和顽固往往被我们忽视了。人类个人之间建立起道德关系虽然困难，但还是可能的，而要在群体之间建立起道德关系，几乎是不可能的。“在群体关系中起决定作用的是政治关系，而不是伦理关系。也就是说，群体关系的性质取决于每个群体所占权力的多寡，而很少取决于对每个群体的需要与要求进行理性与道德的考虑。”① 对照国际关系，我们会发现事实确实如此：一些发达国家依靠自己的强权为了自己的利益为所欲为，根本不会顾及其他国家的需要。对照社会团体，我们也会发现事实同样如此：一些强势团体为了自己的利益无所不用其极，根本不顾及弱势群体的需要。

正是在这个意义上，尼布尔认为群体在道德上远远比不上人类个体，人类群体没有能力使自己的群体生活符合个人理想，达到个人的道德水准。作为个人，他们相信他们应该爱，应该相互关心，应该在彼此之间建立起公正的秩序。而作为种族的、经济的和国家的群体，他们则想尽一切办法占有所攫取的一切权力。民族和国家作为群体的一种典型样态，往往是最自私的。因为一个民族对其他民族所遇问题的了解往往是间接的、第二手的，所以很难对他们产生理解和同情，这是一方面。另一方面，管束个体的理性在民族这里完全失效。因为民族内部很难发展出自我批评、自我反省的能力，哪怕是最杰出的人，也很难超越自己的民族，站在另外的立场上表达公义。极端的爱国主义就是将个人的无私转换为民族的自私。极端的爱国主义要求个体为国家献身，要求个人无私，但国家却是自私的，为了自己的利益与其他国家斗争。“利他主义激情轻而易举地泻入民族主义的水库里，但要流出这水库却极其困难。超越民族的人类共同体是虚无缥缈的东西，激发不出人们的忠诚来。”②

德纳在《享用道德：对价值的自然渴望》一书中，从道德产生的生物学因素的角度，揭示了群体的自私，与尼布尔的观点相互佐证。在德纳看来，我们的道德具有生物根源，人类道德的重要结构储存在人类的基因组中。人类的基本道德结构形成于新石器时代，那时的部落对其他部落普遍采取好战与侵略态度，渴望并追求本部落的扩大以及数量上的增长。与这种社会结构相适应形成的道德，其结构特征就是：“在本群体实行的东西，如关心、支持和帮助等，在本群体行之有效的东西，如公正、可靠和诚实，都不适用于外部成员或群体。”③ 也就是说，人类的道德产生于群体

---

① 尼布尔. 道德的人与不道德的社会［M］. 蒋庆，王守昌，阮炜，等译. 贵阳：贵州人民出版社，1998：14.
② 同 ① 73.
③ 德纳. 享用道德：对价值的自然渴望［M］. 朱小安，译. 北京：北京出版社，2002：6.

内，因为道德是群体生命力的保证，但道德只局限于群体内，对外则是另外的行为逻辑。“在晚期的新石器时代条件下（这时出现私有财产和土地占有），仇外和侵略性的领土要求这两种行为方式逐渐形成，自此以后便成为我们人类的一种普遍行为。”①

群体都是自私的吗？即使按照尼布尔和德纳的逻辑，也不能得出这样的结论。尼布尔看到了民族间激烈竞争的一面，这在过去的时代是民族间关系的主导性特征，甚至在今天仍然明显。但我们也不能忽视人类面临的共同问题越来越多，共同利益也越来越多，民族间的交流与合作越来越迫切。德纳看到了群体间为了利益而争斗的事情，但按照他的逻辑，群体内部之所以有道德关系，是因为群体内有共同利益和共同行动。如今，即使在民族间，也就是德纳所说的群体外，共同利益也已经越来越明显，共同行动也越来越多。情势的改变，是不是也可在一定程度上抑制民族的自私，在民族间孕育出一些新的道德观念呢？比如，生态环境的恶化，使很多民族、很多人意识到人类命运的共同性，“人类只有一个地球”是全人类共同的呼声。正是在超越民族自私的意义上，一些代表人类智慧的学者提出了普世伦理或者说世界伦理的构想。“没有世界伦理，则人类无法生存。没有宗教之间的和平，则没有世界和平。没有宗教之间的对话，则没有宗教和平。”②也就是说，我们承认民族有自私的一面，但在一个全球化的时代，为了各民族的生存，为了人类的共同利益，我们也应竭力克服、超越民族的自私，否则，各民族面临的恐怕是灭亡这一共同的命运！

学校作为一个小群体是存在于民族和国家之内的。应该承认尼布尔和德纳思想的深刻：即使在民族这一大群体内部，不同层次的小群体都有自己的利益，或者更直接地说，每一个小群体都有其自私的一面。审视现实，我们不难发现，各种群体的自私与不道德程度远远超过了个人的不道德程度，其危害和破坏性也不是个体的不道德所能比拟的。每个小群体都在民族和国家这一大群体范围内存在，单个小群体的自私的扩张会损害民族和国家这一大群体的健康。因此，国家会用“一硬一软”两种手段来抑

① 德纳. 享用道德：对价值的自然渴望［M］. 朱小安，译. 北京：北京出版社，2002：10.
② 昆. 世界伦理构想［M］. 周艺，译. 北京：生活·读书·新知三联书店，2002：前言 3.

制小群体的自私。“硬的手段”主要是制度和法律，比如国家通过法律和经济等手段抑制、控制一些优势团体的强势，从他们那里拿走一部分利益以补贴弱势群体；“软的手段”主要包括文化和教育，国家通过文化宣传和教育，提升各种群体的国家和公共意识，促使他们自觉克服、超越自己的自私，多为国家和其他群体着想。

学校是一个特殊的群体。作为群体，学校有自己的利益，或者说有自私的一面。但学校作为群体的特殊性在于，学校是国家和民族教育个人和其他群体的群体。作为教育个人和其他群体的群体，学校必须克服自己的自私，否则就无法承担教育个人和其他群体的使命。在本文开头提到的案例中，校长不准学生打 110 报警，就是只顾学校自己的利益，抛弃了学校所肩负的特殊使命。社会大众已经有了这样的印象：不要说教育别人，给其他群体做榜样，如今其他群体有多坏，学校就有多坏，甚至比其他群体还坏！这样的印象也许有偏激的一面，但谁能否认学校的公司化、见钱眼开对社会的毒化作用？我们过去总是用集体教育个人，问题是有些集体真有这个资格吗？我们也该换换脑筋了 —— 首先要教育群体、集体、团体！学校如果只顾自己的私利，实际上就失去了教育学生、教育其他群体的资格。当然，我们承认，学校作为一个群体，其自私性的膨胀与教育性的消退有社会大环境的影响，有国家制度性的对学校低投入的因素。但我们应该知道，这里面也有学校的自甘堕落、主动逐利。

因此，我们可以得出这样的结论：群体有自私的一面，但这却不能成为学校自私的理由，学校群体的特殊性决定了学校必须克服、超越自己的自私！

三、德育后果

教育往往发生在不经意间。学生会从校长不准学生打 110 这类事件中明白很多“道理”。

第一，它教学生自私。校长的行为，说白了是为了一己（学校）私利而牺牲社会公共利益。而这样自私的行为正是学校所实施的，与正式活动中所宣扬的公共利益优先这一原则自相矛盾。学生会明白，虽然公共利益优先是学校公开倡导的价值，但实际上学校并不准备贯彻实施，只是说说而已。一到关键时刻，自身的利益就变成第一位的，行为的真正准则是自我利益优先。一方面是冠冕堂皇却不真正落实的公共利益优先，一方面是扎扎实实的自我利益优先，在学校的示范之下，学生慢慢体会到自己才是最重要的。教师常指责现在的学生自我中心，为了自己的利益不择手段，然而，这不正是学校教他们的吗？

第二，它教学生说谎。明明被盗，校长却说没有，这不是当面撒谎吗？学生会明白，有时候说谎可以这么理直气壮。诚信是当今学校德育的核心价值，但仔细想想，学校在日常运作中教学生做假、说谎的事情太多了。公开课教学生做假、说谎，应付上级检查教学生做假、说谎，批改日记怂恿、鼓励学生说假话……有这么多教学生做假、说谎的日常活动，不难想象，那些教学生诚信的活动会有什么效果！也不难想象，通过学校教育能否培养出诚实守信的人！当然，学校所有这些说谎的行为都有冠冕堂皇的理由：公开课做假是为了班级和学校的荣誉，不能打 110 也是为了学校的声誉，批改日记是为了提高学生的作文能力，等等。班级和学校的所谓荣誉、声誉，说白了就是小群体的私利，而这私利却成了牺牲诚信道德价值的借口。另外，这样的借口实际上预示着这样的倾向：诚信与否是有条件、可选择的。这等于是告诉学生，是否讲究诚信、是否说谎话，要看是否符合自己的利益！

第三，它教学生老于世故。这么矛盾的言行，学校可以圆熟地运用，怎么理解？学生慢慢会理解、会领悟的。很多孩子长着一张孩子气的脸，却有一副成年人的做派和世故，都是我们学校教的！很多学生回答问题拿腔捏调，很像领导在做报告：政治理论词语张口就来，满嘴大话、空话而不自知；揣摩听众心理，你要听什么话我就给你说什么话……这些孩子不是不会说话，实际上是太会说话了，简直说得头头是道！在正常情况下，孩子是不这样说话的。比如，同学之间聊天儿，他要这样说话，肯定会被别人笑死。成人世界有不同于日常生活的“官话”，难道这么小的孩子也需要与日常语言不同的另一套语言吗？孩子不会使用童年话语，过早地操起了成人语言，这意味着他们过早地步入成年世界，沾染了成年世界的不良习气。心理学、社会学的研究已经表明，童年世界对人的一生非常重要。童年本身具有价值，它不只是为未来做准备的。人生短暂，如果失去了童年，也就失去了人生中宝贵而美好的一段时光。儿童的现在和未来具有连续性。儿童自由充分地享受今天，才可能以健康的身心去迎接明天。失去童年，就是剪断人生的这种连续性，使其将来的成年生活建立在不健康、不完整的阴影中。

第四，它教学生热爱权力。学生明明没有错，但因为“损害”了学校的名誉，所以必须认错，必须写检查！学生在类似的遭遇中慢慢体会到权力的重要。我们常批评社会上“官本位”问题严重，殊不知，学校也是一个权力场。孩子们在很小的时候就进入了这个权力场，一天天在体会“当官”的好处、权力的好处。

细节 22

巨型学校

——论巨型学校的道德影响

现在有很多巨型学校，大到超乎想象，比如有的学校一个年级三十甚至五十个班，一所学校上万人甚至几万人。在这种巨型学校里，因为学校实在是太大了，学校一级的管理很难“到底”，于是年级组就成了一层管理机构，一个年级组就成了一个“同龄人学校”。与巨型学校的“大”紧密相连的则是巨型学校的“密”，巨型学校有上百个班，而每个班有七八十人，孩子们整天生活在肩挨肩、脚跟脚的状态中，想跑几步都是奢侈的梦想。

巨型学校在中国大地上存在，有人将其视为伟大的创举，但在我们看来，巨型学校只是“教育怪胎”，其存在本身就是反教育的，是对教育的嘲弄与挑衅。

第一，巨型学校是一个陌生人堆积的地方，改变了学校这一空间的性质。作为教育机构，学校空间本身就有教育意义。如果说家庭是孩子成长的“第二子宫”，学校则是孩子成长的“第三子宫”。在学校这一熟悉、安全、充满关怀和爱的空间中生活，对成长中的孩子来说意味良多，比如可以获得安全感、可以获得对人和世界的信任等。但巨型学校因为人太多了，变成了一个到处都是陌生人的地方，学校的心理气氛为之一变，孩子们在这里再也感受不到安全感。教育学和社会学的研究早已发现，学校的规模应该是有限度的，十来个班，几百人，应该就可以了，不是越大越好。波伊尔将学校视为一个生活共同体，“如果对教育孩子的最佳环境的全部研究可归纳为三个字，这三个字就是：小即美。学校规模小有利于大家庭意识的形成。在学校招生人数没有作规定的地方，我们建议基础学校的大小应以在校人员彼此知道名字为宜 —— 大概三百至五百学生”①。之所以强调彼此认识，就在于学校应该是熟悉的生活空间。可想而知，巨型学校里上万名学生与教师，如何才能彼此认识？有人说，我们有自己的国情。没错，但教育的基本规律总得遵循吧？当然，太小了也不行，太小了容易失去多样化，容易变得单调、同质。

第二，巨型学校的管理最容易滑向没有“人味儿”、没有教育性的“官僚体制”。在一定人数限度内，尊重每个人的个性才有可能实现，超出了一定的限度，就是不可实现的任务。动辄上万人的巨型学校，仅仅靠温情和关怀是无法管理的，最简便、有效的办法是设立层层叠叠的管理机构，进行分层管理，各负其责。官僚体制在大型商业机构、社会组织和政府机构中不乏成功的运作，但其缺点在于对人的忽视，将人视为工具。比如，在自杀频频发生的以流水线为基本结构的生产工厂，流水线上的工人在很大程度上就是“生产工具”。问题在于，学校是教育机构，不能把人当作工具，只能把人当作人，一旦把人当作工具，就走向了反教育。巨型学校的管理，最重要的是铁的纪律。在铁的纪律面前，任何个性都会碰得头破血流，学生成了被铁的纪律所管制的一个个非生命性的存在。

第三，巨型学校里病态竞争常态化。在一所温暖的小学校里，每个人都可以展示自己的独特之处，每个人都可以得到认可。而在一所巨型学校里，每个人都容易被淹没在人海中，所以必须战胜别人，将别人踩在脚下。巨型学校的管理方，对巨型学校的这一社会心理状态心知肚明，很享受有这样一种管理的着力点，利用、激化这种竞争，以达到有效控制众多学生之目的。盲目的家长，对这种非人竞争不但没有怨言，反而鼎力支持，因为他们送子女上巨型学校的目的是让子女从巨型学校中脱颖而出。也许，在中国，竞争最激烈的不是商业机构，不是房地产行业，而是巨型学校的学生。

① 波伊尔．基础学校：一个学习化的社区大家庭 [M]. 王晓平，等译校．北京：人民教育出版社，1998：21-22.

第四，巨型学校里没有公平。巨型学校都是由原来的重点学校，也就是所谓名校扩张而成的，其扩张的动机不是教育，而是经济利益。极端点儿说，巨型学校里的每个学生及其家长，都是要挨学校宰的，巨型学校的滚滚财源都是他们贡献的。然而，巨型学校的管理者知道，不是每个孩子都能在考试中脱颖而出，有一部分孩子注定要失败。为了保证升学率，为了保持巨型学校的威望，校方从一开始就会抛弃一部分孩子。在巨型学校里，名目繁多、花样翻新的快慢分班是必然的选择。快班的孩子是为学校争得荣誉以吸引更多生源的宝贝，而慢班的孩子则单纯是学校挣钱的工具，学费交完之后，就成了学校急于摆脱的累赘。很多家长不明就里，费了很大的劲儿将孩子送进巨型学校里，实际上，也许他的孩子在进入学校的第一天就被抛弃了。

第五，巨型学校是应试教育的天堂。巨型学校除了铁的纪律之外，就是成绩决定一切。因为庞大，所以管理上需要单一的标准：考试分数。在巨型学校里，分数成了衡量所有学生（甚至教师）的“公分母”，什么都得拿到分数的托盘上称一称。另外，面对黑压压的学生，教师最明智的教学选择就是灌输之后进行考试。如前所述，巨型学校的生存样态、办学目的都是鼓励考试的。考试，犹如一根线，将巨型学校里熙熙攘攘的人群串在了一起，学生的快乐与忧愁、光明前景与暗淡人生都由此而定。

巨型学校现在如日中天。但因为是反教育的，无论今日如何风光无限，巨型学校注定没有未来。

既然如此，那么巨型学校是如何产生的呢？谁是巨型学校的幕后推手？

首先，是一些所谓名校。学校的等级化使一部分所谓名校高高在上，处于俯视众校的绝对优势地位。每个机构都有自我繁殖和扩张的原始冲动，有巨大声望、资源、政策优势的名校也不例外。另外，名校的扩张也有社会基础，望子成龙的家长哪个不渴望自己的子女上名校？名校的扩张，正是迎合了家长的畸形教育欲望。当然，名校扩张的主因是经济利益。名校是稀缺资源，有庞大的需求市场，繁殖和扩张就意味着可以赚取大把的钞票。扩张的名校，计划内招生往往并没有相应增加，增加的基本上都是计划外的收费生。有些地方有统一收费标准，有些地方全部由学校说了算，巨型学校自己可以定标准。无论是统一标准，还是自定标准，反正都是财源滚滚。比如，那些万人学校，真正计划内的学生往往不过一两千人，八成学生都是计划外收费的学生。我们往往以为房地产是暴利行业，其实，巨型学校的暴利有过之而无不及。

需要特别说明的是，巨型学校的巨大经济利益绝不仅仅限于按收费标准所收的费用。一方面，招进学校的庞大学生群体本身就是一个有巨大消费能力的群体，在上学的过程中，学校可以从容地通过各种手段将他们变成“消费者”，在他们身上挖到真金白银。另一方面，巨型学校的领导层，在入学这一关可以寻租，每年都可以用自己手中的权力换来大把的银子。

其次，巨型学校的怪胎，直接的推手是名校，但背后真正的决策者往往是地方政府。我们的巨型学校犹如商业帝国，学校领导层基本上只是经理或CEO，地方政府才是真正的“老板”。没有“老板”的首肯，巨型学校的领导们，是不敢繁殖和扩张的。也就是说，名校扩张背后都有政府这一推手。一个最直接的证据是，名校收取的择校费一般不是进入学校账户，而是先进入地方政府的账户，然后再由地方政府和学校按比例分配。实际上，地方政府是名校扩张的最大受益者：不但可以由此从老百姓口袋里掏出大把的真金白银，还可以借助名校的资源进行寻租。权力部门的领导，一年不定批了多少条子，虽然不是每个条子都收钱，但不收钱的条子不也是领导送人情的手段吗？曾经不止一次听过一些巨型学校的领导抱怨：得利的是政府，挨骂的却是学校。

有时候，地方政府直接跳到前台，亲自组建巨型学校。比如，这些年一些地方生育率降低的延后效应发生作用，适龄儿童入学人数大幅度减少，这本来是办小型学校、小型班级的一个千载难逢的良机，但多数地方政府不这样想，他们想的只是经济效益，大量小型学校的存在不利于“节约开支”，于是对学校进行裁并，人为地组建一个又一个超大型学校。从政府的角度看，巨型学校、超大班级可以用较少的教育资源容纳更多学生，确实提高了所谓的“办学效率”。如果只算经济账，当然如此，如果算教育账，这样的学校耽误了多少孩子的前途、是不是有“办学效率”，那就说不清道不明了。说白了，地方政府裁并小型学校、组建巨型学校遵循的是经济规律，违背的是教育规律。

在巨型学校、超大班级的反衬下，正常的学校、正常的班级则变成了小型学校、小型班级了。这几年江苏省南京市在进行小班化教学改革实验，但据我了解，参与小班化教学改革实验的学校其实绝大多数都是被动小班化的：不是想小班化，而是受困于生源，不得不小班化。而且，这些学校的小班也不是真正的小班，而是伪小班：多数学校的小班都是 30 多人。一个班 30 多人，是国际上通行的正常班级人数，或者说是正常班级人数的上限，在我们这里却变成了小班。其实，在理论上，真正的小班是有标准的，一般指 15 — 18 人，超过 20 人，就不能说是小班了。班级太小，不能形成多样性的人际关系，不利于教育；班级太大，个人就会被淹没，人际关系也会变形，同样不利于教育。社会学的研究表明，15 — 18 人是最理想的人数。可惜的是，这样的班级规模，有我们以经济规律为准绳的地方政府在，永无实现的可能！

细节 23

学校的虚荣
—— 论学校荣誉观的道德影响

一些学校，其虚荣程度甚至不亚于网络炫富者。我们随便到中小学走走，就可以发现扎眼的硕大标语：什么“热烈祝贺我校某某老师在某某赛课活动中获得国家级特等奖”！什么“热烈祝贺我校某某同学在某某竞赛中获得少年组特等奖第一名”！一些学校甚至觉得这种标语式的“炫”已经过时了，将之升级为电子化的“炫”：巨大的电子屏幕上不停地滚动播放，再配上高音喇叭一遍又一遍地播放全校的欢呼。

网络世界的浅薄者以“炫富”等为存在方式。这些人的言行触及了虚荣时代的虚荣上限，成了虚荣的典范。如果让中小学校长来评价这些人，作为教育者，他们估计百分之百都会反感、厌恶。可以想象，作为有崇高道德要求的教育者，校长们一定会让自己的学生远离这些炫富者，一定会告诫学生不要做那样虚荣的人。

令人啼笑皆非的是，很多校长，一方面厌恶虚荣的炫富者，一方面所领导的学校又像炫富者那样虚荣，是另外一种意义上的炫富者！

先说什么是虚荣。作为人，我们都会爱护自我，对自我的爱护就是自尊。自尊主要来自自我评价，而自我评价不可能孤立地进行，总是会参照他人对我们的评价。他人对我们的积极评价，就是我们的荣誉。作为关系中的人，我们都希望别人对我们有一个好的评价。也就是说，我们都热爱荣誉。对荣誉的热爱与维护是人的正常需要，荣誉关乎一个人的理想自我，更关乎一个人的尊严。虚荣是对荣誉的过度、过分热衷。这种过度与过分有不同的表现：第一，过于关注他人对自己的评价，总是想活在别人的认可与称赞中。因为人是自我与人际的统一，过于在意他人的评价，说明自己不够自信和自尊，或者说自己事实上没有那么好，却想让别人觉得自己有那么好。第二，自己有那么一点儿成绩，生怕别人不知道，大肆宣扬，甚至不惜夸大、造假。第三，虚荣的人从来不反思自己，错误都是别人的，成绩和闪光都是自己的，伪装以至于相信自己是完美的。

总之，可以用三个字来概括虚荣的人：炫、夸、装。正如个人有荣誉一样，群体和机构也有自己的荣誉；正如个人会爱慕虚荣一样，群体和机构也会爱慕虚荣。作为教育机构的一些学校，其虚荣程度甚至不亚于网络炫富者。我们随便到中小学走走，就可以发现扎眼的硕大标语：什么“热烈祝贺我校某某老师在某某赛课活动中获得国家级特等奖”！什么“热烈祝贺我校某某同学在某某竞赛中获得少年组特等奖第一名”！一些学校甚至觉得这种标语式的“炫”已经过时了，将之升级为电子化的“炫”：巨大的电子屏幕上不停地滚动播放，再配上高音喇叭一遍又一遍地播放全校的欢呼。学校如此“炫绩”，与网络红人的炫富一样，体现的正是对荣誉的过度热衷，这是虚荣的典型表现。

“炫绩”与浮夸是孪生的。我曾经到过一所中学，学校介绍材料中说最近五年学校承担了“国家级课题 6 项”，当时相当震惊，觉得一所基础教育学校，承担了那么多国家级研究课题，远远超出了很多研究机构，真的是太了不起了。后来仔细询问才明白，这里面全是浮夸：把两个以敛财为目的的某学会的所谓课题当作国家级课题，把学校教师参与大学研究者承担的国家级课题“子课题的子课题”说成是自己承担国家级课题。动不动就将学校获得的奖项，无论举办者是民间的，还是商业性的，上升为全国性、全省性、国家级、省部级奖项，毫无节制地在校内、校外进行宣传，浮夸得可以，不正是虚荣的典型表现吗？

社会心理学有一个术语叫“心之眼”（mind’s eye），是说人是一种主观性的存在，眼睛听大脑指挥，眼睛是大脑的眼睛，看得见什么、看不见什么，不取决于眼睛本身，而取决于人的大脑和意志，取决于人“想看见什么”。从这个角度看，眼睛既是视觉器官，也是过滤器官，人不想看见的东西，已经被眼睛过滤掉了。一些学校没有反思自身问题的习惯，对自身问题视而不见，呈现出一种“选择性视盲”。相反，对自身优点，包括不那么真实的、虚构的优点则看得那么真切，甚至觉得自己的学校是完美的。比如，北方某知名小学搞校庆，宣称“让儿童站在学校正中央”，把一句口号讲得跟真的似的。这怎么可能？在现代教育体制下，发达国家的学校都做不到这一点，我们离发达国家学校对儿童的尊重十万八千里，怎么可能“让儿童站在学校正中央”？如果让儿童站在学校正中央，那么，校长与官员一定端坐在学生前面高高的主席台上！虚荣的另一个特征就是“装”，活在虚幻之中，把想象当现实，用伪装去骗他人，也用伪装去骗自己，骗得连自己都相信、都感动！

炫富者的虚荣害人害己。郭美美炫富对中国慈善事业的伤害自不必说，也让多少人“羡慕嫉妒恨”！有多少人以为她所炫耀的生活——拜金、显摆、无底线，就是理想的生活。真的是毒化了网络与社会空气！当然，被她的虚荣所害的也包括她自己。为了维持高调、虚荣、虚幻的生活，她不惜出卖自己的灵魂，走向了违法、犯罪之路。

学校的虚荣，与炫富者相比，其危害有过之而无不及。首先，网络炫富者不过是一个个网络怪胎，其毒性虽然大，但只能在那里自发性地散发，更要经过社会机构及家长的反抗与过滤。而学校作为教育机构，是制度化的权威存在，其虚荣的毒性能够借着自身的教育优势和权威优势毫无障碍地抵达学生，家长和社会即使不赞同，也无从发挥限制作用。其次，学校作为教育机构，对学生发生影响的一个主要方式是用自己的品性去影响学生的品性。虚荣的学校品格衰败，呈现出浅薄、势利、浮夸、虚伪的品性，对学生的毒害可想而知。可以说，虚荣的学校通过自己的每一个毛孔散发着腐败气息，污染着在学校生活的那些天真无邪的心灵！再次，学校承担着道德教育任务，必须通过自身的活动去教育学生做有道德的人，显然，学校的虚荣传递着相反的信息，学生很快就会明白学校真正信奉什么，进而使道德教育活动变得虚假、形式化、表面化。从这个意义上说，学校的虚荣可以抵消学校所进行的一切道德教育。

既然危害如此之大，那么，为什么还有那么多学校如此虚荣呢？原因相当复杂，第一位的原因可能是学校没有独立性。学校是政府的派出机构或附属单位，处在官僚体系的下游，需要向“重要他人”显示“政绩”以邀功请赏。这与官僚体系中的“政绩工程”是一个逻辑或套路，都是通过“炫绩”来换取赏识的思想在作怪。第二，教育的商品化使得学校变得越来越自私，犹如以营利为目的的商业公司，不顾一切地宣传、推销自身，以获取更多的物质利益与更高的社会声望。第三，前些年的重点校政策使学校之间形成了等级格局，本来都是公办学校，现在却被分成了三六九等，差别巨大，所谓的重点校要风得风、要雨得雨，而薄弱校则处境艰难、遭人鄙视。这种等级格局助长、激发了攀比之风、炫耀之风。薄弱校以夸大自身成绩来获取生存资格，重点校则以炫耀自身成就来巩固优势，学校之间的关系一如浅薄、势利的人际关系！第四，从世界范围来看，现代教育越来越外在化、客观化、功利化，失去了反省自身、与自身对话的习惯与能力。第五，校长在学校中起着至关重要的作用，学校虚荣与否、虚荣的深浅都与校长的修养和品质直接相关。一些学校之所以如此虚荣，在很大程度上就是因为校长本身就是一个虚荣的人！

学校是学生的“第二家庭”，学生要在这里度过人生的重要阶段。为学生计、为社会计、为国家计，学校都应该克服虚荣之心，秉持节制、内敛、诚实之准则。虚荣的郭美美已经进了监狱，为了不重蹈她的覆辙，社会应监督学校，通过多种渠道挤掉学校荣誉中的水分；学校，尤其是校长，也应有自省精神，主动克服虚荣的贪欲！

细节 24

当德育成为品牌时

—— 对学校德育特色的反思

很多学校自我宣传、自我标榜的冲动很强，搞了几项德育活动，就大肆鼓吹形成了所谓的德育特色。更有甚者，一些学校将自己开展的德育活动包装成所谓的“德育品牌”，像货真价实的商品一样到处宣扬、推销。

该如何看待这种倾向呢?

一、“德育特色”能否成立

在我看来，“你有别人没有”才能称为特色。也就是说，特色应该是一件事物所独有的特性。以此标准来衡量，德育是无法称特色的，因为德育是所有学校都必须进行的活动，不存在“你有别人没有”的可能。所有人都要吃饭，那么吃饭就不能称为一个人的特色；所有学校都要进行德育，那么德育就不能称为一所学校的特色，根本就不存在所谓的“德育特色校”。好像没听说过哪所学校自我标榜有“智育特色”，道理在于智育也是每所学校都要进行的活动。每所学校都要进行的德育和智育，水平当然参差不齐。也就是说，德育也好，智育也罢，不同的学校确有高下、优劣之分，但没有特色之别。说白了，每所学校都必须做的德育确有做得好、一般和不好之分，即有质量的高、中、低之分，但不能作为一所学校区别于另外一所学校的特色。

说德育不能作为一所学校的特色，并不否认某项特别的德育活动可以作为一所学校的活动特色。例如，江苏省某校有羽毛球运动的传统，学校长期开展羽毛球运动，曾经出过羽毛球世界冠军，我们可以说这所学校有羽毛球运动特色。同样，某校有班级会议的传统，长期坚持班级会议的做法，我们可以说班级会议是这所学校的一个特色。这两个例子中的体育活动和班级活动之所以可以作为特色，是因为它们是这些学校所独有的活动。独有的德育活动只是学校整体德育的一个小小环节，单个德育活动的特色并不能扩展为整个学校整体德育的特色。

至于“德育品牌”的说法，更是站不住脚。品牌，本义是指有名的商品，德育品牌则是指有名的德育活动。有名的商品也是商品，其根本宗旨在于销售，商家之所以追求品牌，不在于其他，而在于销售，在于卖出更多的商品。德育活动，无论做得多好，都是为了学生的发展，不是为了拿出来叫卖。一叶知秋，一个借喻，将精神性的德育活动降格为商品活动，既充分显示出商业社会买卖逻辑对学校教育的巨大扭曲能量，也揭示出一些学校有很强的功利心、浮躁气，在商业逻辑面前缺乏起码的专业敏感和专业自尊。当社会出现病态时，人们总是渴望学校是那最后一块健康的领地，并能提供医治社会病症的良方。审视现代学校，我们失望地发现，在极端功利化的这场时代流行病潮中，学校并未洁身自好、幸免于难。“德育品牌”大行其道，充分说明现在的一些学校，对名利的追逐甚至不让纯粹的商业机构。

二、为何如此强调“德育特色”

既然如此，为什么那么多学校如此热衷于所谓的德育特色呢？

首先，这种热衷折射出德育的现实处境 —— 工具化。一些学校并没有将德育视为自己天经地义的神圣使命，而是将德育视为一种自我宣扬、博取名利的工具。学校如果将德育使命视为天职要求，感受到的将永远是自身的欠缺和不足，哪敢夸谈什么德育特色？将德育视为特色宣扬，反映出学校对德育的“三心二意”“半心半意”，他们似乎总有“吃亏”的感觉，做了一点儿事情就抓紧宣传以弥补自己的付出。

多数宣扬德育特色的学校都是智育不那么突出的学校，或者准确地说，是升学考试成绩不那么有优势的学校。这是一个意味深长的现象。这些在考试竞争中处于劣势的学校，正是因为“考场失意”，才另谋出路，在德育上做文章，德育成为这些学校寻求所谓突破的工具。而那些“考场得意”的名校，往往就不那么强调自己的德育特色了，因为他们“一俊遮百丑”，不再需要德育的装点。当然，一些聪明的名校，有时也需要德育为自己锦上添花，为自己无所不用其极的应试化教育“消消毒”，装扮出一副素质教育的样子。无论哪种情况，都反映出德育工具化的尴尬境地。

每个社会机构都有自己的根本或者核心利益，学校也不例外。学校作为教育机构，其根本利益在于学生的健康成长，而不在于金钱、物质、荣誉回报的多少。物质或者荣誉回报，对学校来说都应该是附加效应。如果置自身的核心利益于不顾，而将附加效应作为主要追求，那就是舍本逐末。教育是为人的，不是为己的，从这个角度看，学校应该是“无私”的，没有一般意义上的“自我利益”，教育对象的利益就是其自身的利益。特色标榜、品牌打造等做法，究其实质，是将学生的健康成长放在次要位置，而将学校这一社会机构的荣誉和物质利益放在首要位置。也就是说，特色宣传也好，品牌推广也好，其出发点都不是学生的成长，而是学校自身的利益。在特色宣传或品牌推广的过程中，学生是缺位的、隐身的，我们看不到学生鲜活的脸孔，看到的只是学校作为一个机构被利欲熏红的面容！

作为教育机构，学校应该是沉静、内敛、敦厚的，应该少说多做。也许有人会以为这对学校的要求太高，其实不然，这恰恰是对学校最基本的要求。因为一方面，教育是面向心灵的活动，功利、浮躁、喧嚣都不符合教育活动的特性；另一方面，教育是面向未来的事业，其成效不是立竿见影的，要经过时间的沉淀，从这个角度看，任何追求立竿见影效果的方式都不是教育的，都是对教育的扭曲和异化。而培育仁爱、智慧心灵的德育，更应该是深厚、朴实、超然的。一些学校所标榜的德育特色和德育品牌，有时候只是“概念创造”。也就是说，所谓的特色或品牌，仅仅停留在构想之中，并没有真正踏实去做，或者只是做做样子，就开始宣扬了；即使真正做了，其对学生发展会产生什么影响，不是短时间就能判定的，谁又能对其教育效果打包票呢？无论哪种情况，都有悖于教育，更与德育南辕北辙，暴露的只能是学校的浮躁、粗糙与浅陋。

三、从特色到风格

教育研究与实践领域有一个不良倾向 —— 概念的发明。一些研究者和实践者为了标新立异，发明了一个又一个名词、概念，新名词、新概念层出不穷，花样翻新，给人一片欣欣向荣的感觉。但概念的泡沫式繁荣掩盖不住现实的苍白与空虚，我们的现实教育从理念到实践都依然在为考而教上原地踏步。德育领域也是如此，德育特色、德育品牌泛滥所掩盖的同样是德育地位的低下，德育观念的落后，德育方式、方法的陈旧。比如，在多数学校中，德育被视为工具，能为升学考试护航就有价值，否则就是需要清除的障碍；在德育观念上，很多学校依然在约束与灌输上打转；在德育方法上，则死守行为监管、专门活动、道德知识宣讲等旧套。

因此，在目前这种局面下，还是少讲什么德育特色、德育品牌，多做踏踏实实、细致入微、朴实无华的工作。连最基本、最该做的都没做，或者没做好，还奢谈什么特色、品牌？有教育就有德育，有学校就有德育，所以德育不能作为一所学校的特色。但这并不意味着所有学校的德育都是同一个面孔。学校进行德育，在完成共同的内容与任务、遵循基本的德育规律的基础上，可以也应该有自己不一样的做法。也就是说，每所学校都可以在遵循德育规律的前提下，根据自己学校的历史与现实特点，形成自己所独有的德育理念和方法体系。也就是说，虽然德育是所有学校都要进行的教育活动，但不同的学校可以有自己特殊的风格。

一所学校的德育风格，显示在外的是特殊的德育方法体系，含而不露的则是该校的德性品质和德育理念。正如一名教师的教育风格，外露的是其教育方式，隐含在内的则是其道德人格与教育理念。因此，一所学校德育风格的形成不是一朝一夕的事，需要有一个漫长的探索、修正过程。一开始也许是一个自然、自在的过程，慢慢地会走向主动、自觉，成为学校无意识的心理氛围和有意识的教育方式。这种风格如果能够长期延续下去，则可以成为学校的德育传统。

细节 25

“恐惧教育学”

—— 论教育中的恐惧制造及其后果

学校似乎不愿意让学生过安心日子，总是在制造紧张和恐惧。前文讲到的“倒计时”就是一种制造恐惧的方式。教师们不但制造生活的紧张气氛，还制造关于未来的恐惧，比如经常威胁学生：“如果你们今天不好好学习，将来就会失业，就会没有饭吃！”

恐惧是人类的一种本能性情感，能够帮助人们规避已知或未知的危险，有益于人类的生存。沃尔顿认为，恐惧是人类“最为古老的情绪”[①]，当人类的祖先在原始森林里抬起头来直立行走的时候，他们生存的世界就是一个危险的所在，巨大的恐惧从一开始就如影随形。正是恐惧的存在，使得人类发明了各种方法来摆脱恐惧。从这个意义上说，人类的历史也可以说是一部摆脱恐惧、与恐惧斗争的历史。教育也是人类摆脱恐惧的方式之一，通过教育我们既可以进入自己的内心，消除心灵深处的阴影，也可以更深、更广地认识世界，增强把握世界的能力。

一、“恐惧教育学”

教育始终与恐惧有关，今天的教育也不例外，但性质却有所改变。对

① 沃尔顿．人性：情绪的历史［M］．王锦，刘建鸿，梁良，等译．上海：上海科学普及出版社，2007：4.

照现实，我们发现今天的教育在制造恐惧，甚至将教育活动奠基于学生和教师的恐惧之上，形成了一种风格独特的“恐惧教育学”。

1.“身份的焦虑”：对未来的恐惧

所谓身份，就是一个人在社会上的地位。社会地位不仅意味着一个人拥有的资源和权力，也意味着在“他人眼里的价值和重要性”①。获取上层身份令人欣喜，因为上层身份不仅能带来丰富的资源、更多的自由，还能带来别人的重视，给人一种价值感。而下层身份则意味着不但要遭受贫穷，还要忍受被人轻视、被人贬低这样的精神折磨。也就是说，上层身份获得的好处是双重的，而下层身份遭受的折磨也是双重的。

身份的获得，过去主要靠出身和血统，现在主要靠教育。也就是说，教育成了分配身份的主要依据。对此深有体会的学校就用下层身份的可怕前景恐吓学生。儿童文学作家郑渊洁曾经说过他的儿子上小学时，某老师对他儿子班上的一名学生说：“看你那没出息的样子，长大了吃屎都接不着热的！”这样极端恶毒的话在学校中绝对是偶然的、个别的，绝大多数教师都说不出口。但不那么恶毒意思却类似的话，比如“现在不好好学习，将来找不到工作，看你怎么办”“现在笑嘻嘻，将来哭都哭不出来”，相信很多教师都说过。有教师甚至指着农民工对自己的学生说：“不好好学习，将来只能像他们一样！”所有这些类似的话语，不能简单地归结为教师的语言暴力，其映射的还有教师对人生艰辛、身份争夺的洞察，以及渴望学生有一个好发展（获得上层身份）的良苦用心。学校教育充斥着这样的话语，传递的是一种为身份而焦虑的情绪。这样的情绪不仅在教师的日常言行中自发地流露，还体现在教育内容、教育过程和制度安排中。教育内容里的模范人物虽然都是正面的成功典范（有身份之人），但其成功的基础都是艰苦卓绝的奋斗，反衬的恰恰是人生的艰辛、身份获得的不易。在教育过程中，失败者悲惨的人生叙事总是若隐若现，时刻起着警戒作用，在一定程度上，学生受教育的过程就是学习如何避免悲惨人生（身份低微）

① 德波顿. 身份的焦虑［M］. 陈广兴，南治国，译. 上海：上海译文出版社，2007：5.

的过程。而学校制度将受教育的过程设计成一个障碍赛跑的过程，在所有阶段都有越过障碍的成功者和越不过障碍的失败者，用活生生的现实诠释着人生艰辛、身份争夺的激烈。

博尔诺夫说过，“所有的教育，尤其是学校教育和教育机构的教育都面临着夸大人生艰辛和忽视游戏的危险”①。在已经进入风险社会的今天，人生艰辛在很大程度上已经成为一个事实（关于这一点后文会专门论及），学校教育如何夸大，其实都不是问题。问题在于即使我们承认人生是艰辛的、身份争夺是残酷的，难道就应该早早地让孩子生活在恐惧中吗？况且，在我们这样一个风险社会里，到处都是危险的气息，孩子会自发地感受到。也就是说，孩子已经不可避免地会被恐惧之“爪”所“抓”，这已经够他们受的了，学校还要有意将恐惧加于他们，时时提醒，不停制造。实际上，这已经变成了恐吓。

2. 紧张、恐惧的教育气氛

博尔诺夫指出：“教育的成功与否往往取决于生活中一定的内部气氛和教育者与受教育者一定的情感态度。我只是一般地称之为教育气氛，并把它理解为情感、情绪状态及对教育抱有好感或厌恶等关系的总和。”②对学校稍有了解的人都知道如今学校的教育气氛是以紧张、恐惧为特征的。学校生活不是和平、安静的，而是充满火药味儿的。上学就如上战场，学生每天早早出门投入大大小小的“战斗”，只许胜利，不许失败，否则一步跟不上就可能步步落后，后果不堪设想。就连画张画、写段文字、唱首歌，教师挂在嘴上的话仍然是“看谁做得最好”。由教师下意识说出的这短短几个字，流露出了多少教育价值信息！比如生活就是竞争，一定要分出胜负，一定要有赢家和输家；学习的目的就是战胜别人，自己学到了什么并不重要，关键是比别人多学了什么……一些教师似乎特别热衷于为学生划分等级，特别乐意做残酷学习竞赛的裁判员。在这样的逻辑下，每个人随时都有失败的可能，而失败的后果又是那样严重，对失败的恐惧必然

① 博尔诺夫. 教育人类学[M]. 李其龙，等译. 上海：华东师范大学出版社，1999：45.
② 同① 41.

挥之不去。那些竞争中的失意者，不但得不到同情，反而会招致嘲笑。“许多儿童在被人嘲笑的持续恐惧中长大。……一个小时候常被人嘲弄的成人很容易识别，他无法摆脱再次被嘲弄的恐惧。”①

教师的日子也不太平，他们自身也生活在紧张、恐惧之中。多数考试和评比既是针对学生的，也是针对教师的。所教班级的平均分、高分率等指标哪怕是比别人少半分，甚至是零点几分，对教师来说都是巨大的失败。再加上职称、公开课、学科带头人等名目繁多的竞争，教师的生存处境与学生一样紧张。更糟糕的是，就业形势的紧张，导致等在学校门外的候补教师增多。所以才有校长、行政官员时不时的威胁与恐吓，什么“末位淘汰”、什么“竞争上岗”，都是悬在教师头上的利剑，随时都可能落下来。这给在岗教师以巨大的精神压力。再往上推，学校领导和教育行政部门也不安稳，中考、高考成绩不好，他们也有丢官的现实威胁，要不然怎么会有重点中学花高价买优秀学生的怪事发生？教师是恐惧制造者，也是恐惧的受害者，而学校当权者和教育行政部门，也同样未能摆脱恐惧，真是你恐吓我，他恐吓你，陷入了恐惧的恶性循环。

3. 学校的“监狱化”

“许多学校看起来更像一座小型秘密监狱”②，富里迪的这个判断似乎有点儿武断、刻薄，但仔细想想，还真不是信口开河式的胡说。因为这个世界充满了危险，所以安全是学校必须优先考虑的事情。一个简单、直接的做法就是将外在的世界关在校门之外，不让外面的危险渗透、蔓延到校园内。如今，几乎所有城市学校的门禁系统都是非常严格的，没有特定的证明和程序，外人是很难进入学校的。也正因为学校大门外的世界充满了危险，没有成年人的陪同，未成年的学生是不能走出校门的。有些寄宿制的学校，学生只有周末才能有条件地走出校门，平时根本不能跨出校门一步。很多学校为此发明了诸多方法和手段，比如出门卡、通行证等，真可谓费尽心机、用心良苦。外面的人进不去，里面的人出不来，一座大门隔

① 阿德勒. 理解人性[M]. 陈太胜，陈文颖，译. 北京：国际文化出版公司，2000：58-59.

② 富里迪. 恐惧[M]. 方军，张淑文，吕静莲，译. 南京：江苏人民出版社，2004：2.

出了两个世界，学校不像监狱，还能像什么？

出于对外界危险的恐惧，如今学校的教育、教学活动几乎完全局限于校内，不敢“越雷池一步”，我国新课程改革中突出社会实践的理念几乎全部落空。说起来学校也有自己的难处和苦衷，因为一旦出事，学校和当事教师都承担不起那无法承担的责任。如果与外面世界的危险隔绝的学校内部一片祥和，那么学校的“监狱化”倒也多了些合理性与合法性。问题是校园内同样充满了对危险的恐惧，甚至学生课间在校园里活动、玩耍也是危险的，所以，一些学校的班主任或任课教师又多了一项新的职责——午间、课间监督学生，不准他们在校园里和教室里玩耍、游戏。

一些条件好的学校花大价钱购买监视系统，在学校的每个角落，包括教室，都装上监视镜头，学校领导坐在监控室里就可以看到校园里、教室里发生的一切事情，使教师和学生的一言一行都处在监视之下。这种技术手段，使学校的“监狱化”程度更上一个台阶，实现了校园内部的全面监控。这种监控的存在，使学生和教师处在双重恐惧——对危险的恐惧和对监控的恐惧之中。走出学校，危险无处不在，缩回校园，监视如影随形，恐惧成了挥之不去的阴魂。

二、“恐惧教育学”的危害

“如果你的心中有恐惧，你就不能探索、观察、学习，不能深入地觉察。所以，教育的意义很显然就是消除外在及内在破坏人类思想、关系及爱的那份恐惧。”[①] 我们可以从两个方面来理解克里希那穆提的这句话。一方面，恐惧是一种情绪，而情绪对人的“把握”不是局部的，而是整体的。“我们绝非像‘具有’某些放在顶楼上的家具那样‘具有’情绪。情绪弥漫于我们存在的整个存在场中。在德语中，情绪一词的词根有调音的意思，当处于某种情绪中时，我们的整个存在都按某种基调调谐过了。我们就是某种欢欣、感伤、恐惧。它像酵母发酵一样，渗透于我们的整个生

① 克里希那穆提. 人生中不可不想的事[M]. 叶文可，译. 北京：群言出版社，2004:6.

存之中。”[1] 由此可见，如果学生处在恐惧之中，那就意味着其整个生命存在都被恐惧“调谐”过了，恐惧成了生命的基调，整个生命都以恐惧为特征。而恐惧的生命最需要的是自保，探索、观察、学习等就是奢想。另一方面，教育正是人类发明的一种消除恐惧的方式，因为孩子更需要生存在不受恐惧威胁的环境中，以便在安全的气氛中发展能力，形成对这个世界及生活在这个世界中的人的信任，等到真正长大时，才有足够的能力和勇气来应对危险和恐惧。“恐惧教育学”背叛了教育的应有使命，不但不消除恐惧，反而制造恐惧，以恐惧作为教育活动的手段和目的，其危害是显而易见的。

1. 塑造焦虑、恐慌的一代

人生存于其中的世界确实存在危险，人也需要恐惧来避免危险。即使如此，人也需要有一个相对安全、平和的成长环境，从而在人生早期奠定一个基本心境，发展出一些基本能力，以应对人生中可能遇到的危险。教育人类学将人的发展分为三个阶段：（1）有安全感的初始状态；（2）封闭世界被打破，经受各种风浪和危险；（3）产生重建可靠世界的需要。[2] 第一个阶段是起点，也是关键，没有这个阶段，或者说没有奠定好基本心性和能力基础，人就无法经受第二个阶段的考验，也不会进入第三个阶段。“恐惧教育学”使本该处在第一个阶段的人，直接暴露在第二个阶段不能自拔，在一定程度上成了焦虑、恐慌的一代。

很多消极情绪都与恐惧有关，甚至是由恐惧诱发的，比如焦虑和恐慌。焦虑与恐惧常常作为同义词使用，都是对危险的一种伴随着生理反应的情绪反应，但二者之间还是有细微的差别，“恐惧乃是对一个人不得不面对的危险的一种适当的情绪反应，而焦虑则是对这种危险不适当的反应，或者甚至是对想象出来的危险的一种反应”[3]。也就是说，焦虑是一种更具有主观性的恐惧，或者说是由恐惧引起的一种更深的恐惧，是自己对

① 巴雷特. 非理性的人：存在主义哲学研究［M］. 杨照明，艾平，译. 北京：商务印书馆，1995：217.

② 博尔诺夫. 教育人类学［M］. 李其龙，等译. 上海：华东师范大学出版社，1999：43.

③ 荷妮. 我们时代的病态人格［M］. 陈收，译. 北京：国际文化出版公司，2000：22.

自己的恐吓。正是焦虑的这种主观性，使人感觉到危险无时无处不在，草木皆兵、杯弓蛇影，焦虑也因此是最折磨人的一种情绪。阿德勒洞察到这一点："焦虑使他的生活倍受痛苦，使他无法与所有人联系，并摧毁了他建立和平生活的希望，或者摧毁了他卓有成效地为世界做出贡献的希望。"① 如果说焦虑还是一种弥漫性的痛苦情绪的话，恐慌则是一种突然而过度的情绪，让人觉得大祸临头，生活无法继续。有时候恐慌是焦虑的积聚，有时候是由恐惧直接转化成的一种激烈情绪。事实上，恐惧、焦虑、恐慌经常混淆在一起，很难明确区分。焦虑和恐慌对人的伤害"有内有外"。就"内"而言，处在焦虑之中的人无法体会生活的快乐与幸福，处于一种无助、萎靡不振或烦躁不安的情绪之中，疏解不了，要么导致人的崩溃，要么使人罹患精神抑郁、麻木机械等严重的心理疾病。就"外"而言，深受焦虑和恐慌情绪煎熬的人极度敏感和脆弱，稍有风吹草动，就会有过激反应，从而导致攻击行为的发生，以对他人的攻击和伤害作为保护自己、发泄情绪的方式。

对照现实，我们不难发现焦虑、恐慌对中小学生业已造成的巨大伤害。第一，虽然大多数学校开始重视心理教育、心理辅导和心理咨询，但中小学生的心理问题、心理疾病还是有增多、加重的趋势，自杀等极端行为时有发生。虽然其原因是复杂的，但很难排除恐惧、焦虑的因素。第二，"郁闷"等表达焦虑的词语成为流行语，从一个侧面反映出中小学生普遍生活在不快乐的状态之中，而这种不快乐的生活状态又会影响他们看待世界、看待人生的态度，因为"一旦恐惧成为一种普遍存在的心态，问题和困难就会被过分夸大，而可能的解决办法却被忽略"②。结果是很多孩子小小年纪就老气横秋、悲观厌世，失去了应有的阳光和朝气。第三，孩子为摆脱焦虑、恐慌而采取的语言暴力、实际攻击性行为，甚至是违法犯罪行为，既害了他人，也害了自己。第四，逃避也是摆脱焦虑和恐慌的一种方式，而网络、电子游戏的存在为这种逃避提供了方便，结果是网络沉溺、电子游戏成瘾剧增，导致更多、更深的悲剧。这些伤害还都是及时显

① 阿德勒．理解人性［M］．陈太胜，陈文颖，译．北京：国际文化出版公司，2000：58-59.
② 富里迪．恐惧［M］．方军，张淑文，吕静莲，译．南京：江苏人民出版社，2004：前言 6.

露的，而那些隐含在心灵深处的伤害虽然暂时没有外露，却可能伴随他们一生，甚至为其一生定下了情绪基调。

2. 病态竞争的常态化

竞争是人与人之间的关系模式中很正常的一种，有人的地方就有竞争，学校也不例外。而病态的竞争则不同，荷妮归纳出其三个特点：（1）为竞争而竞争（正常的竞争是为了做好事情，而在病态竞争中做事已经不重要，竞争才是重要的）；（2）独领风骚才算赢（正常的竞争是可以双赢、多赢的，而病态竞争只承认第一才是胜利，否则就是失败）；（3）敌视（病态竞争含有对竞争对手的敌视，而正常的竞争则含有相惜之意）。[①] 病态竞争之所以是病态的，就在于它扭曲了人与人之间的关系，使他人变成了自己的地狱，使自己变成了他人的地狱。

势利的社会充满了病态竞争，而学校有过之而无不及。实际上，求学的过程已经变成了血腥竞争的过程。对很多孩子来说，自我潜能的发挥、探索未知的快乐、获取知识的美好等都不重要，重要的是竞争，上学的乐趣就在于竞争，竞争成了生活的主调，成了求学生活的常规样态。问题是，第一只有一个，绝大多数人都成了找不到自己的失败者。我们不难想象，每一个经过“学校风雨”的人，都经受了什么样的伤痛考验！伙伴关系是一个人成长过程中最重要的关系之一，在特定阶段其重要性甚至会超过父母子女关系、师生关系。在现实的学校环境中，我们发现同学之间的敌视、仇视、挤压甚至代替了同侪相伴，使生命过程中本应非常美好的经历，变成了病态竞争的扭曲关系。

“恐惧教育学”与学校里的病态竞争直接相关。正是因为对未来的恐惧，或者说是为了避免将来的失败，为了不使自己的未来人生暗淡无光，才要从现在开始拼命竞争，未雨绸缪，在未成年阶段就占据优势。为了将来，现在的一切苦、一切痛都是必需的、值得的。而紧张、恐惧的教育气氛，使学校生活中的每一个人，包括教师，都没有安全感，有的人是自觉

① 荷妮. 我们时代的病态人格［M］. 陈收，译. 北京：国际文化出版公司，2000：125-128.

地投入这无情的竞争之中的，有的人则是不自觉地被卷入这残酷的竞争之中的。无论如何，只要恐惧是注定的，病态竞争就是不可避免的。

3. 对他人的过度戒心

“恐惧教育学”将学校变成了小型监狱，试图割断学生与社会的联系，在这种情况下，对个人发展必不可少的社会交往与联系也被视为增加危险的方式，正如富里迪所说，“握手也变成了一种危险”①，“这种早期教育教会了孩子以一种怀疑与嘲讽的态度对待人性”②。为什么会这样呢？

“恐惧教育学”激发的是学生的不安全感。不安全感的摆脱有两个方向：一个是向内收缩，只顾自己；一个是把他人都当作显在或潜在的威胁，对他人过度戒备。恐惧将学生逼入自己的狭小生活空间，只顾自己的学习和考试，无法“抬起头”来关注他人的生活、关注世界的变化、关注人类的命运。而促使受教育者“抬起头”来，从自我性、地方性、现时性中解放出来，拥有世界视野和人类眼光，正是教育所应追求的崇高目标。“恐惧教育学”损害的正是教育对崇高目标的追求，用恐惧将受教育者锁在自我性、地方性、现时性之中。

同时，恐惧又激发出学生对他人的过度戒心：我是不安全的，这不安全主要不是来自自然，而是来自他人。即使一个人现在对我没有威胁，并不意味着将来对我也没有威胁。在这种逻辑支配下，同学、熟人、陌生人都是显在或潜在的威胁，对他们保持戒心是必不可少的。“恐惧教育学”窄化了人与人之间的关系，似乎竞争与戒备就是人与人关系的全部。现代社会中传染性的道德冷漠与此密切相关：既然他人是潜在威胁，那我就没有必要去帮助他人；他人的受苦，减弱了他人的竞争力，降低了对我的威胁，正是我的幸运与机会之所在。

当然，“恐惧教育学”的危害远远不止上面提到的这些，其损害的不仅仅是学生，还有教师、学校以及整个教育。如前所述，恐吓学生的教师也被恐吓，同样生活在恐惧之中，备受恐惧和焦虑的折磨。学校和教育被

---

① 富里迪. 恐惧[M]. 方军，张淑文，吕静莲，译. 南京：江苏人民出版社，2004：前言 9.

② 同 ① 108.

恐惧笼罩着，不但意味着学校和教育的异化，也意味着我们在这个恐惧的时代再也找不到一个安静、和平的角落。整个世界都处在恐惧之中，学校不但对社会的恐惧有所回应，还加剧甚至放大了这种恐惧，从而形成一个恐惧的封闭之环，恐惧成了人从生到死的主调，那是怎样的生活、怎样的悲哀?!

三、“心平气和”的教育

教育回归平和的必要性不言而喻。一代又一代人焦虑、恐慌的累积，病态竞争的常态化、对人性的怀疑与道德冷漠的深入和弥漫，所有这些，到了一定程度，就会成为社会动荡、人类灾难甚至再一次人类大屠杀的社会心理基础。因此，有良知、有理性的教育者都不能坐视“恐惧教育学”的蔓延。另外，教育本来是人类摆脱恐惧的一种方式，它本身应该是平和的，如果它成了制造恐惧的活动，就是对自身本性的违背。更重要的是，无论成人世界有多危险、多恐怖，孩子都应该过一种平和的生活，因为其幼嫩的身心必须在受保护的环境中生长、发育，否则就会陷入病态，甚至“夭折”。所以博尔诺夫才说：“幼儿需要在熟悉的可信赖的天地中安全地活动，这是一种天性。”①

与必要性相比，教育回归平和的可能性要复杂得多。既然“恐惧教育学”是“风险社会”的回响，那么“风险社会”的存在就是教育回归平和的一个巨大障碍。在当今时代，教育与社会的关系愈益密切，亦步亦趋地跟在社会的后面，独立性消失殆尽。在这种情况下，剔除“恐惧教育学”，让教育回归平和的希望就只能寄托在社会的发展变化上。但“风险社会”还只是处在初级阶段，不确定性的幽灵正在发展壮大。在一定意义上，“恐惧教育学”是社会压力，尤其是身处“风险社会”中的家长由自身的切肤之痛生长出来的要求的结果，如果教育用平和的方式进行，那么家长不会满意。从这个角度看，对教育回归平和的可能性，我们有理由感到悲观。但我们也有乐观的理由，那就是教育与社会的这种关系不是正常的、应然

① 博尔诺夫．教育人类学［M］．李其龙，等译．上海：华东师范大学出版社，1999：42．

的，而是扭曲的、病态的。也就是说，如果教育能够坚守自己的独立性，无论外面的社会如何充满风险、如何恐怖，学校还是有可能为孩子搭建一片平和的天地的。

恐惧是人的一种本能性情感，但人时刻都在追求平和与安全，因为长久的恐惧会导致人的崩溃。杜威曾说，人追求平和与安全的方式不外乎两种：一种是同周围决定他的命运的各种力量进行和解，一种是发明许多技术来与周围的环境斗争。① 前者求诸心灵力量，通过内在心灵的和谐、宁静来实现平和；后者则求诸征服能力，通过改造、控制外在环境来摆脱威胁。两种方法，同样重要，缺一不可。只有前者，没有后者，人类就会滑入消极遁世；只有后者，没有前者，人类就会陷入无休止的“战斗”中。在现代社会，我们已经丢弃了前者，不再寻求心灵力量，只求征服能力，几乎每一个人都野心勃勃，都渴望掌握权力和财富，出人头地。在这种情况下，教育也被废了一半“武功”，只会增强受教育者征服外在世界的能力，不再让其修身养性以提高心灵力量。也就是说，教育、学校或被动或主动地变成了个人实现野心的工具。因此，教育回归平和的可能性，首先在于教育的价值定位的改变，即由实现个人野心的工具变为提高心灵力量的场所。拉兹洛指出：“我们越来越清楚地看到，人类的最大局限不在外部，而在内部。不是地球的有限，而是人类意志和悟性的局限阻碍着我们向更好的未来进化。”② 当然，价值定位的转换不是一日之功，在目前的境况下可能性微乎其微，但教育永远都能让人在绝望中看到希望！

---

① 杜威. 确定性的寻求：关于知行关系的研究[M]. 傅统先，译. 上海：上海人民出版社，2004:1.

② 拉兹洛. 人类的内在限度：对当今价值、文化和政治的异端的反思[M]. 黄觉，闵家胤，译. 北京：社会科学文献出版社，2004:前言 2.

细节 26

找苦吃

—— 制造痛苦的教育就是在作恶

出于对痛苦的误解，以为只有吃苦才能成才，在没有痛苦的情况下也要制造痛苦来考验学生。比如，在教育条件普遍改善的今天，学生本来可以相对轻松、从容地上学，但家长和教师却不能容忍这种轻松，而通过紧张的竞争、大量的作业等方式让学生吃苦，以为吃苦可以换来将来的发达。

痛苦让人难受，任何正常的人都不会主动招惹痛苦。说趋乐避苦是人的本能并不准确，准确地说，趋乐避苦是人类在漫长的进化过程中形成的自动化选择。人为什么如此选择呢？因为人是向善的存在，而痛苦是一种恶。关于这一点，亚里士多德在《尼各马可伦理学》里已经说得很清楚："痛苦是恶，是应当避免的。"[①] 简单说来，对人好的就是善，对人不好的、造成伤害的就是恶。无论是身体痛苦，还是精神痛苦，带给人的都是伤害，因而都是恶。梅耶菲尔德指出，痛苦对受苦者来说是一种内在恶，而这种内在恶具有"自明性"，不需要证明。

有人会说，痛苦对人也可能会有益处。应该承认，确实有一些人在经历苦难、痛苦之后获得了事业的成功、人格的升华。其实，这是混淆了痛苦本身与人们对待痛苦的态度。痛苦是伤害人的力量，但人们如果能够从

---

① 亚里士多德. 尼各马可伦理学 [M]. 廖申白，译注. 北京：商务印书馆，2003：40.

这种伤害中学习，在一定条件下确实可以有所收获。显然，这种收获不是痛苦给予的，而是由人们对待痛苦的态度带来的。如果这种收获真的是来自痛苦与苦难本身，那就很难解释为什么会有那么多人被痛苦所腐蚀、所击垮。既然痛苦具有让人有所收获的功效，那么所有经受痛苦的人都应获得这种功效。因此，少数人通过痛苦获得进步，而多数人被痛苦所伤害，只能证明两点：（1）不是痛苦本身给人力量，而是对待痛苦的态度使人受益；（2）痛苦本身带给人的是伤害，是对人性的腐蚀。

痛苦给人所带来的益处主要来自人们对待痛苦的态度，即对痛苦的利用。从这个角度看，痛苦具有一定的工具价值。但痛苦的工具价值无法抹去痛苦的本性之恶。痛苦的工具价值来自我们对痛苦的利用，而不是痛苦本身。比如，我们可以对病毒进行利用，使其为人的福祉服务，但这种利用并不能改变病毒的本性。更何况，有些痛苦连工具价值都不具有。比如一个人患了癌症，经过痛苦的折磨之后还是被夺去了生命。从宗教的角度考虑，我们可以赋予这痛苦以意义，比如将其当作上帝对他的考验。但从世俗的角度看，这痛苦有什么意义？有人说作为病例，他所经历的痛苦为今后同样的病人积累了经验，问题是：这是对他人而言的意义，对痛苦经受者来说，意义在哪里？

我们是一个苦难的民族，在苦难中发明了一套“苦难哲学”：痛苦可以让品格得到升华，痛苦能让我们变得坚忍……这套哲学影响巨大，已经沉淀到我们的下意识、潜意识中。在教育领域里，这套“苦难哲学”已经变成了一种集体无意识的“教育哲学”，什么“梅花香自苦寒来”，什么“天将降大任于是人也，必先苦其心志，劳其筋骨，饿其体肤，空乏其身”。由以上分析不难看出，这套“苦难哲学”“苦难教育学”的最大错误在于将属恶的痛苦美化，赋予其不具有的功能，即将对待痛苦的态度所具有的价值错放在痛苦本身上。

人是有限的存在，即使明明知道痛苦是一种恶，即使有趋乐避苦的倾向，痛苦还是会不期而至。也就是说，痛苦总是难免的。俗话说我们是吃五谷杂粮的，总会生病，身体的痛苦每个人都回避不了；我们的想象可以插上翅膀飞向无限，而我们的能力又是那么有限，精神痛苦也是回避不了的；再说，每个人都不得不面对死亡，存在就是“向死而生”，这种痛苦也是无法回避的。根据人之存在之本性和痛苦之本质，教育的着力点就在于教年青一代如何面对痛苦、如何不被痛苦所腐蚀、如何从痛苦中学习以有所受益。但对照现实，我们不难发现，教育所做的通常是一种荒唐的错位：不是教年青一代如何面对痛苦，而是人为地制造痛苦去“考验”（其实不是考验，而是折磨）他们。

教育制造的痛苦包括身体的痛苦和精神的痛苦。年青一代正处在身体发育的关键期，我们的教育在很多情况下，不是去帮助他们发育身体，而是给这些稚嫩的身体增加超过其承受能力的负担和痛苦。被限定在狭窄的教室和桌椅之间，没有舒展的空间；作业写也写不完，直到驼了背，近视了眼睛；毫无规律地体罚，一节课一节课地罚站……对很多孩子来说，与精神痛苦相比，身体痛苦根本不值得一提。教育所制造的精神痛苦有很多，比如恐惧的痛苦、不能自主的痛苦、失去希望的痛苦，等等。病态竞争，让成长中的孩子，甚至成年的教师、家长都没有安全感，都陷于深深的恐惧与焦虑之中。正是在这个意义上说，我们的教育力行的是“恐惧教育学”。自主是人的基本需要，失去自主的痛苦最令人难以忍受。我们的教育把学生每天的生活都严格控制起来，根本不允许他们有自主的空间。功利的教育，用分数和排名反复告诉升学无望者，你们是一群没有前途的失败者。在人生的早期，本来每个人都充满着无限的可能性，而教育却将这些可能性关闭了，这种绝望的痛苦，其杀伤力超出想象！

既然痛苦是一种恶，那么制造痛苦就是在作恶。学校制造的身体痛苦对成长中的学生所造成的伤害不可挽回。比如，在早已解决温饱问题、达到小康水平的今天，很多中小学生竟然发育不良、体质不合格，参加集体活动时总有人晕倒。到了高中，一个班不近视的人竟然成了稀有物种，一代代人经过学校的加工多数变成了眼有残疾者。显然，在身体痛苦面前，那套“苦难哲学”“苦难教育学”显得如此苍白，谁能用其为学生所遭受的痛苦开脱？也许有人会说，经过这一过程，一部分人脱颖而出，他们所受的身体痛苦换来的是美好前程。这种说法经不起推敲，一方面，美好前程不以痛苦为前提，没有这些人为的痛苦，他们一样可以有美好前程；另一方面，他们所遭受的痛苦对他们的伤害没有因为胜出而消失，这些伤害总会留下这样那样的痕迹，在他们的心灵深处留下阴影。更根本的是，经历了更大痛苦且被学校体系所淘汰的多数人，除了经受痛苦、承受伤害之外，他们还有什么？他们只是那些所谓成功者的衬托背景。将少数人的所谓成功建立在多数人的痛苦之上，这不是作恶，还能是什么？

学校体系所制造的精神痛苦，包括恐惧、焦虑的痛苦，失去自主的痛苦，失去希望的痛苦等，对遭受这些痛苦的人来说都是巨大的伤害。恐惧、焦虑的痛苦，失去自主的痛苦，对每一个经历过学校生活的人都是伤害，无论你是学校生活的成功者还是失败者。成功者的成功都是相对的，你在一个班里是优胜者，超出这个班，有更强的对手在等着你；你在一所学校里是优胜者，超出这所学校，同样有更强的对手在等着你。每个人都没有安全感，每个人都要忍受恐惧的折磨。同样，成功者的所谓成功，不是自主探索世界、探索人生的成功，而是被预先设定的成功，在这个意义上，甚至是越成功，离自己越远。失去希望的痛苦，对那些被教育体系所抛弃的人所造成的伤害，终生都挥之不去。

因为痛苦是一种恶，那么解除痛苦就是一种自明责任。教育承担着解除痛苦、增进幸福的责任。对教育增进幸福的责任，我们都不会有异议，甚至以增进幸福为借口，去制造痛苦。其实，增进幸福是锦上添花的事情，而解除痛苦才是救人于急需、救人于水火。教育解除学生的痛苦本身就具有道德和教育意义，因为解除痛苦就是行善，就是道德的体现；而这一过程本身就是教育，即通过自己的行动教育学生要有解除他人痛苦之心。而制造痛苦之恶的另一个表现在于，教唆学生对他人的痛苦无动于衷，甚至将自己的快乐建立在他人的痛苦之上。比如，要想克服恐惧的痛苦，就需要在竞争中战胜他人，让他人成为失败者。在这样的逻辑下，学生学会的是对他人的冷漠、冷酷，而不是解除他人痛苦的仁慈。

痛苦的本性揭露了“苦难教育学”的虚伪。既然苦难有那么大的功用，为什么处于优势地位的人不去经历苦难，而让处于不利地位的人去经受苦难？明明知道痛苦的腐蚀性和伤害力，还用所谓的“苦难教育学”去掩盖，这其实是一种虚伪。如果我们用“苦难教育学”去麻痹多数被排斥者，让他们认命于人为制造的痛苦，那就更恶劣了。

细节 27

明天的幸福
—— 论当代学校的幸福观

教育是追求幸福的一种方式。但今天的教育所持有的幸福观与幸福本身的内在要求却大相径庭。概括起来，就是幸福在未来，今天的生活只是追求未来幸福的工具；幸福不在内心和德性，只在外在的物质条件；幸福不是自我丰富和自我超越，而是战胜别人。

幸福（eudaimonia），就是活得好、活得欣欣向荣，这大概是深埋在每一个人灵魂深处的一种“本能欲望”。在人类发展的各个阶段，尽管存在着路径与方式的差异，但幸福一直都是人类主要关切的问题。这种关切不仅体现在生产和生活之中，也贯穿于教育活动之中。教育与幸福是密切关联的，教育以促进幸福为目的，“一种好的教育应该极大地促进个人和集体的幸福”[①]。在这个意义上我们可以说，教育是人类追求幸福的一种活动方式。

幸福是人类的永恒追求，但不同的时代有不同的幸福观，有不同的幸福追求。与此相应，不同时代的教育也有不同的幸福观、不同的幸福追求。那么，现代教育抱持何种幸福观，有什么样的幸福追求呢?

① 诺丁斯. 幸福与教育［M］. 龙宝新，译. 北京：教育科学出版社，2009：序言 1.

一、当今学校的幸福观

1. 明天的幸福

现代社会及其教育的幸福观是在反对中世纪幸福观的基础上建立起来的。按照基督教教育的观念，现世没有真正的幸福，只是一个赎罪的痛苦过程，真正的幸福就是死亡，就是告别尘世升入天堂。现代思想将这一幸福观概括为“被来世魅惑的今生”，竭力将幸福从虚无缥缈的天堂拉回到有血有肉的尘世。讽刺的是，现代社会及其教育在反对这种幸福观的同时，并未完全摆脱其阴影，依然受其逻辑结构的笼罩。如果说基督教是“来世幸福观”的话，现代社会及其教育所持的幸福观则是“明天的幸福观”。一个是“被来世魅惑的今生”，一个则是“被明天魅惑的现在”，结构相同，逻辑相通，差别只是时间跨度的大小。

在现代教育的幸福词典里，幸福与当下的生活没有多少关联，幸福只在明天，只在未来。现在的生活与幸福无涉，其意义只在于为未来的幸福做准备、打基础。在这种幸福观的支配下，一方面，幸福“被流放到了未来”，变成了一个遥不可及的目标；另一方面，本来连续的人生被人为地切割为现在和未来两个片段，现在成了未来的工具，成了美好未来的抵押品。现代教育的这种幸福观几乎不需要论证，因为它就触目惊心地写在现代教育的面容上！随着电子媒介所导致的教师和学生两代人“不对称性”的消逝，学校的魅力和吸引力迅速消退，现代学校最值得骄傲、最拿得出手的东西大概也就是未来许诺了。现代学校给受教育者的是一块“幸福大饼”：顺利通过学校教育这一“幸福通道”，你就能获得受人尊敬的社会身份，就能获得一个回报丰厚的职业，就能获得保证幸福生活的财富。一句话，幸福就在明天，幸福只在明天。

“幸福大饼”不可能“得来全不费功夫”。要得到明天的幸福，受教育者就必须牺牲今天的生活，从这个角度看，所谓“明天的幸福”也是一种“代价幸福”。为了这种幸福，学生现在的生活本身失去了意义，只在换取未来幸福的意义上才有价值。既然如此，现在的生活就无所谓品质了，起早贪黑，披星戴月，没有片刻休闲算不了什么；与世隔绝，脸色苍白，过一种类似于囚犯的生活算不了什么；抓考试抓出血来，残酷竞争，被无情体罚也算不了什么；身心压抑、精神抑郁、心理变异甚至变态也算不了什么，因为都是为了明天的幸福！“明天的幸福”暗含着一种“苦尽甘来”的逻辑，就是要拿今天的“苦”去换明天的“甘”，没有今天的“苦”，哪有明天的“甘”？我们常说，现在的孩子是幸运的一代，他们免于战火、饥荒、苦难。然而，为了“明天的幸福”，现代教育人为制造了多少痛苦和苦难？由此看来，“明天的幸福”既是一种“代价幸福”，也是一种“苦难幸福”。

2. 幸福：“在外者”

幸福从来都有内在精神体验和外在客观条件两个维度。有学者将以内在价值观念与人生意义为核心的幸福感称为“在我者”，而把幸福的实际境遇、客观条件称为“在外者”，对幸福的完整理解在于“在我者”与“在外者”的统一。[①] 现代教育对“在我者”提不起兴趣，倒是对“在外者”兴致勃勃。

现代国家对教育的重视程度、投入力度超过以往任何时代。这是好事，也是坏事，因为现代国家对教育的重视与投入不是为了教育本身的发展，而是为了借助教育的力量实现国家目的，教育成了实现国家经济增长的工具。用怒斯鲍姆的话说，现代教育是一种“为了赢利的教育”[②]。这种教育在基础阶段以标准化为特征，强调科技等实用科目，忽视人文艺术教育，要求学生具备基本技能和计算能力；在高等教育阶段，将大学变成“科技工厂”“人才工厂”，使大学成为彻头彻尾的“国家利器”。

现代国家在如此直接地将教育当作经济增长的工具的过程中，往往理直气壮，因为其信奉一个基本的“幸福公式”：富足就是幸福，幸福就是富足。借助一切手段，发展国民经济，促使国强民富、国民幸福，这是现代国家的义务。只有出色地承担这个义务，现代国家才能从国民那里获得忠诚。鲍曼说，这是现代国家与其国民之间的一种“幸福协定”：“普遍幸

---

① 杨国荣. 伦理与存在：道德哲学研究［M］. 上海：上海人民出版社，2002：262.

② 怒斯鲍姆. 告别功利：人文教育忧思录［M］. 肖聿，译. 北京：新华出版社，2010：13.

福的诺言，以及伴随时间的推移将有更多幸福的诺言，使现代国家参与了某种社会协定。国家答应交付货物，公民期望接受它们。作为对利益的交换，公民答应忠诚于国家；作为对自身服务的交换，国家期望公民遵守它的命令。”① 从这个意义上看，现代国家与现代教育在幸福观上有着惊人的一致，都认为幸福是“在外者”，幸福的条件等同于幸福本身。

对绝大多数受教育者来说，去学校接受教育不是为了精神的提升，而是为了得到物质的回报，也是为了“赢利”。对很多人来说，学校不是一个修身养性的地方，而是一个投资场所，上学就是投资，渴望得到的回报则是获得一个良好的职业前景、一个较高的社会地位，以作为满足物质享受、获得人生幸福的保证。对于大多数受教育者的这种“幸福渴望”，作为教育机构的学校是了然于胸、全然赞同并竭力满足的。“我们的社会简单地认为学校教育的目的就是经济的，即改进人们的经济状况，与促进国家的兴旺一样。为此，学生应该在标准化考试中表现优秀，进入好大学，找到高薪工作，可以购买许多商品。”②

现代教育将幸福理解为“在外者”的另一个证据是对“在我者”的忽视。现代教育本质上是指向外在世界、指向物质财富的，不是指向人本身、指向人的心灵和精神的。“教育的原则，是通过现存世界的全部文化导向人的灵魂觉醒之本源和根基，而不是导向由原初派生出来的东西和平庸的知识。”③ 教育是灵魂的事业，但现代教育追求的是物质占有，忘记了灵魂。应该承认，现代教育在自身的逻辑上相当卓越，只是这种所谓卓越是“失去灵魂的卓越”（刘易斯语）。对这一点，对现代学校稍有了解的人都会有直接的体会，一个显而易见的标志，是人文艺术教育在当今的学校里要么地位江河日下，要么被实用学科的逻辑改造得“物是人非”。人文艺术教育本来是直指人的灵魂的知识领域，是帮助年青一代“认识你自己”的得力方式。但人文艺术学科在当今的学校里是最“没有用”的，在经济不景气时，或者教育受到经济等其他部门的非难时，总是担当替罪羊的角色，总是被排挤、被削减的学科。虽然备受排挤的人文艺术学科在学

---

① 鲍曼. 被围困的社会[M]. 郇建立，译. 南京：江苏人民出版社，2005：138.
② 诺丁斯. 幸福与教育[M]. 龙宝新，译. 北京：教育科学出版社，2009：序言 5.
③ 雅斯贝尔斯. 什么是教育[M]. 邹进，译. 北京：生活·读书·新知三联书店，1991：3.

校里还没有彻底销声匿迹，但其勉强生存的代价是按实用学科的逻辑重新构造自身，完成了功利化的“灵魂转向”。

3. 竞争幸福

如果是“在我者”的幸福，比如德性、爱、创造和卓越等，那就是无限的，不存在竞争的问题；而外在幸福指向的物质财富、客观资源在每个时代都是有限的，结果是“你的幸福”有碍于“我的幸福”之实现，幸福与竞争产生了联系，一种新型的幸福，即竞争幸福粉墨登场。所谓竞争幸福，就是将幸福奠基于战胜他人的快乐之上，获胜才幸福，否则就是不幸。罗素说：“人们常说的生存竞争，实际上是追求成功的竞争。他们在竞争中感到可怕的，不是第二天早晨起来能否吃到早餐，而是他们将不能战胜自己的对手。”① 在竞争幸福的逻辑中，物质财富（类似于“有早餐”）已经无法保证幸福，唯一能够保证幸福的就是在竞争中胜出，获胜成了幸福之源。

获胜就幸福，失败就不幸，竞争幸福的逻辑必然导致病态竞争。现代社会充满了病态竞争，而学校有过之而无不及。“现在不好好学习，将来找不到工作，看你怎么办！”“现在笑嘻嘻，将来哭都哭不出来！”类似的话语是孩子们每天必听的“经文”，哪个孩子能逃过这些话语的“销魂蚀骨”？上学就如上战场，学生每天早早出门投入大大小小的“战斗”，只许胜利，不许失败，否则一步跟不上就可能步步跟不上，后果不堪设想。就连在课堂上画张画、写段文字、唱首歌，教师不经意中挂在嘴上的话仍是“看谁做得最好”。

从幼儿园到大学，从日常生活到学校制度化管理，现代学校里的竞争几乎无时无处不在，竞争是现代教育真正的“主旋律”，已经洇入现代教育的骨髓之中。现代教育的层级化为竞争提供了基本架构，而同一层级内的等级化在方便竞争的同时加剧着竞争，而考试和分数的盛行既是激烈竞争的结果，又推动着竞争的白热化。不但生活在火热竞争之中的受教育者

---

① 罗素. 幸福之路[M]. 曹荣湘，倪莎，译. 北京：文化艺术出版社，2005：9.

将自身的幸福寄托在战胜同伴之上，就连教育机构本身，其“作为机构的幸福”也维系于竞争。一所大学，其自身内涵与品性的提高或降低并不能带来“幸福”或“不幸”，能否在竞争中战胜同序列的大学才是“幸福”或“不幸”的真实来源。

二、错误幸福观之不幸

现代教育有自己的幸福追求，或者说有自己的幸福定理。这本无可非议，因为任何时代的教育都有自己的幸福追求。问题不在于是否有幸福追求，而在于有什么样的幸福追求，或者说在于追求什么样的幸福。要知道幸福追求可以导向幸福本身，也可以导向一种“新型的不幸”—— 由不当的幸福追求导致的不幸。作为现代性的第一批批评者，卢梭早就洞察了这一现代性的悖论：“我们为了增进幸福而产生的焦虑不安，反而把幸福转为不幸。”[①] 现代教育的这些幸福追求，真是滑入了卢梭所说的悖论，追求幸福变成了制造不幸，变成了现代教育的“木马病毒”，既毁了教育，毁了幸福，更毁了教育中的人。

1. 被毁的今天的生活

现代教育所信奉的“明天的幸福”看起来似乎很有魅惑力，实际上却有无法克服的逻辑矛盾，经不起推敲，更可怕的是这种不合逻辑的幸福观所造成的灾难性后果。

“明天的幸福”首先不符合幸福逻辑。幸福具有直接性，“幸福是拥有健全生活的经验，是全部生活行为所追求的持续性状态，而不是一个漂亮的大结局”[②]。“明天的幸福”割断了幸福的连续性，将幸福理解为一个在将来才有结果的“赌局”，今天的生活成了“明天的幸福”的“赌注”。这种幸福观，这种处理今天的生活与“明天的幸福”的教育方案，是不符合每一个人本能性的幸福追求的。“我们所受的教育要求我们推迟幸福，而我

---

① 麦马翁. 幸福的历史[M]. 施忠连，徐志跃，译. 上海：上海三联书店，2011:215.

② 赵汀阳. 论可能生活：一种关于幸福和公正的理论[M]. 北京：中国人民大学出版社，2004:23.

们实际需要的却是现在就得到幸福并且保持幸福。”[①] 将幸福仅仅寄存于未来，不但压抑了受教育者“现在就幸福”的天然追求，还使当下的生活降格为未来幸福的“赌注”和工具，为教育悲剧与人生不幸埋下了祸根。结果是，幸福成了笼罩在今天生活上空的幽灵，使得孩子们获取幸福之路变成了忍受痛苦、付出代价的过程。

“明天的幸福”也不符合人生价值逻辑。“生命的价值并不是靠它最后达到的目的，而是靠它整个的过程来决定的。个人的生命也是如此；童年和青年有价值不是因为它们导向成年，而是他们自身有价值，正像成年和老年也有自己的价值一样。”[②] 童年与青年有自身的价值，它们不只是未来生活的准备；同样，童年与青年也需要幸福，它们不只是未来幸福的准备。认识到这一点并不难，可以说这已经是教育学的老生常谈。但认识到是一回事，在实践中做到则是另一回事。杜威在差不多一百年前就已经指出了仅仅将童年生活作为未来生活准备的不良后果，包括忽视儿童现有的动力，将儿童现在的生活动机排斥在教育之外；使教育的根基不稳，抵消了教育的效力；导致教育上的灌输、外铄、强制与惩罚等。[③] 可悲的是，杜威百年前所指出的问题，在 21 世纪的今天依然存在，甚至愈演愈烈！

既然今天的生活或者童年的生活是“明天的幸福”的工具和手段，那么相对于目的，手段不但是次要的，而且可以“无所不用其极”，甚至可以人为制造苦难，或将今天的生活变成苦难。当我们将目光投向现实的教育时，就会发现这不仅仅是一种合乎逻辑的推断，而且是活生生的现实。不是有全国知名的高中校长在全国性的电视节目中公然宣扬自己的办学理念就是“艰苦奋斗 300 天，换得人生幸福 60 年”吗？有多少孩子，在我们如今的教育体制下，被以“明天的幸福”为目的所制造的苦难、痛苦折磨着，过着奴隶一般的生活？“在有些方面，今天比 20 世纪 60 年代还糟糕，当时改革者叫嚣着变革。标准化考试使一种已经灰暗的生活方式被再度恶化了。学生和老师陷入了一场异常严峻的反复堆砌那些容易考查的事

① 克劳宁格. 感悟幸福：心身和谐的科学[M]. 范肖冬，赵山明，主译. 郑州：河南科学技术出版社，2009：13.

② 包尔生. 伦理学体系[M]. 何怀宏，廖申白，译. 北京：中国社会科学出版社，1988：272.

③ 杜威. 民主主义与教育[M]. 林宝山，译. 台北：五南图书出版公司，1989：51-52.

实和技能的运动中了。”[①] 诺丁斯所讲的美国教育的这种状况，在包括中国在内的很多国家恐怕有过之而无不及。不错，苦难自有其价值，有人说没有苦难的人生就没有深度和分量，甚至苦难对幸福而言也不全是消极的，但无论如何，人为制造苦难和痛苦都是不人道的，都是不道德的，这不是作为道德事业的教育应该做的事情。

偏激一点儿说，在“拿今天赌明天”的教育体制下生活的孩子都是不幸的。黑格尔说：“那不幸的人就是这样的人：他的理念、他的生命内容、他的意识财富，他的根本的本质以某种方式而处在他自身之外。那不幸的人对其自身而言总是缺席的、对其自身而言从来不是在场的。”[②] 成为自己生活的主人，成为自己生活的在场者，这是获得幸福的最基本前提。而将今天抵押给未来的孩子们，正如黑格尔所说，他们的生命已经被连根拔起，放在了当下生活之外，他们与自己“离异”了，不能过自己所要的生活，这恰是不幸的典型表现。

在“明天的幸福”幻想照耀下，今天的普遍不幸似乎不那么可怕。问题是，“明天的幸福”也并不那么可靠，在很大程度上不过是一种虚无缥缈的幸福幻想罢了。“幸福最好不要被理解为一种寄希望于未来而获得的状态。当前的幸福与未来的幸福之间不是互不相容的，它甚至可能对未来的幸福产生重要的作用。”[③] 如前所述，幸福具有连续性，我们总是牺牲今天的幸福去渴求明天的幸福，却不知道不但今天的幸福可以延续到明天，今天的不幸也可以延续到未来。幸福有“惯性”，今天的幸福生活必然会在一个人的心灵和人格之中有所沉淀，必定会形成一定的内在的幸福倾向，这些恰恰为明天的幸福奠定了内在的基础。同样，不幸也有“惯性”，今天的不幸和痛苦也会在一个人的心灵和人格之中有所沉淀，对一个人的内在心灵习性产生这样那样的影响，为明天的不幸埋下种子。过去我们对此没有清晰的认识，在现在心理学已经深刻揭示“童年阴影”的影响可以纵贯人的一生的情况下，依然犯这样的教育错误，实在是不可理喻。

① 诺丁斯. 幸福与教育[M]. 龙宝新，译. 北京：教育科学出版社，2009：241.
② 托马森. 不幸与幸福[M]. 京不特，译. 北京：华夏出版社，2004：2.
③ 同①237.

2. 利益追逐的不幸

现代教育将幸福等同于幸福的条件，用幸福的物质条件替换幸福本身，使幸福追求“移形换位”为利益追逐。不可否认，幸福需要外在条件，一个赤贫的人根本称不上也无法自称幸福。但在基本的物质条件得到保证之后，更多的物质享受并不能带来幸福。大量的研究都发现了这个既在意料之中又令人惊奇的事实：“在最近的几十年里，美国的人均收入有着明显的增加，但在同一时期内，那些认为自己‘非常幸福’的人的比例却有所下降。”① 现代生活的客观事实已经无数次地证明这一幸福观的荒谬性和欺骗性：物质财富并不能保证幸福，幸福与金钱并不直接相关。一方面，财富是“身外之物”，是获得幸福的手段，不是幸福本身，人们不太可能在物质财富中找到真正的幸福。另一方面，财富的多少是相对的、比较的，财富的增长总赶不上自己的欲望，人们总觉得自己的财富比别人的少。“在一个不太贫困的社会里，水和面包几乎从不缺乏；在最富裕的社会里，金子或奢侈品却总是不够。”②

社会和学校传递幸福依赖于财富的观念，即“钱多就幸福、钱少就不幸”的信条，不知导致了多少不幸！如今的社会大众对一些“富二代”的空虚、冷漠、无聊、奢靡痛恨不已，这些人的表现再一次证明了物质财富并不能直接给人带来幸福，如果驾驭不了，它还会将人推入不幸的深渊。如果我们的视野放长远一些，那么，现代人不都是“富二代”吗？人类经过了漫长的前现代摸索，为现代社会的飞速发展和“一夜暴富”奠定了基础，撇开贫富差距不谈，现代社会大多数成员都在享受着现代文明的物质成果，在这个意义上他们都是“富二代”。作为“富二代”的现代人与狭义的“富二代”一样，普遍追求物质享受，患上了时代的“物欲症”（affluenza），将生命力仅仅铆接在物质上，在很大程度上已经失去了对德性、爱、心灵和幸福的感受力与理解力，变得空虚、无聊、冷漠。

里茨尔洞察到一种有趣的现代现象，即一个历史上前所未有的富裕时

① 弗雷，斯塔特勒. 幸福与经济学：经济和制度对人类福祉的影响［M］. 静也，译. 北京：北京大学出版社，2006：86.

② 孔特－斯蓬维尔. 小爱大德：人类的 18 种美德［M］. 吴岳添，译. 北京：中央编译出版社，1998：36.

代、一个经济全球化的时代，同时也是一个“虚无的全球化”的时代，现代人普遍存在着一种幻灭感与虚无感，体会到了世界、人、生活、生命的空洞化。[①] 被物质利益所虏的现代人不但空虚，还被作为“万恶之源”（克尔凯郭尔语）的无聊上了身。在前现代时期，无聊只是拥有了远远超出所需的物质条件的上层阶级的苦恼，不是社会的普遍现象。如今无聊已呈弥漫与泛滥之势，用史文德森的话说就是“无聊成了现代人的‘专利’”[②]，与日俱增，世界也明显变得越来越无聊。

空虚、无聊的人显然不会幸福。那么，逐利的人为什么会变得空虚、无聊呢？这里面有一些常常被现代人有意无意忽略的内在机制。首先，被物质欲望所控制，人成了欲望的奴隶，无法摆脱奴役状态。其次，沉醉于物质利益，将自己降格为欲望的容器，就会导致“自我的瘫痪和最终的毁灭”。再次，被物质包围，人性也就不可避免地被物性所渗透，人性就会物化。最后，为物欲所累的人，对真善美等美好事物的感受力下降。[③] 所有这些机制，导向的都是人之为人的那些维度的消逝，使人远离人，与自己“离异”，成了徒有其表的空洞存在，空虚、无聊是再自然不过且无法避免的结果。

逐利的幸福观毁坏的不但是自己的幸福，后代的生存与幸福条件也因此遭到了破坏。逐利替代幸福追求，其后果需要地球承担。在这种外在幸福观的统治下，地球只是人们获取物质幸福的工具。为了所谓的幸福，我们这些“富二代”无节制地向地球索取，在短短的时间里耗掉了地球通过千百万年演化所积累的自然资源。哈特曼指出，自然资源其实是千百万年光能的沉淀与积累，是“古老的阳光”。现代人以幸福之名掏空了地球，使地球变得苍白、贫血，“古老阳光的末日”[④] 已经到来。不仅如此，现代人在“掏空”地球的同时，还在“填满”地球，因为现代人追求幸福的代谢物——垃圾与废气需要安置、排放，地球已经不堪重负，环境已经遭到严重污染。想来真是悲剧，现代人通过逐利来追求幸福，使自己深陷于

① 里茨尔．虚无的全球化［M］．王云桥，宋兴无，译．上海：上海译文出版社，2006：158.
② 史文德森．无聊的哲学［M］．范晶晶，译．北京：北京大学出版社，2010：13.
③ 高德胜．节俭·人性·教育［J］．高等教育研究，2010（1）：19-23.
④ 哈特曼．古老阳光的末日：抢救地球资源［M］．马鸿文，译．上海：上海远东出版社，2005：6.

空虚、无聊的不幸绝境，如果仅限于此，那是现代人咎由自取，问题是现代人在制造自身不幸的同时，也毁坏了其子孙后代生存与获取幸福的基本条件！

3."成功的暴政"所造成的不幸

每个人，包括未成年的孩子都必须投入竞争并在竞争中获胜，否则就是可悲的失败者，就不可能幸福，在这种社会逻辑之下，每个人都承受着"要么成功，要么失败"的两极压力，成功成了一种"暴政"，一种每个人都无法逃脱、无力反抗的"暴政"。

从幸福的历史来看，被"成功的暴政"所统治的竞争幸福是一种历史的倒退。一开始，幸福只是少数人的特权，"在整个人类历史上，作为至高的人生目的的幸福是最近才出现的。把幸福从一种珍贵的荣誉，节制地分配给正义之士的一种奖赏提升到人类个体的普遍权利，则是更近的事情"①。表面上，"成功的暴政"虽然没有否定追求幸福的普遍权利，却提高了幸福的门槛，即成功才有幸福；实际上，"成功的暴政"已经剥夺了多数人的幸福可能，因为在竞争中获胜的成功者必然是少数，有时甚至只能是一个人。比如，在选拔、竞争笼罩一切的学校生活中，"失败的"总是远远多于"获胜的"，有时候甚至只有第一名才是成功的，其他人都是失败的。由此看来，"成功的暴政"所推崇的幸福是以多数人的不幸为代价的，其在追求幸福的同时，也在制造着不幸。

竞争幸福必然产生普遍的恐惧、焦虑甚至恐慌，因为他人的成功就意味着我的失败，我的成功则标志着他人的失败。每一个人都想成为成功者，每一个人都拼命避免成为失败者。但现实是竞争中的成功总是有限的、少数的、偶然的，而失败总是无限的、多数的、常态的，于是对失败的恐惧、焦虑甚至恐慌不可避免。一个满怀恐惧的人不可能幸福，恐惧作为一种情绪，其对人的"把握"不是局部的，而是整体的。处在恐惧之中的学生，其整个生命存在都被恐惧"调谐"过了，恐惧成了其生命的基

① 鲍曼. 被围困的社会[M]. 郇建立，译. 南京：江苏人民出版社，2005：137.

调，其整个生命都以恐惧为特征。焦虑是一种更具有主观性的恐惧，或者说是由恐惧引起的一种更深的恐惧，一种对想象性危险的恐惧，是自己对自己的恐吓。竞争幸福的“深入人心”，很容易使孩子陷入一种莫名的焦虑之中，感觉到失败危险无时无处不在，草木皆兵、杯弓蛇影，缺乏安全感，求学生活变成了一种不堪忍受的折磨。恐慌则是一种突然而过度的情绪，让人觉得大祸临头，生活无法继续。每年有那么多的未成年人自残、自毁、自杀，就是这种恐慌状态的表现。

虽然幸福是个人的，但人不是孤立的单子化的存在，而是一种关系性的存在，因此，个人幸福必然有一个人际基础。“那幸福的生活伸展于事务、处境、各种人际和各种行为之间。一个人的幸福在这些跨度范围中展开。”[①] 幸福需要一个展开的人际空间，所以人际和美与良善一方面是幸福的前提条件，另一方面也是幸福的源泉，或者说就是幸福本身。脱胎于自然的人已经没有回头路可走，必须找到新的扎根方式，即扎根于人间。将个体孤立、脆弱的身心安顿在一个良性的人际关系之中，让其在获得安全感、归属感的同时，增强了自身的力量。这本身就是幸福实现的一种方式。对孩子来说，良好的伙伴关系对幸福的意义无可置疑。如前所论，同伴关系是孩子成长中最重要的关系之一，也是他们这个阶段幸福的来源之一。竞争幸福观破坏的正是同伴关系。以幸福之名，破坏的却是幸福的来源，真是矛盾。

竞争幸福的另外一个后果是促使人人只关注自我。处在竞争循环之中不能自拔的现代人，包括孩子，几乎个个渴望成功，唯恐失败，结果是自我成了衡量一切的尺度和标准，自我之外的事物都难入“法眼”，在这个意义上说，现代人将自己囚禁于“自我的牢笼”之中。正如罗素所言：“大多数人在监狱里是不会感到幸福的，这是他们的天性。但是，将我们紧锁在自身情感内的做法，何尝不是在建造一所更加糟糕的监狱呢？”[②] 幸福是一种神奇的人类现象，一方面幸福是个人的，但另一方面，幸福的获得往往需要我们消除对自我的过度关注。竞争幸福引发的对自我的过度关注，

---

① 托马森. 不幸与幸福[M]. 京不特，译. 北京：华夏出版社，2004：543.

② 罗素. 幸福之路[M]. 曹荣湘，倪莎，译. 北京：文化艺术出版社，2005：88.

在很大程度上将我们推向不幸的深渊，真是一个滑稽的悖论！

关于教育与幸福的关系，是近年来教育研究的一个热点话题。遗憾的是，众多的研究都在论证教育的幸福功能。理想的教育，或者说教育的应然状态毫无疑问具有幸福功能，但仅限于此却是不够的，我们还应将眼光投向现实的教育，去审视现实的教育是在增进幸福还是在制造不幸。应该承认，前文对现代教育的幸福追求及其后果的揭示，是一种批判性视角。运用这一视角在于发现问题，而不是简单否定现代教育在一定程度上也有增进幸福的功能，也在增进现代人的幸福。与从教育出发论证教育的幸福功能不同，这一视角是从幸福出发发现现代教育实际的“幸福贡献”。两种视角各有意义，前者可以启发现代教育尽可能发挥自己的幸福功能，后者则有助于现代教育改正自身存在的错误以增进幸福。如果前文对现代教育幸福观及其后果的批判有一定的真实性的话，那么由此牵涉出的问题则相当多，比如，现代教育的这些幸福观是如何产生的，或者说是从哪里来的，现代教育如何才能摆脱这种幸福困境，走向真正的幸福道路。这些问题关涉的不仅是现代教育的内在价值追求和实践方向，也包括现代人幸福追求方式的变革，所有这些都是现代教育研究的重大课题。而这正是本文的价值所在。

细节 28

标准化的罪恶

—— 用一个标准要求所有人的道德问题分析

因材施教是教育的一个基本原则，但在大规模教育的今天，因材施教已经变成了一个传说。如今的教育几乎是标准化的教育，同龄人不管有多大的差别，学习的都是同样的内容，运用的都是同样的方法，接受的都是一样的评价。学校教育犹如一张普罗克拉斯提斯铁床，每个学生都要接受它的检验。

一、“普罗克拉斯提斯铁床”

人是有正义感的生物，对公平有天然的追求。一说到公平，我们的自动反应是一视同仁。在教育领域里也是如此，说起教育公平，人们的第一反应往往也是同等对待。一视同仁确实是公平的核心要义之一，但一视同仁不是公平的全部，在特定情况下，一视同仁反而是对公平的伤害。

由此想到古希腊神话中的普罗克拉斯提斯铁床。暴力神普罗克拉斯提斯造了一张铁床，强制每一个路过的人都必须在铁床上睡一晚。睡上去的人必须与铁床长度完全吻合，如果短于铁床，他就强行将人拉长，直到与铁床长度一致；如果长于铁床，他则强行锯掉人体多余的部分，使人与铁床完全契合。

普罗克拉斯提斯铁床对所有人都是“一视同仁”的，衡量每个人的都是一个标准，即铁床的长度。但显然，没有一个人会认为这样做能够体现出公平。因为每个人都是不同的，没有一个人能够与作为标准的铁床完美契合。而且，这个标准是强制性的，不论被衡量者接受与否，都要被作为标准的铁床强制衡量。与强制相伴随的是粗暴、残酷、血腥，即用拉长或锯掉的戕害方式让人符合标准。

神话作为一种隐喻有其表现力，当然也有其局限性。普罗克拉斯提斯铁床的“一视同仁”是一种消极的一视同仁，即同等地对所有人进行伤害。一视同仁还有积极意义上的，即给予同等支持，比如，给予来自不同家庭的孩子以同样的教育支持，不以家庭背景而对他们区别对待。我在研究性别公正的时候，将性别平等作为性别公正的一个重要维度。性别平等又可细分为价值无差（两性在价值上没有高低差别）、领域无界（人类活动领域平等地向两性开放）、同等对待（一视同仁）。那么，即使做到了这三个方面，性别公正是否就达到了呢？显然不是，因为两性差别明显，在很多情况下同等对待反而不公平，比如让女性与男性一起参加一项体育比赛，显然极端不公平，这时候就有必要引入性别公正的第二个维度，即尊重差异。在很多情况下，没有对差异的尊重，就根本没有公平的可能。从两性的角度看，性别公正还有另外一个维度，即自由选择。如果强迫男性或女性具有什么样的性别特征，不容许他或她有选择的余地，比如强迫男性阳刚、女性温柔，显然也不是真正的公平。[①] 超出性别领域来看，只有平等，在很多情况下同样不能达到公平，因为在这些情况下，只有将同等对待与尊重差异结合起来，才是真正的公平。现代社会人权思想深入人心，人人生而平等的口号家喻户晓。从尊严和权利的角度看，确实应该人人平等。这是历史进步所孕育出来的价值，即使在今天，依然是一种应然性的价值追求。从实然的维度来看，人人生而不同，正如世界上没有两片完全相同的树叶，过去、现在和将来都不会有完全相同的两个人。既然人是千差万别的，同等对待就应该是有限度的，在同等对待的基础上，还应加上尊重差异。正如普罗克拉斯提斯铁床所揭示的，用一个标准衡量所有人，不是公平，而是对公平的伤害，是在制造不公平。柏拉图在《理想国》里所讲的公平，也不是平等对待所有人，而是“各安其位”，即城邦里不同的人

① 高德胜. 道德教育的时代遭遇［M］. 北京：教育科学出版社，2008：180-186.

处在适合其禀赋、能力的位置上并各安其位，才是理想的公平[①]。城邦如此，个人也是如此。灵魂有不同的部分，不同的部分各安其位，不失序、不颠倒，一个人的灵魂才会和谐。用今天的眼光去看，柏拉图的公平观有明显的等级色彩，但撇开他的等级“偏见”，各安其位所蕴含的尊重人之差异的思想，依然是我们思考公平问题时不能丢弃的重要维度。性别公正中的自由选择在我们思考公平与教育公平问题时也是一个有价值的维度。每个人都是不同的，人的生活同样有无限的可能性，在符合基本的人性要求的前提下，成为什么样的人、走什么样的人生道路、过什么样的生活，都应该是个人选择的问题，而不是外在强力应该规定的事情。

可以从同等对待、尊重差异、自由选择这三个维度来看普罗克拉斯提斯铁床对公平的伤害。首先，人是千差万别的，用一个标准来衡量这千差万别，不是公平，而是对公平的伤害。比如让男生与女生一起参加一项体育比赛，用同样的规则和标准来衡量，表面上看是同等对待，但这种同等对待与公平毫无关系，是对不公平的认可与制造，伤害的正是公平本身。我们对这样极端的例子往往不屑一顾，认为在现实生活中不太可能存在。但实际上，经过乔装打扮的类似做法在生活中比比皆是，并不少见。比如，升学考试中的英语听力与口语，对由外教上课的城里学生与从来没有接触过真实外国人的乡村学生同等要求，真的公平吗？其次，用一个标准要求所有人，意味着无论你天性倾向如何，无论你对自己的人生有什么样的设想，无论你想成为什么样的人，你都没有选择，你都必须去做那个标准所要求的人。公平内在地包含着自由，如果将自由从公平中剔除，那么，剩下的所谓公平就只是公平的躯壳，没有公平的实质。以公平的名义排斥人的自由选择，不是对公平的维护，而是对公平的剥夺。再次，正如柏拉图竭力要证明的，德性是相互关联的，各种德性归根结底是一种德性。公平作为一种德性不能孤立地存在，必须与其他德性相协调。比如，公平的追求必须与尊重、自由等德性结合起来，使诸种德性得以协调。以一种标准衡量所有人，实际上是以公平为借口，去伤害尊重与自由等其他德性。用一种标准衡量所有人，违背的是人的天性、志趣、意图之不同。

① 柏拉图. 理想国［M］. 郭斌和，张竹明，译. 北京：商务印书馆，1986：119-131.

要想让其得到落实，就必须使用强制手段。而强制与粗暴总是相伴而生的，对人性与德性的诸多维度都会造成伤害。

二、当代学校："精致的铁床"

现代教育在现代社会中的贡献如此巨大，以至于我们已经失去了对现代教育进行质疑的勇气。其实，想想现代教育诞生的最初动机，我们就永远有理由不停地对其进行质疑。现代教育脱胎于资本主义经济的需要，一开始就是为资本主义的经济发展服务的，"在当时，一群企业巨头认识到，公共教育培养和驯化的作用会给他们带来巨大的财富"[①]。也就是说，现代教育在其来源处就不是为了人的发展，而是为资本主义经济发展培养成批量的劳动力。现代教育发展到今天，虽然有这样那样的所谓的发展变化，但万变不离其宗，还是培养劳动力的。可以说，当代教育体系犹如一张巨型铁床，进入体系的人，都得被其"切长拉短"，要么变成"标准产品"，要么变成"废品"。一所所学校，也是一张张"精致的铁床"，上学就是经过"铁床"的考验进而被打上标签的过程。

现代教育与当代学校在教育史上第一次将同龄人大量地聚集在一起。将同龄人聚集在一起进行教育，其内在逻辑不是每个人的不同，而是同龄人的共同性。也就是说，当代学校的组织逻辑和教育起点，不是人的差异性，而是人的共同性。当代学校以同龄人的共同性为基础，目的不在其他，而在于"教育的效率"，即用较小的投入达到最大的"教育效果"，尽可能多地培养出现代国家所需要的国民、现代经济所需要的劳动力。

以"同龄人是相同的"这一预设为基础的当代学校，所提供的教育内容也是一样的。也就是说，无论学生之间有多大的个性差异和发展差异，只要进入学校，他们就得学习同样的内容。在很多国家，学校是正规化教育的主导形式，这种正规性首先体现在课程与教学内容体系上。课程计划、课程标准（教学大纲）、教育内容往往都是由国家规定好的，不单是一所学校、一个班级的同龄人必须学习同样的内容，整个国家范围内的同

---

① 盖托. 上学真的有用吗？［M］. 汪小英，译. 北京：生活·读书·新知三联书店，2010：8.

龄人所学习的内容都是一样的。一些国家还有一定的地方与学校选择性，而在我们国家，这种选择性可以说是基本不存在的。可以说，当代学校，尤其是我们国家的学校，提供给学生的内容都是“罐装”好的，无论学生有什么样的“口味”偏好，都得去“嚼咽”统一派送的“食品”，没有任何商量的余地。

很多人以为加德纳的多元智能理论是当代教育学、心理学的巨大发现。其实，亚里士多德的政治哲学就是以人的多样性为基础的，正是因为人人都是不同的，所以才需要聚集在一起进行商议，这就是政治。如果人人都是相同的，那就没有必要交流不同意见，达成共识和妥协了，政治也就没有存在的必要了。人人不同，可以说是一个基本常识。而加德纳将这种不同分门别类，进行精细化的归类，这是其创新之处。然而，多元智能理论的问题也是明显的，即将千差万别的人划入八大相同的类之中。即使是同一智能类型的人，他们真的就那么相同吗？这是大可质疑的。即使是如此粗略的分类，也与当代学校格格不入。当代学校根本不管一个人是什么样的智能类型，所有人都得去学那“罐装”好的内容。

因材施教是教育的一个基本原理，根由在于人的差异，在于个人学习方式的不同。在当代学校，因材施教作为一个教育话语还没有消失，但其精神实质已经死去，可以说，因材施教在当代学校已经不再真实有效，只是从过去流传下来的一个传说。当代学校，尤其是我们的学校，把大量同龄人聚集在一起，以班级为单位，无论每个人的学习性向有多大的差异，采用的都是同样的教育方式。有人认为班级授课制是现代教育的伟大发明，从现代教育的价值预设和效率追求来看，确实如此。如果从因材施教的角度看，班级授课制则是其真正的掘墓人。因材施教作为教育的基本原理，其预设是每个人的不同，而班级授课制的预设则完全相反，即同龄人的相同性。为现代教育和班级授课制奠基的夸美纽斯，其教育思想的出发点就是同龄人的相同性。“印刷机”在夸美纽斯的教育论述中是一个醒目的隐喻，他希望并相信教育犹如印刷术一样易行可靠。他先用自然现象来论证大规模教育的合理性，说凡是需要大量生产的东西都得在一个地方生产出来，比如木材在丛林里大量生产、草在田野里大量生产、鱼在湖里大量生产、金属在大地里大量生产；又用人类大量复制的活动来类比其“教育印刷术”的合理性，说一个面包师搓一次面，热一次灶，就可以做出许多面包，一个砖匠一次可以烧许多砖，一个印刷匠用一套活字可以印出成千成万的图书，因此，一个教师当然也可一次教一大群学生。[①] 在人权思想深入人心的今天，我们再回头看夸美纽斯的相同性论述，真的非常扎眼。显然，夸美纽斯眼中人的相同性，是类似于木材与木材之间的相同性、砖瓦与砖瓦之间的相同性、面包与面包之间的相同性、白纸与白纸之间的相同性的！

与一样的内容、一样的方法相伴随的是一样的评价。当代学校评价学生的方式，虽然也有这样那样的花样，但归根结底还是分数。一个人在学校中的所有作为，最后都浓缩为一个分数。在这个意义上，分数就是普罗克拉斯提斯铁床，所有学生都被这张铁床一次又一次地测量能力的“长短”。这种测量是不论你的起点、背景、个人性向、学习偏好、努力程度的，在分数面前，这些都是需要排除在外的干扰性因素。至于那些不能被分数化的品质，比如一个人的道德品质、一个人的仁爱之心，要么通过荒唐的方式变成分数，要么被视为没有价值的东西而忽略不计。普罗克拉斯提斯铁床的理想标准是铁床本身的长度，当代学校的理想标准则是满分。谁越接近满分，谁越能得到肯定与奖赏，而那些离满分越远的人，身心遭受的戕害则越大。

运用的是一样的内容、一样的方法、一样的评价，培养的也是一样的人。也就是说，当代学校既以同龄人的相同性为出发点，也以培养相同的人为旨归。古代教育与现代教育旨趣相异，基本上是个别化的，但其最大的缺陷是等级性，教育是摆脱生存困扰的中上层子弟的特权，下层子弟则没有受教育的资格。基于这一背景，很多人想当然地以为现代教育的原始冲动在于反对特权，在于对平等的追求。实际上，现代教育的原始动机不是出于对教育公平的追求，而是出于培养现代工业生产所需要的劳动力。近代资本主义的发展需要大量的产业工人，而这些需要与大机器相结合的产业工人必须具备一定的读写能力。符合工业生产需要的工人不会凭空产生，只能靠教育来培养。这也是在工业化初期，工业界巨头办教育的兴致

① 夸美纽斯. 大教学论［M］. 傅任敢，译. 北京：人民教育出版社，1984：139.

那么高，甚至高过政府的原因。以美国为例，1915 年卡内基和洛克菲勒两家公司对教育的投入超过了当时美国政府对教育的投入。[①] 以赚钱为最高目的的商业公司，对教育的兴致显然不是出于高尚的慈善和道德目的，而是期望通过教育培养既有基本知识和技能，又具备服从和忍耐品格的产业工人。劳动力不是人本身，而是人的工具化状态。现代工业生产不需要个性化的人，只需要可以互相替换的工具化的人。一个劳动力与另外成千上万个劳动力没有什么区别，培养劳动力，其实就是培养相同的人。

现代教育经过上百年的发展，有诸多变化。比如由一开始的劳动力培养变成了现在的人才培养。通常看来，人才是对人的美称，被称为人才是一种赞誉。基于这样的认识，基础教育也开始自称为“人才培养事业”，甚至开始谋划、着手实施“拔尖人才培养”工作。实际上，无论我们给“人才”这一词语附加多少光环，都抹不掉“人才”只是人的有用性这一本质。劳动力是人的工具化样态，人才一样也是人的工具化样态。作为人，我们是千差万别的，一旦我们被塑造成人才，就变成了可衡量、可通约、可换算的有用性。教育是培养人的，还是培养人才的？一字之差，差之千里。人才比劳动力高级，但本质还是一样的，即人的功用相同性。培养人才的教育与培养劳动力的教育一样，都是塑造相同的人。

三、根本恶与教育根本恶

“根本恶”（radical evil）是由康德提出的一个概念。在他看来，恶的根源，既不是人的自然倾向，也不是人的理性，而是人的意志（will）。虽然自然倾向隐含着恶的可能，但在康德看来，恶不是来自人的自然倾向，相反，人的自然倾向基本上是善的。理性使人意识到道德法则，或者说理性是人的道德器官，是人避恶向善的禀赋。人能够意识到道德法则，却又能够不遵守道德法则，关键在于人的意志。选择遵守道德法则，就是选择善；选择不遵守道德法则，就是选择恶。康德认为，人是有自由选择能力的行动者，能够在遵守或不遵守道德法则之间做出选择，恰是人之自由的

① 盖托. 上学真的有用吗？［M］. 汪小英，译. 北京：生活·读书·新知三联书店，2010：9.

体现，也是人承担责任的前提。如果没有这种选择自由，或者说人都能够自动化地遵守道德法则，那人就算不上自由行动者，算不上道德主体，也就不用承担道德责任。人有趋善的禀赋，也能意识到道德法则，却并不总是选择遵守道德法则，有漠视道德法则、采用恶的法则的可能、能力、实践，这就是根本恶。

根本恶的根源在哪里呢？康德依然是从人自身去找，而不是从外在或超验那里去找：一是“人性的脆弱”，即人意识到了道德法则，甚至有实行道德法则的意愿，但并不能总是以道德法则行事，体现出一种软弱性；二是“不洁”，即人的行为有多种动因，包括道德的与非道德的，且经常将这些不同性质的动因混淆；三是“人心的恶劣”，即用非道德法则代替道德法则。[①] 从恶的根源的角度，康德论证了恶的根本性，即恶是与人性相连的，恶植根于人性深处。根本性的另一个含义是普遍性，即恶不是少数人的特性，不是一种脱离于人而独立存在的实体，而是与我们所有人都相关。也就是说，向恶的品性是每个人都有的，在最好的人那里也一样存在。

基于对现代社会的洞察和对道德恶的敏感，阿伦特发现了另外一种截然不同的根本恶。阿伦特认为西方思想中有一个先入之见，即从人性的弱点、人的自私性中去寻找恶的根源，她发现了一种与人性弱点“没有任何关系的”根本恶：“我不知道根本恶究竟是什么，但在我看来它与下述现象有关：把人变成多余的（不是把人作为手段以达到某种目的——这样的做法至少还保留了人之为人的本质，仅仅触犯到人性的尊严；相反，我说的是使人成为多余的东西）。一旦所有的不可预期性（在人类这里，不可预期性等同于自发性）被消除，这件事就发生了。反过来，所有这一切都源自（或者更好地说是伴随着）一个假象，即个体的人无所不能（不仅仅是权力的贪欲）。”[②]

阿伦特的根本恶思想，建立在她的独特人性观上。第一，在她看来，人的本性不在其他，而在于人的复数性，即每一个人都是不一样的，每一

---

① 康德. 单纯理性限度内的宗教[M]. 李秋零，译. 北京：商务印书馆，2012：14-15.

② 伯恩斯坦. 根本恶[M]. 王钦，朱康，译. 南京：译林出版社，2015：253.

个人都不能用另外一个人来代替。人的世界与真理的世界完全不同，真理的世界追求“一”，追求那唯一的“真”，而人的世界则尊重多样，追求多样的共在，一旦变成“一”，人的世界就会坍塌，人性就会窒息。从单个人来看，人也是复数性的，是“一而二”的，即表面上是“一”，但实际上是“二”，因为人有反思性，“你”可以与“你自己”对话，没有这种内在对话，人就会陷入一种“无思”状态，就会失去人之本性。从人际的角度看也是如此，如果人与人趋同，可以互相替代，就会失去人的复数性，就会失去人之本性。第二，人具有不可预期性（自发性），即人是根据自己的思考对每一种情境做出判断的存在，不是完全可预测、机械应答性的存在。复数性的消失与不可预期性的消失是同一个过程。第三，与人的复数性消失，即多数人的无关紧要和可替代性相反的是个别人、少数人的无所不能。这种结构，类似于一神教。在一神教中，唯一的神无所不能，而众人则变得多余。同样，一个人或少数人无所不能，那么众人则变得多余。阿伦特所指称的这种恶，之所以是根本的，一方面在于它将人变成多余的，将人变成非人的存在，这本身就是对人性尊严的冒犯，本身就是一种巨恶；另一方面，变成多余的人，更容易被那所谓无所不能的人所利用，成为对自身、对其他群体犯下滔天罪行的帮凶和“凶器”。

从阿伦特的根本恶概念出发，标准化教育损害的不仅仅是教育公平，还包括教育善。教育是向善的事业，而标准化教育则将自身置于根本恶的泥潭，使自身蜕变为一种“教育根本恶”，站在了善的对立面。阿伦特从亚里士多德的哲学思想出发，将人的复数性、独特性作为人性的根本特征，而根本恶就是对根本人性的违背，即抹杀人的独特性，使人变得千篇一律，因而变得多余。由此出发，作为人性事业的教育，使命就在于呵护、养育人的独特性、复数性。也就是说，教育的根本任务就在于“将生而不同（与生而平等并不矛盾）的人培养成更加不同的人”。如前所论，标准化教育用一样的内容、一样的方法、一样的评价标准去培养一样的人，走的是“将生而不同的人培养成相同的人”这样相反的道路，即一种“教育根本恶”的道路。

标准化教育所培养的劳动力也好，人才也好，都是可以互相替换的人，从根本恶的角度看，都是表面化的、多余的人。沉迷于现代教育丰功伟绩的人，对教育根本恶的概念肯定是难以接受的。但只要我们静下心来诚实地回顾一下历史，就能明白教育根本恶概念的提出，绝对不是一种虚构。正如弗拉纳根让所有现代人尤其是教育从业者都会感到芒刺在背的冷静陈述："20 世纪的前半段，人类历史上受教育程度最高的一批人参与了对欧洲的践踏以及对欧洲人的杀戮。"① 何止欧洲，亚洲不也是如此吗？现代教育是人类历史上第一次真正大众化的教育，受教育的人口比例前所未有。但也正是在这种情况下，人类历史上规模空前的大屠杀真实地发生了。显然，这种巨恶不能简单地只归因于教育，但要说与现代教育毫无关联，那也是自欺欺人。现代教育在诸如知识、技术教育等方面的成就毫无疑义，而在"帮助学生成为人"这一方面则存在着重大缺陷，丢失了古代教育所珍视的很多传统与珍宝。

伯恩斯坦说："存在着多种类型的恶，它们没有共同本质。"② 确实，不同类型的恶区别很大，比如，康德意义上的根本恶与阿伦特意义上的根本恶就是完全不同的两种恶的形态。但二者也有相通的一面，起码我们可以说后一种根本恶对前一种根本恶有激发和加剧的作用。一旦意识到自己的多余，人就会感到生存的危机，人性中所存在的恶的根源，包括人性的脆弱、不洁与恶劣就会冒头。反过来，越是能够张扬人的多样性，在人与人之间就越能形成一种正向的张力、一种抑制恶的根源之张力。同样，前文论及的教育根本恶，虽然是阿伦特意义上的根本恶，但也会对康德意义上的根本恶起到助长的作用。教育本来是通过保护、培养人的多样性来抑制人性之恶的，却由于标准化，成了对两种根本恶的激发与助长活动。

教育根本恶还会助长其他类型的恶。首先是对平庸之恶的助长。门肯说大规模教育"只会把每个人降低到同一平庸的水平，培养和训练出一群整齐划一的民众，消除异见和创造性"③。门肯的论断有简单化的嫌疑，即直接将教育的平庸化与教育的规模联系起来。实际上，规模只是问题的表面，问题的实质在于标准化。标准化教育所追求的，在国家层面上是符合

① 弗拉纳根．最伟大的教育家：从苏格拉底到杜威［M］．卢立涛，安传达，译．上海：华东师范大学出版社，2009：200.

② 伯恩斯坦．根本恶［M］．王钦，朱康，译．南京：译林出版社，2015：275.

③ 盖托．上学真的有用吗？［M］．汪小英，译．北京：生活·读书·新知三联书店，2010：序言 5.

统治需要的臣民，在个人层面上则是生存技能，这是现代教育骨子里的平庸。“庸人”（philistine）就是“一个欠缺人文文化的人；一个只对物质和日常事务感兴趣的人”[①]。用这一定义来衡量现代教育，谁能否定现代学校是生产这种“庸人”的工厂呢？其次，标准化教育最依赖的手段是竞争，可以说学校里的竞争，其激烈程度一点儿都不亚于社会上的竞争。激烈竞争所激发、助长的则是竞争之恶。竞争是一种“灵恶”，即表面上看有益，实际上却是以人的自私为基础的人际关系模式。[②]而竞争之恶实际上还是康德意义上的根本恶，即人性之中的不洁与恶劣。

教育根本恶对教育公平的损害显而易见。标准化教育，无论是对成功者还是对失败者来说，其实都是不公平的。对所谓成功者来说，其成功不是作为一个人的成功，而是作为一个工具、功用性存在的成功。在这所谓成功的过程中，其付出的人性代价，其实与那些所谓的失败者相比，一点儿都不少。事实上，所谓的成功就是切割掉自身正常的人性需要以尽量完美地适合教育铁床的衡量。这种切割要么是主动自戕，要么是被标准化教育所斩断。也就是说，即使是标准化教育中的所谓成功者，也不是被当作具有完满人性的人来对待的，其成功是以对人性尊严的牺牲为代价的，这哪里有公平可言？至于那多数失败者，他们不但要承受工具化的代价，还要承受失败所带来的一系列痛苦。更糟糕的是，这所谓的失败，并不真正是自身能力、努力程度所导致的，而是一种体系化安排的结果。被社会所鄙视、所遗弃的很多学校教育的失败者，如果换一套体系、换一套标准来衡量，结果则可能完全不同。对多数人来说，标准化教育就是一个巨坑，上去就是去跳坑。更不公平的是，即使明明知道是一个巨坑，你又不能不跳，因为法律强制你去跳。

四、教育公平：必要的乌托邦

人类发展到今天，从来都没有实现过完全的公平，也从来都没有实现

---

① 富里迪. 知识分子都到哪里去了［M］. 戴从容，译. 南京：江苏人民出版社，2005：1.

② 高德胜. 竞争的德性及其在教育中的扩张［J］. 华东师范大学学报（教育科学版），2016（1）：14-23.

过真正的教育公平。也许，公平与教育公平本身就是一个永远都无法实现的乌托邦。即使是乌托邦，也是一个必要的乌托邦。正是因为有这个乌托邦的存在，我们才多了一个审视社会与教育现实的维度，才能够看到社会与教育现实的缺陷，才不至于任由不公平汪洋恣肆。教育根本恶的存在，或者说一种根本恶的危险，对教育公平是巨大的伤害。要去除这种教育根本恶，或者说要避免教育根本恶可能带来的危险，当代学校与教育就必须全面转型，“洗心革面”。关于未来教育的设想，同样也是无法立即实现，或者说暂时根本无法实现的乌托邦。但也是必要的乌托邦，因为没有这种乌托邦，我们就少了审视当代学校、审视教育根本恶的“第三只眼”。

首先，是教育目的的调整，即由“将生而不同的人塑造成相同的人”转向“将生而不同的人培养成更加不同的人”。这一调整是基于对人性的不同理解。由于几千年的等级社会，现代人对将人分为三六九等比较敏感，因而强调生而平等。这当然是时代的进步，问题是生而平等并不意味着生而相同。生而平等是指作为人，我们在人格、尊严以及以此为基础的基本权利上的平等，这种平等并未否定人生而不同的事实。生而不同不但是实然状态，也是应然追求。正如亚里士多德和阿伦特所主张的那样，正是因为人人不同，正是因为人的多样性、复数性，才有了人与人之间的互相交流与促进，才有了政治，才有了人类的活力，才有了人类的永续发展。生而平等是人类历经千年斗争才得以普遍传播的观念，但如果是平等而相同，那么这平等就会被相同所葬送。如果说核武器是对人类最大的武器威胁的话，走向类同、失去个性则是对人类最大的族类威胁。将平等与不同结合起来，追求平等而不同，应该是当代与未来教育的人性基础。从对人性的这一理解出发，教育的使命就是将生而不同的人造就成更加不同的人。

其次，伴随教育目的调整而来的是对学校的再定义。第一，需要考虑的是学校重心的重置。教与学的关系是教育中的核心关系，过去时代对“教”比较克制，苏格拉底甚至说无人能做教师，所以“学”基本上是教育的重心，“教”只是对“学”的辅助。现代教育则颠倒了这一关系，“教”成了核心，变得膨胀而放纵，“学”则成了附庸。而以“教”为核心的教育，忽视的往往是学生的多样性。从克服教育根本恶出发，未来的学校应该是以“学”为核心，“教”是为了辅助“学”。也就是说，将来的学校，应该从现在的“教的机构”真正转变成“学习的地方”，或者转变成如不少学者所倡导的“学习共同体”。第二，产生于现代生产的工厂化学校，或隐或显地将学生当作流水线上等待加工的物件，显然不可能达到培养更加不同的人这一新的教育目的。新的学校应该控制学校规模，以人人可以互相认识为规模的上限。人人可以互相认识，意味着学校是熟人空间，超过这一上限，学校就会变成陌生人世界。当代的许多巨型学校，动辄上万人，甚至几万人。这样规模的学校，根本不是学校，而是以人为材料的加工厂，是反教育、逆教育的怪物。第三，学校也是个性化的，不是标准化的。当代学校几乎都在强调自己的特色，实际上是“缺少什么宣扬什么”，千校一面，其内在运行机制是一样的，毫无个性。从培养更加不同的人出发，学校也应是个性化的存在。当然，个性化的前提是有一个基本的准入水平，即在建筑、场地、设施、人员、制度等方面有一个基本的达标标准，这是办学的准入门槛或最低限制，达到之后，办成什么样的特色，完全由学校师生自己说了算。而且，一所学校的个性或特色也不是一成不变的，已经形成的特色可以成为传统，在此基础上，随着一届届学生的进入与离开，学校的特色也应不断演化。第四，校内组织单元的小型化、流动化。班级授课制是标准化教育的基本形式，其僵化、固化显然与培养更加不同的人这一教育目的格格不入。在学校巨型化的结构中，班级承担了熟人群体的功能，如果没有班级的这种属性，学校作为陌生人聚集地更加令人难以忍受。问题是，班级规模也有越来越大的趋势，甚至同班同学之间也有陌生化的趋势。在未来，学校规模缩小之后，学校本身就是一个熟人空间，班级作为熟人群体的归属性意义下降。从个别化教育的需要出发，小型化、流动化应该是未来班级的基本样态。小型，意味着教师能够充分了解每个学生的个性与需要，使因材施教从传说重新变成现实；流动则可以使全校师生能够充分互动，可以使每个学生根据自己的规划去学习不同的东西。

课程设置在教育转型中处在关键的位置。当代学校的课程设置，可以说是标准化教育的体现，一张强硬的课程表占尽了学生学校生活的所有时空，任何人都无法逃脱“课程之网”的管制。未来的课程，可以设想是三种类型课程的结合。第一类是底线课程，即每个人都必须上的基础课程。此类课程设置的目的，在于保证每个学生都能通过课程学习获得作为一个现代社会成员、一国公民所应具有的基本素养。当然，即使是人人必修的基础课程，教学方法也应该具有多样性，以满足个性化学习的需要。第二类是选修课程，即学校开设各种各样的选修课程，学生在教师的辅助下，根据自己的兴趣爱好、发展与努力方向选择适合自己的课程。这类课程的存在，旨在满足学生的差异化需要，直接为培养更加不同的人服务。第三类是自创课程，即由学生自己创设的课程。当代教育一个很大的问题在于颠倒了“学”与“教”的关系，学生的“学”成了附庸，学生的经验与探索成为被隔离的对象。从培养更加不同的人这一目的出发，必须将学生的探索与经验纳入课程之中，使其成为课程体系的一个重要组成部分。三种课程在整个课程体系中的比例总体上应该是均衡的，在这个基础上，不同的学习阶段、不同的学校可以根据具体情况来调整。

在一个经济主导的竞争性社会里，选拔性考试不可能从教育中销声匿迹。但无论如何，都不能让考试成为学校生活的主旋律。在我们国家，一切关于中考和高考的改革都会因为社会缺乏最基本的诚信而无法进行。然而，教育不能坐等诚信的到来，而应以自己的行动来促进社会诚信水平的提高。只有教育与社会相向而行，共同努力，诚信水平才会得到提高，考试改革的社会基础才会慢慢形成。另外，如果说考试作为一个“必要的恶”暂时还无法避免，那么，我们应竭尽全力将这种恶的影响降到最低。比如，将升学考试社会化，将其从义务教育学校中剥离出来，从而使学生在义务教育阶段能够有一个真正不被升学考试所搅动的平静生活。

教育国家化、政府主导学校运转是现代教育的一个突出特点。教育国家化给教育带来的益处不用赘言，而代价却不能不提。现代民族国家对提升灵魂与精神的教育没那么浓厚的兴趣，其主要兴趣在于通过教育实现民族国家的文化认同，培养符合国家经济发展需要的劳动力。也就是说，教育国家化与教育的工具化是同时发生的，是同一个过程。教育国家化使教育获得了从未有过的强力支持，但代价是教育作为“德性、真理、灵魂避难所”这一独有地位的丧失。当很多人在为教育国家化欢呼的时候，尼采则看到了教育国家化的危险：现代国家一方面尽可能扩展教育，另一方面又把它变得狭隘（变成利益工具），进而削弱它，结果是教育表面上繁荣昌盛，而内里则狭隘空虚，教育由于从属于国家而堕落了。[①] 然而，教育发展到今天，离开国家的投入与支持，已经无法存活。因此，着眼于公平、着眼于去除教育根本恶的教育乌托邦，必然要求国家在教育中转变角色：投入教育而不干预教育。也就是说，理想的状态是，国家及政府按照法律规定投入教育，同时按照法律规定不干预教育。国家和政府的这种角色调整，现在看来有点儿痴人说梦，但并不是没有道理，也不是没有可能。首先，从法律上说，国家是公民的国家，而教育是公民的重大福祉之一，国家有义务投入教育。其次，教育作为一个行业，是有专业性和独立性的，国家和政府应尊重教育的专业性与独立性。而且，专业而独立的教育体系可以更有效率地培养有个性的人来回报国家，使国家的活力与国际竞争力得到提升。国家角色的转变也并不全是想象，历史上曾经有过这样的尝试，比如，民国时期教育的自由度就比较大，也因此成为中国教育史上的一段好时光，影响直到现在，我们今天的科学文化成就也与那时打下的基础有关。西方一些国家在这方面也有诸多有益的尝试，也取得了不少非常值得学习、借鉴的成绩。

① 帕尔默. 教育究竟是什么?:100位思想家论教育[M]. 任钟印,诸惠芳,译. 北京:北京大学出版社,2008:24.

细节 29

“拔尖人才”
—— 是以人为本还是以人才为本？

不少中学，甚至小学，都在“谋划”“拔尖创新人才”培养，甚至联合召开了“拔尖人才”培养经验交流会。在义务教育阶段，“拔尖人才”培养是一个正当的命题吗？

钱学森先生在晚年发出了“为什么我们的学校总是培养不出杰出人才”的惊世一问，体现了老一辈科学家的社会责任和道德良知。由此引发了广泛的讨论，一时间“拔尖创新人才”培养成了社会的热点。

我参加过一个江南地区教育论坛的筹划会，有些中小学校长也将拔尖创新人才挂在嘴上，有人甚至提议将培养拔尖创新人才作为论坛主题。我忍不住说了几句冷话，大意是中小学不要总盯着所谓的拔尖创新人才培养，那只不过是一个传说，还是踏踏实实地搞好自己的教育、教学工作，培养好自己的每一个学生，使每一个学生都能得到发展，如果在中小学就区分出普通学生和拔尖创新学生，那将是教育的又一个劫难，这绝不是钱老的本意，更不是他想要的。

《国家中长期教育改革和发展规划纲要（2010 — 2020 年）》大概也受了这一社会热点的影响，通篇都有拔尖创新人才的影子，给人的感觉是，我们国家的教育，最终就是为了培养、造就拔尖创新人才的。这样的观念，似乎很新，有与时俱进的特点，很能抓住社会的注意力，但我在这里也要说一些冷话，泼几滴冷水。

人才是人的功能性形态，是人的工具性特征。人的这一工具性特征固然是重要的，但还有比它更重要的，那就是人本身。人本身是完整的，既有有用的才能，也有没有多少“功用”的情感和心理。才能固然重要，但感觉是否幸福、是否有尊严、身心是否健康则更重要。当然，最理想的状态是才能与情感、心理能够完美结合。教育就是要促进这种结合，在不能兼得的情况下，宁愿要幸福与健康，因为没有它们，才能就会失去方向，既不能造福于己，也不能造福于人，甚至可能危害社会。钱学森那一辈人，之所以能有很大的成就，恐怕不只是因为有科学专才，还因为有民族情怀，有强大的人格与精神力量。如果只是功利地追求所谓人才，忽略了人的存在，导致将人当作机器来训练，将人的工具性特征单独拿出来打磨，结果只能适得其反，因为没有“人”，“才”将焉附？结果只能是“人‘才’两空”。

这样的观念，在拔尖创新人才论盛行之前，已经有了广泛的传播，并产生了诸多影响。比如，形形色色的“天才班”，就是这种观念的一种投射。偏激一点儿看，所有“天才班”都不是看重这些孩子本身，而是看中了他们的某种才能。换句话说，看中的不是这个人，而是这个人的某种工具性特征。在这样的观念支配下，这些孩子“不是被当人看的”，而是被当作功能性的“才”看的。因此，可以说“天才班”的悲剧性结果基本上是注定的，“天才班”“少年班”的实践经验也基本上证明了这一点。

基础教育围绕着高考产生的病态已经到了无以复加的程度。学校为了保证升学率，往往将全部的宝都押在那些升学（不单是高考）有望的学生身上。而那些升学无望的学生，则被遗弃，被打入另册（比如慢班），被冷落，他们上学的过程就是失败与屈辱的过程。这些人，说得残酷一点儿，其实已经被学校视为“废弃物”丢掉了，成了那些“尖子生”往前走的牺牲品。说白了，现在的教育其实是以人才为本，而不是以人为本的。如果再加上培养拔尖创新人才的急功近利，这样残酷的事情还会变本加厉。因为在目前的体制下，社会和学校一定不会在这些被遗弃的学生中挑选所谓拔尖创新人才，只会将垂青的目光投向那些考试成绩优异者。因此，就基础教育而言，目前紧要的不是培养拔尖创新人才，而是静下心来，真正以人为本，以学生发展为本，使每一个学生在上学的过程中都能得到应有的尊重和关爱，都能感受到学习的幸福与快乐。

人才身上总有一些光环，而这光环总是能晃晕人们思维的独立性。假如政府部门说要不惜代价多出快出“拔尖富豪”，大众能答应吗？肯定一片哗然。然而，政府文件说要多出快出拔尖创新人才，甚至用损害别人的方式（资源与机会的倾斜）来加速这些人才的生产，大众好像不但不反对，还欢呼。真是奇怪！

在全球化时代，人才对一个国家来说非常重要。我们常说，国与国的竞争，实际上是人才的竞争。这样的观点非常醒目，不能说不对，但并不全面。国与国的竞争，实际上既是人才的竞争，更是国民素质的竞争。也就是说，即使是从国家竞争力的角度看，培养作为国民的人，其重要性一点儿也不亚于人才的培养。另外，在国家与人的关系上，我们总是将国家放在第一位，将人为国家服务视为绝对义务，所以才有体育官员“感谢国家”的谆谆教诲。实际上，国家存在的目的何在？国家在国际竞争上获胜，又是为何？归根结底不还是为了人的幸福与解放吗？所以在这方面，我们也得解放思想，不能老想着将人培育成人才，使其成为国家富强的工具，而是要知道，从更本质的意义上说，国家只不过是为人谋幸福、谋解放的工具。

其实，真正的拔尖人才，不是培养的，不是外力塑造的，而是自我成长、自我造就的。教育以及社会、国家，主要的任务是为人的成长创造条件，为人的快乐幸福生活营造一个宽松、自由的环境，使每个人的潜能都有发挥的舞台。这样，该是人才的自然就会脱颖而出；即使不是拔尖人才的，也在受教育的过程中形成了一个基本人生态度，学会了从平凡的生活中获得精彩，这不是更好吗？我们作为后发国家，在人才的渴求上过于迫切，失去了一颗平常心，全社会都处于一种急吼吼的状态，反而不利于人才的成长，甚至会让很多人失去成为拔尖人才的可能性。

因此，教育是以人为本，还是以人才为本？两者虽然只有一字之差，意义却大为不同，不可不察。否则，以培养拔尖人才之名，损害的就是我等非拔尖之人的利益，而被拔的那些“尖”是否真“尖”也相当可疑。

细节 30

“5+2=0”？
—— 论学校不可推卸的道德教育责任

只要进入中小学与学校领导、老师交谈，就经常能从他们口中听到“5+2=0”的抱怨，意思是学校对学生进行五天正面教育，还抵不上双休日两天的负面影响。

初听之下，似乎很有道理。听得多了，免不了要多想想，细想想。不想不知道，一想吓一跳，里面还真包含着很多深层次的问题呢！

一、“5+2=0”，可能吗

首先要问的是：“5+2=0”真的可能吗？我觉得不可能。之所以这样说，是因为这种论调低估了学校教育的影响，低估了学生的自主建构，低估了家庭和社会的正面教育意义，夸大了家庭和社会的负面作用。

不排除学校开展的某一个教育活动，学生一走出校门就忘得干干净净；不排除某个学生个体，学校教育对他的影响在比较恶劣的社会和家庭环境中很快消失殆尽；也不排除学校教育的很多内容和要求，学生不能运用到家庭和社会生活中。但是，总体而言，学校教育的影响不可能在短短的家庭和社会生活中完全消失，我们不能低估学校教育对学生心灵的影响。清末民初的社会环境够消极吧？为什么还有五四运动？为什么还有那么多爱国青年学生？无论社会环境如何，学校都是引导学生向善的。不可否认，我们当今的学校教育存在着这样那样的问题，甚至其骨子里流动的都是“功利的血”，但学校教育仍然是导人向善的。无论是从宏观的教育目标、教育内容，中观的教育管理，还是从微观的具体教育行为来看，客观公正地说，学校教育仍然在教给学生许多善的价值。这些良善价值的传递有时是专门的、有意识的，有时是弥散的、无意识的。在任何时候，我们都不能忽视学校教育的这种作用，因为这种价值影响是悄悄地、无声无息地进行的，其影响也是在不知不觉中进入学生心灵深处的。

我们不能低估学校教育影响的另一个原因，在于我们不能低估同龄人之间的影响。我们以往所理解的教育和德育，往往只局限于成年人对未成年人的影响。实际上，自从学校产生的那天起，同龄人生活就发挥着巨大的教育作用，今后仍然会发挥大的作用。比如，有很多人会发现，大学四年，从同学那里获得的东西甚至多过从学校和老师那里获得的东西。我们不否认现在的学生多是独生子女，存在着这样那样的问题；同时，我们也不能否认，现在的儿童和青少年总体上是积极上进、独立直率的。只要不带有成年人的偏见，我们可以发现现在的未成年人身上有许多闪光的品质。群体的德性，对每一个个体都会有孕育作用。而这种孕育作用是深入的、持久的，不可能在短时间内被“连根拔起”。

“5+2=0”的论调在低估学校教育影响的同时，也低估了学生在道德上的自主建构。每个人都有善端，个体的品德都是在善端的基础上通过接受暗示、非反思性选择、自主选择和自主建构等互动性的心理过程而得到发展的。[①] 社会机构、学校、教师、家长、同学每天通过自己的言行对个体发出这样那样的明示或暗示，其接受与否取决于其自身已有的品德结构。与自己已有品德结构同质、同类的影响则易于接受，在多数情况下不知不觉就渗入心灵了，这就是社会心理学中的“自我参照效应”，即与自己相关的、自己需要的、符合自己秉性的信息和影响易于接受。而与自己已有品德结构不合的明示或暗示，要么被个体忽略，要么因为与自己固有秉性相冲突而引起个体的警觉，导致个体理性地参与并做出理性选择。非反思性选择则是个体不假思索地选择某种行为或价值的一种道德学习方式。这

① 高德胜. 道德学习在生活中是如何发生的[J]. 新华文摘,2004（18）.

是人们逃避生命负担的一种智慧和策略，因为如果什么事情都要“三思”的话，生命的负担就太重了，我们就会活得过于劳累。表面上的不假思索，背后隐藏着选择的标准——自己已有的品德结构。或者说，个体已有的品德结构是个体做出非反思性选择的前提和参照标准。自主选择和自主建构多发生在矛盾和冲突的情境中。比如，当外在的影响不一致、外在的影响与自己已有的品德结构相矛盾的时候，等等。

无论是接受暗示、非反思性选择还是自主选择、自主建构，个体对道德价值的学习，都是以自我已有品德结构为前提的，都有自己的“选择”（包括有意识或无意识的选择），不可能完全受外在影响的支配。“5+2=0”的说法，实际上忽略了学生在道德学习中的自我选择因素，夸大了学校和社会等外在因素的影响。这种说法似乎在说学生的品德是一个“没有底色的白板”，在校五天被涂上了道德的油彩，而在社会上的两天却被洗去了油彩。对于人的道德和社会性发展，外在的教育与影响固然重要，但个体的自主选择与自主建构同样重要。而且，外在的教育和影响作用的发挥必须通过个体的自主选择和自主建构（包括有意识和无意识的），必须符合个体的发展需要，否则就无法深入人的内心世界。也就是说，根本不存在一个让我们随意涂抹的“没有底色的白板”。也许我们会说，学生的心理还不成熟，品德还未成型，易受社会不良风气的影响。这在一定程度上是正确的，但我们不能因此而否定大学生、中学生，甚至是小学生都业已有了自己的品德基础，已经能够对外在的影响进行有意识和无意识的过滤和选择，已经为道德发展奠定了较好的基础。虽然不能夸大这一基础，但也不能低估这一基础。如果让我们对成年人与未成年人的道德品质进行比较，只要没有偏见，我们就会认为总体上未成年人比成年人单纯、真诚。未成年人的这种单纯与真诚，正是他们对外在影响进行过滤和选择的参照。

“5+2=0”的说法还低估了家庭和社会的正面教育作用，夸大了其负面影响。确实，我们应该承认，在社会转型时期，社会上各种丑恶现象沉渣泛起，是非不明、廉耻不分、黑白颠倒的事情时有发生。这些不可能不对儿童和青少年的品德发展产生负面影响，甚至可能将少数未成年人带上邪路。与此同时，各种价值观相互竞争，导致价值混乱，使我们无法做出判断，这同样会干扰儿童和青少年的价值选择和品德建构。但我们不能因此而否定家庭和社会中许多正面、善良的价值对未成年人的熏陶与教育。就家庭而言，虽然老百姓对社会不公有这样那样的抱怨，但哪有父母不希望自己的孩子做个好人？我们不否认一些父母给了孩子坏的影响，但我们同样不能否认大多数父母在孩子品德发展和好好做人方面付出了与学校同等甚至更多的努力。甚至一些坏事做尽的家长，也竭力隐瞒自己的恶行，以期望给孩子做个好的榜样，这不正说明父母的教育努力吗？事实上，学校对学生品德的教育是以其家庭教育的成果为基础的，不是零起点的。没有家庭教育的基础，学校道德教育就无从开始。因此，我们要问：刚入学的孩子，其品德都是“0”吗？答案显然是否定的，那为什么现在又有了“5+2=0”的现象？就社会而言，不也有许许多多普通而善良的人在守护社会的良知，以自己的行动继承、发扬人类的普遍价值吗？社会上怎么可能只有阴暗而没有阳光呢？就国家而言，各级政府同样一直致力于改善未成年人的成长环境，虽然未能尽善尽美，但成就也是有的。公正地说，国家同样为未成年人的健康成长付出了努力，营造了一个逐步改善的环境。

二、“5”与“2”能够割裂开吗

“5+2=0”的说法有一个价值预设：“5”和“2”是截然分开的，即学校生活与家庭、社会生活是截然分开的两种生活。果真如此吗？或者说，学校生活与家庭、社会生活能够割裂开吗？

“5+2=0”的说法将受教育者的生活从时间上切割成“5”天与“2”天两个时间段，背后则是空间上的切割：在校与不在校。这种将受教育者的生活简单地从时间和空间两个维度进行切割的做法，看似合理，却有悖实际和常理。生活是流淌的、互渗的。一方面，学生在走进学校大门的时候，不可能将家庭和社会生活“寄存”在学校大门之外，“赤条条”地走进学校，他们必然会将家庭和社会生活的体验和积累带入学校。如果不能这样，那走进学校的孩子就不会是人，而是空空如也的躯壳！在一定意义上，学校生活是孩子社会生活的延续、展开和提升。孩子在家庭和社会生活中的体验和收获，作为人格和精神积累隐含在其生命之中，在学校生活的方方面面展现出来并得到改进、拓展和完善，成为学校教育的前提、内容和主题。因此，可以说，“5”中有“2”。如果我们否定了“2”，实际上也否定了“5”。

另一方面，学校生活也向家庭和社会生活回流与渗透。孩子会将在学校生活中的所得，带回到家庭和社会生活之中。我们都知道，孩子往往会将老师的要求当成金科玉律，在家里和校外动不动就会说：“我们老师说……”也就是说，孩子作为一个整体的人，自然会将在学校场域中所学到的东西带入家庭和社会生活中。在一个学校影响力无限膨胀的年代，这一点尤其明显。比如，学生回家了还要没完没了地写作业，家长成了教师免费聘请的作业监管人，课堂被搬进了家庭。即使是周末，学生在写完作业之外，还要参加这样那样的补习活动，学校的课程表被排到了社会的每个角落里！因此，“2”中有“5”。如果我们否定“2”，实际上也否定了“5”。

杜威认为“学校即社会”，非常深刻地揭示了学校和社会之间不能分割的血肉联系。在一个世纪之后，我们仍然有必要重温杜威的这一经典论述。关于社会生活对学校教育的作用，杜威是这样说的：“我认为一切教育都是通过个人参与人类的社会意识而进行的。这个过程几乎在出生时就在无意识中开始了。……世界上最形式、最专门的教育确是不能离开这个普遍的过程。教育只能按照某种特定的方向，把这个过程组织起来或者区分出来。”① 关于学校与社会生活的关系，杜威是这样说的：“我认为学校主要是一种社会组织。教育既然是一种社会过程，学校便是社会生活的一种形式。”②

如果说我们前面的论述是从孩子生活连续性的角度揭示了学校生活与社会生活的不可切割，那么，杜威则从学校教育功能的角度揭示了学校与社会的不可切割。学校本身是一个社会组织，学校教育是一个社会过程，那么学校生活就是社会生活的一种形式，其功能与价值恰恰在于对社会生活的改造，“简化和整理所要发展的倾向的各种因素；把现存的社会风格纯化和理想化；创造一个比青少年任其自然发展时可能接触的更广阔、更

① 杜威. 学校与社会·明日之学校［M］. 赵祥麟，任钟印，吴志宏，译. 北京：人民教育出版社，1994：3.
② 同①6.

美好的平衡的环境"[①]。如果学校与社会生活切割开来，这种社会功能如何发挥呢？

三、如果"5+2=0"，责任在谁

"5+2=0"说法的潜台词是：学校在道德教育方面已经尽了自己的责任，之所以效果不佳，根本原因在于社会环境的恶劣。无论是有意，还是无意，这种说法的内在动机都是责任切割，将学校从道德教育效果不佳的窘迫中解脱出来，将责任一股脑儿推给社会。我们不禁要问，道德教育效果不佳，或者说效果不能持久，真的仅仅是社会的责任吗？学校难道真的没有责任？

即使"5+2=0"是真的，学校免责的前提条件在于"5"的完美，即学生在校的五天里受到了良好的、有效的道德教育。事实果真如此吗？对学校进行的道德审视已经发现，从宏观上看，学校在给学生正面道德影响的同时存在着大量的负面影响。比如，我们经常听到一些校长治校的经验之谈："抓考试要抓出血来，只要不死人就行。"这是多么恐怖的言论！它让人不禁想起屡出命案的小煤窑窑主的话："抓开采要抓出血来，死人有什么关系！"这会给学生什么样的影响？我们为什么只去指责"2"，而不反省自己的"5"？我曾在一本书里说过："不可否认，当今的学校生活对学生人格的发展有许多正面的影响，但从批判的角度看，当今功利、成人主义和控制性的学校生活也'告诉'了学生许多'道德原理'：(1)自己是最重要的；(2)关键在于比别人多学了多少；(3)盯着别人的缺点；(4)抢占有利位置；(5)集体是精英的舞台；(6)顺从权威；(7)弱者不值得同情；(8)说和做是两回事。"[②]对学校教育中这些隐含的负面价值，学生有自己的"选择"，虽然不会全盘接受，但要说一点儿也不受影响，同样是不现实的。

从微观上说，学校生活中同样存在着大量不道德的现象和行为。比

① 杜威. 民主主义与教育[M]. 王承绪,译. 北京:人民教育出版社,2001:67.
② 高德胜. 生活德育论[M]. 北京:人民出版社,2005:146-148.

如，在小学，小学生只要见到老师就要行队礼，而大多数老师却不回礼；很多老师对部分所谓“差生”看不上眼，动辄斥之以这样的语言：“笨蛋！”“傻瓜！”“蠢死了！”“猪脑袋！”“笨得像猪一样！”“脑袋进水了！”“榆木疙瘩！”……这样一些恶言恶语，很多老师说过，甚至成为一些老师挂在嘴上的“口头禅”；不顾法律对学生隐私的保护，强行批改学生的日记，鼓励学生在日记和作文中编瞎话；在公开课上公开造假，彩排一次又一次，甚至事先安排好提问对象，让其将问题答案背熟……也就是说，学校在进行道德教育的同时，也在以另外的方式消解自己的教育。不是“5+2”的问题，而是“5”自身的问题，或者说在学校生活的时间里，我们已经开始对我们的正面教育做“减法”了。

现在似乎有一个定式：一谈到未成年人的思想道德问题，教育从业人员往往就痛心疾首，控诉社会不良风气对青少年的毒害，以及这些风气对教育的冲击。似乎他们做得很好，责任全在校外。在社会转型时期，社会不良文化确实对未成年人造成了很多影响，为学校道德教育制造了障碍，增加了难度。但是，以上分析表明，学校教育本身并不是十全十美的，而是给了学生诸多负面的影响。因此，在未成年人的道德成长问题上，学校不能将责任全部推给社会，而应当从自身做起，反省、梳理、改变自己的教育行为，时刻保持道德上的警惕，以免给学生负面的道德影响。不管社会环境如何，学校都应该将自己的注意力主要放在搞好自己的工作上，首先将“5”做好。如果学校在学生心灵中筑起了一道“防火墙”，不也可以抵御社会上的一些不良影响吗？

后　记

我曾在本书的前身《道德教育的20个细节》一书的后记中这样写道：

> 写完本书的最后一章，我骑车一口气来到秦淮河入江口，静静地看着江河汇流，心中既轻松又感慨。这是本人第三本专著，与前两本写作时的艰难相比，这本书要容易得多。秦淮河欢快地游入长江，得益于这几年南京在外秦淮河治理上所下的功夫：疏通河道、整堤修岸、植树种花……这本书写得如此快意，同样得益于这几年我在研究和生活上得到的提升：结束了身心的四处漂泊，坚定了自己的人生道路，从读书和研究中找到了前所未有的快乐、幸福……正是这些进步和提升，才保证了自己的“小河水”也能够欢畅、顺利地游入学术研究的宏大江河！

转眼十年已过，物是人非，人生在变与不变之中来到了一个新的节点上。就身体来说，当年的健康活力正在消退，小伤小痛已经不可避免，不过，我已经学会与伤痛和平共处，带着它们读书、写作。就心境来说，青春朝气早已不在，甚至读书上的雄心都已消退不少。过去总觉得书不经读，再大部头的书，埋头进去，很快就能读完；如今则越来越觉得读书时间有限、读书能力有限，有太多的书需要读，而自己所能读的书却是那么有限。不仅读书，在其他诸多领域里，有限感甚至无力感都是压也压不住地往外冒。这也许有点儿消极，但它是对自我认识的加深。正是源于对自己有限性的体悟，现在我反而更能集中精力于自己能为之处，对那些力不能逮的事情反而能够放下了。

本书的前身《道德教育的20个细节》得益于跟随恩师鲁洁先生到小学做调研的经历。为了研发品德与生活、品德与社会课程标准与教材，我们几乎每周都到小学与老师和学生座谈、交流。读了那么多年教育理论著作，再一次来到现实中的学校，觉得一切都那么新鲜、真实。作为一个外人、作为一个闯入者，我不像身在其中的人那样觉得一切都那么理所当然，而是对诸多问题都有疑问。我将那些疑问与自己所学的理论结合起来思考，就有了《道德教育的20个细节》那本书。那本书的问世，得益于王磊、刘智宏等几位出版界朋友的提醒与督促，尤其是华东师范大学出版社的曹利群老师，她直接与我签了出版合同，"逼迫"我必须按时完成书稿。曹老师已经退休多年，我们也多年未能见面，借此机会，再一次向曹老师表达感谢。

此书出版之后形成的影响出乎我的意料。来自一线的老师普遍反映可读性强，对他们的日常工作有很大的启发。来自学界的朋友也给了我不少鼓励，比如，王学兄对我说，他拿到书后爱不释手，熬了一个通宵一口气读完了。在我迄今已经出版的5本著作中，另外4本，没有哪一本得到过如此热烈的反响。此书出版之后，我也应邀在十多个省份做过讲座，得到了积极的反响，也因此认识了不少工作在一线的教育同行。

即便如此，对此书存在的问题我一直是清楚的。比如，当时匆匆，连个前言都没有；20个细节，也没有归类，只是简单地拼在一起。实话实说，此书对一个理论工作者来说，理论与思想上的创新比较有限，只是将自己理论研究的所得应用在实践观察上而已。老实承认，此书虽然产生了一定的实践影响，但在我自己心里，其学术地位没有《生活德育论》《道德教育的时代遭遇》《时代精神与道德教育》高。因此在这十年间，我虽然想到过修订，但都没有下定决心拿出时间来。年初吴法源先生找到我，我才真正将此事提上日程。

最近五年的暑假几乎都是在忙乱中度过的。我们承担的小学《道德与法治》部编教材编写的难度超乎想象，经历了太多的波折与考验。好在主体工程已经完成，这个暑假才能有成块的时间用来重新审读此书。原来计划只进行小修小改，但一动起手来，发现有一些内容已经有点儿过时，需要更换。另外，我也考虑到出版一本书要消耗不少资源，如果只是简单重复过去的内容，实在没有必要。因此下决心进行较大的修改，将原来的 20 个问题变成 30 个问题，其中有 15 个是原来那本书里所没有的。当然，这 15 个新的问题不是我在这个暑假一下子写出来的，而是得益于这么多年的积累。几年来，一些刊物断断续续地向我约稿，让我对一些教育实践问题发表看法，因此积累了一些思考，这 15 个新问题就是从这些积累中精选出来的。

1987 年秋天我中师毕业第一次走上小学讲台，距今已经 30 年整。从那时至今，生活已经发生了太多变化。但从 18 岁开始到 23 岁结束的小学教师、初中教师经历，给我一生的教育研究事业打下了深深的烙印。后来读了硕士、博士，走上了大学的讲台，指导了硕士、博士，但那五年不算成功的基础教育、教学经历给了我原初的教师体验，是我后来所有思考与研究的起点与原色。记得自己当时的教学，混杂了中师的学习，对自己小学、初中老师的模仿和对周围老教师的学习，完全是跟着感觉走。等到十多年后博士毕业再一次走向中小学，本以为早已忘却的早年教师经历一下子就被唤醒了。这些年来，我虽然醉心于教育理论研究，但始终有那么一点儿实践情怀，我想这就是早年教学经历所埋下的种子。

早年曾给自己定下过这样一个“小目标”：今生写 10 本教育学术著作。如今已经出版 5 本，第 6 本已经脱稿，第 7 本也已经动笔。这本书算是半本，因为毕竟有小一半内容来自本书的前身。说起来，我真正的学术生涯，开始于 1998 年读博士，至今已经 20 年了。也就是说，我用 20 年写了 6 本半学术著作。从现在到退休，还有 10 多年的光景，用这 10 多年的时间来写未完成的 3 本半著作，应该是没有问题的。完成数量目标不是问题，关键是质量。今年离开了工作了 16 年、感情至深的南京师范大学，应聘加入华东师范大学，趁这个机会对自己过去的学术经历进行了初步梳理。如果说有值得骄傲的地方的话，那就是这 20 年来，自己一直在进步。我想，后面的几本著作，应该一本比一本好吧。

2017 年 8 月 14 日

于南京华景阁

图书在版编目（CIP）数据

道德教育的30个细节 / 高德胜著. —北京：中国人民大学出版社，2018.4

ISBN 978 - 7 - 300 - 25507 - 1

Ⅰ.①道…　Ⅱ.①高…　Ⅲ.①中小学—德育工作—研究　Ⅳ.①G631

中国版本图书馆CIP数据核字（2018）第026940号

道德教育的30个细节

高德胜　著

Daode Jiaoyu de 30 Ge Xijie

出版发行	中国人民大学出版社		
社　　址	北京中关村大街31号	**邮政编码**	100080
电　　话	010－62511242（总编室）		010－62511770（质管部）
	010－82501766（邮购部）		010－62514148（门市部）
	010－62515195（发行公司）		010－62515275（盗版举报）
网　　址	http://www.crup.com.cn		
经　　销	新华书店		
印　　刷	北京华宇信诺印刷有限公司		
开　　本	720 mm × 1000 mm　1/16	**版　　次**	2018年4月第1版
印　　张	18.5　插页1	**印　　次**	2025年9月第8次印刷
字　　数	280 000	**定　　价**	68.00元